FRANCIS PONGE
OU LE REFUS DE L'ABSOLU LITTÉRAIRE

 *PHILOSOPHIE ET LANGAGE*

Bernard Veck

Francis Ponge ou le refus de l'absolu littéraire

MARDAGA

© 1993, Pierre Mardaga, éditeur
Rue Saint-Vincent 12 - 4020 Liège
D. 1993-0024-5

Abréviations

AC   *L'atelier contemporain.*
CFP *Comment une figue de paroles et pourquoi.*
CPP *Jean Paulhan, Francis Ponge Correspondance (1923-1968).*
DPE *Douze petits écrits.*
EB   *L'écrit Beaubourg.*
EPS *Entretiens de Francis Ponge avec Philippe Sollers.*
FDP *La fabrique du pré.*
GR   *Le grand recueil.*
L   *Lyres (Le grand recueil, I).*
LPE *Le peintre à l'étude.*
M   *Méthodes (Le grand recueil, II).*
NAP *Nioque de l'avant-printemps.*
NR   *Nouveau recueil.*
NNR *Nouveau nouveau recueil.*
OCF *L'opinion changée quant aux fleurs.*
P   *Pièces (Le grand recueil, III).*
PE   *Pratiques d'écriture.*
PM *Pour un Malherbe.*
PPC *Le parti pris des choses.*
PR   *Proêmes.*
PSV *Petite suite vivaraise.*
S   *La Seine .*
SA   *Le savon.*
SI   *Souvenirs interrompus.*
TP   *Tome premier.*

Introduction

«Nos arts littéraires sont faits de refus».
(Jean Paulhan, *Les fleurs de Tarbes*)

«L'absolu, nous le laissons où il est».
(Francis Ponge, *Pour un Malherbe*)

L'œuvre de Francis Ponge s'est élaborée sur ses refus. Refus inaugural d'une société «hideuse de débauche», refus de la langue dont elle use – cet «ordre sordide» qui parle en nous à notre place, refus enfin de la littérature qui en résulte, bavardage sans tenue, ressassant et complaisant à l'humain le plus convenu, à ses valeurs et à ses états d'âme. Décidé à ne pas prendre son parti d'un tel état de choses social et linguistique, résolu cependant à ne pas abandonner par son silence la parole aux paroles, et conséquent dans sa conduite, Ponge milite donc d'abord dans le «parti démocratique» pour que change la société, cherche à subvertir la langue à «coup(s) de style», et donne la parole au «monde muet» pour se faire «tirer hors du vieil humanisme, hors de l'homme actuel et en avant de lui».

Littérairement soupçonneux à l'égard de tout ce qui est susceptible de le faire «rentrer dans le manège», et pour ne pas «être fait bonard», il se contente pour écrire d'un « oútillage minimum » assurant la maîtrise des mots par celle de leurs « éléments », lettres ou racines : un alphabet et le Littré. Ses modèles, pour les mêmes raisons, et par volonté méthodique de table rase, il les réclame en premier lieu, hors littérature française, aux Latins Lucrèce et Tacite. L'œuvre, orientée par une obsession (sa « damnation », pour parler comme Ponge) d'immédiateté dans la saisie des choses, de rigueur et de pureté dans son rapport aux mots de la langue, et d'authenticité déliée de toute influence dans son écriture, se voue à l'utopique instauration d'une Parole première dans sa naïveté sans histoire. Cette « prétention » héroïque, ce désir du « propre » dans tous les sens du terme, constituent autant de clés de tension permettant à la lyre de sonner : langue et littérature sont placées sous haute surveillance et adaptées au surgissement d'objets de langage dignes d'être comptés dans les rangs de ceux du monde par leur inépuisable complexité.

L'impossible de la tentative, cependant, s'évalue sans illusion comme « réussite relative et échec absolu », et la publication progressive de ses avant-textes par Ponge lui-même témoigne des hésitations et des scrupules dont s'accompagne sa détermination. La positivité de l'œuvre, paradoxalement engendrée par ce qu'elle rejette, lui confère une place particulière dans la production littéraire contemporaine ; symptomatique d'une poétique de la contradiction assumée, elle mérite d'être observée avec précision à partir de l'écart qui se négocie entre le parti pris revendiqué et le compte tenu avoué. L'ensemble des problèmes ainsi posés sera abordé, dans l'ouvrage qui suit, par la description de la place qu'occupe dans l'œuvre de Ponge la littérature, exclue à première vue par une volonté de ne rien devoir qu'à soi, ainsi qu'en témoigne le « Memorandum » qui ouvre *Proêmes* :

« Il faut d'abord se décider en faveur de son propre esprit et de son propre goût ».

Le refus de la tradition, on le voit, préserve du même coup dans ce propos une des valeurs maîtresses (l'originalité) sur lesquelles se fonde une idéologie esthétique contre quoi s'inscrit par ailleurs le travail pongien[1]. A ce moment de la réflexion, Malherbe, Boileau ou Mallarmé, cités dans le même texte, ne doivent prendre aucune part à l'avènement de Ponge dans la littérature :

« (...) la difficulté est pour moi de m'ajouter à eux de telle façon que la littérature soit complète./... Mais il suffit de n'être rien autre que moi-même ».

---

1. Sur le système (hérité du kantisme) qui sous-tend la conception contemporaine de l'œuvre d'art, cf. S. Auroux, *Barbarie et philosophie*, Paris, PUF, 1990, chap. III : « La bifurcation esthétique », pp. 75-101.

Encore faut-il situer la revendication d'originalité pongienne dans la perspective qui la spécifie et lui confère toute sa valeur dans un système cohérent : si la détestation des paroles, «immense pot où depuis la nuit des temps tous auraient eu à délayer leurs couleurs», «tas de vieux chiffons pas à prendre avec des pincettes», par delà l'usage commun de la langue, vise aussi son usage littéraire, c'est que celui-ci dresse un écran supplémentaire entre le sujet et les choses, voire entre le sujet et lui-même :

> «(...) donnez tout au moins la parole à la minorité de vous-mêmes. Soyez poètes. Ils répondent : mais c'est là surtout, c'est là encore que je sens les autres en moi-même, lorsque je cherche à m'exprimer je n'y parviens pas».

La conséquence pratique tirée de ce constat («une seule issue : parler contre les paroles») a le plus souvent été interprétée, dans le prolongement de certaines provocations surréalisantes[2], comme un défi porté à la langue; s'y superpose, et Ponge à ce sujet ne laisse aucun doute, le rejet du langage et des conventions littéraires :

> «Je tiens en tout cas que chaque écrivain "digne de ce nom" doit écrire contre tout ce qui a été écrit jusqu'à lui (doit dans le sens de est forcé de, est obligé à) — contre toutes les règles existantes notamment. C'est toujours comme cela, d'ailleurs, que se sont passées les choses; je parle des gens à tempérament.»[3].

L'évocation des «gens à tempérament», après celle des «écrivain(s) digne(s) de ce nom», relève toujours d'une défense de l'originalité. Mais qu'est-ce qu'«écrire contre»? S'agit-il de s'accomplir réactionnellement dans des diatribes, des pamphlets, des parodies, des pastiches, ou des satires? De forger des règles ou des mots nouveaux? La veine polémique, présente çà et là, n'est pas un trait majeur de l'œuvre pongienne, même si la langue, «fouet de l'air», s'y emploie parfois comme moyen de «sévir». Par ailleurs, les néologismes y sont peu nombreux; quant aux «règles», celles qu'invente Ponge, stylistiques (une rhétorique par objet, par exemple) ou génériques (momon, sapate, nioque, eugénie), ne bouleversent pas les codes habituels de la prose. La question du rapport au littéraire s'avère plus complexe que ne le laisserait supposer la lecture des écrits pongiens antérieurs à la guerre de 1939, notamment celle d'un recueil comme *Proêmes*.

En fait, la position de Ponge se détache progressivement de ce qu'impliquerait d'intenable un refus a priori; et le *Malherbe* reconnaît :

---

2. Par exemple : «Que les critiques se rassurent : ils n'ont pas à lire mon livre. Je ne l'ai pas écrit en français.» (NR, p. 34).
3. «Le carnet du bois de pins», TP, RE, p. 379.

> « De même que — toute modestie et tout orgueil transcendés — nous devons nous résoudre (je ne dis pas nous résigner) à nous concevoir comme partie, élément ou rouage non privilégié de ce grand Corps Physique que nous nommons Nature ou Monde extérieur ;/ De même, ne devons-nous concevoir nos écrits que comme partie, élément ou rouage de cette horloge, ou comme branchette ou feuille de ce grand arbre — également physique — que l'on nomme la Langue ou la Littérature française./Ce n'est pas que, comme tout autre, nous n'essayions incessamment d'en sortir.../Mais nous devons constater aussi que nous n'en sortîmes, ni sortirons probablement, jamais »[4].

Contre l'acharnement utopique, le réalisme dicte la prise en considération de l'espace où se produisent les écrits, et de la place, donc, que doit occuper le « rouage » ou la « branchette », qu'ils le veuillent ou non solidaires des autres éléments constitutifs de l'« horloge » ou de l'« arbre ». Dans le passage cité, la superposition de la langue et de la littérature se comprend comme identification de la première à la seconde, qui constitue aux yeux de Ponge l'ultime vestige des civilisations disparues, la quintessence linguistique d'une culture, dont la meilleure part aboutit, sous forme d'exemples, dans le dictionnaire. Le contexte, d'ailleurs, ne permet pas de douter de l'objet du texte ; c'est en effet le compte tenu de la littérature qui entraîne, toujours dans *Pour un Malherbe*, la reconnaissance des « socles d'attributs », accompagnée d'une autocritique de Ponge :

> « Toute une série d'entre (nos scrupules) peuvent être représentés pour nous par une œuvre, ou seulement un nom : Malherbe, Cézanne... L'on gagne ainsi du temps (Socles d'attributs). (...)/Certes, j'ai pu essayer, comme un autre, plus que tout autre à notre époque peut-être, de me passer de tels expédients. A partir du monde muet, quand on est doué de respect à l'égard du moindre de ses objets, la forme même de celui-ci, ou l'unité indivisible de l'émotion qu'on en reçut, peut rendre inutile toute autre norme, et vous infliger suffisamment sa rigueur. Mais là il y a là un danger. Celui de l'esprit absolu. Celui d'oublier que la représentation esthétique d'un objet ou d'un sentiment du monde extérieur se fait positivement dans un autre monde, avec d'autres éléments, dans une autre matière. Concernant la littérature, elle se fait dans la matière verbale (...), dans (...) le monde des textes, lequel connaît d'autres lois. Lois dont certains chefs-d'œuvre anciens seuls peuvent donner idée »[5].

L'« esprit absolu », croyance en une communication immédiate et échappant à tout conditionnement entre le sujet et l'objet de l'écriture, est dénoncé parce qu'il fait abstraction du déjà écrit, de l'altérité du « monde des textes » constitué par d'autres œuvres qui aident à penser les « lois » de ce monde, dont elles font partie et qu'elles contribuent à structurer, et, donc, les contraintes dont doit tenir compte l'œuvre nouvelle si elle se veut, positivement, littéraire. Le parti pris des choses, on le voit,

---

4. PM, p. 197.
5. Ibid., p. 36.

ne peut à lui tout seul rendre compte de la démarche de Ponge, qui prend lui-même ses distances à l'égard d'une position reconnue comme dangereuse. En effet, le violent désir d'échapper à la contingence, pour légitime qu'il soit, peut déboucher sur un leurre qui ne résiste pas à l'épreuve du réel ; et il faut distinguer, dans la poétique pongienne, au moins trois traits caractérisant l'objet, non réductible de ce fait à une trompeuse immédiateté : ce qui le fait choisir en tant qu'*objet de l'émotion* provoquée par sa rencontre dans le monde extérieur, ce qui l'inscrit dans la langue en tant que *mot figurant dans le dictionnaire*, et ce qui fait de lui un *thème*, en tant qu'il a déjà été dit littérairement : figé dans un stéréotype (la fleur comme «métaphore de routine»), lié à une thématique génériquement marquée (l'eau est pure et «poétique»), ou attaché à une œuvre bien précise (on ne peut ignorer que Valéry a fait du platane une ode, si on écrit après lui de cet arbre), l'objet pongien se présente rarement pur de tout traitement préalable, et demande, en tant que «notion», à être «désaffublé», ou, au moins, retravaillé, pour pouvoir être reconnu comme objet de l'émotion particulière qui a déclenché l'écriture. La parade, toute extérieure, peut consister à choisir les choses réputées les moins «nobles» (l'anthracite, le galet, la figue sèche ou la boue) ou les plus techniques (la lessiveuse, l'électricité, le radiateur parabolique, la cheminée d'usine), mais il arrive que l'arbre, l'eau, la pierre ou la fleur s'imposent comme inévitables, et avec eux les dépôts de sens qu'y a laissés la tradition littéraire.

D'autre part, si l'objet mondain se manifeste, dans une de ses dimensions, comme objet littéraire, l'espace littéraire, pour sa part, existe chez Ponge comme espace physique, dans lequel le sujet évolue à la rencontre des choses que sont aussi les textes[6]. Les mots et les choses échangent leurs propriétés. Ainsi le monde des œuvres d'art, du point de vue de l'expérience pongienne, n'est-il pas radicalement différent du monde au sens habituel du terme :

> «Voilà une autre réalité, un autre monde extérieur, qui, lui aussi, me donne plus d'agrément qu'il ne sollicite le mien (...) ; qui, lui aussi, est pour moi une raison d'être, et dont la variété aussi me construit (me construit comme amateur) (amateur de poèmes)./Mais, ici aussi, chacun d'eux me repousse, me gomme (efface), m'annihile. Il me faut exister. Il faut une création de ma part à leur propos (différence, originalité)»[7].

---

6. «(...) l'œuvre complète d'un auteur plus tard pourra à son tour être considérée comme une chose.» (TP, PR, p. 190).
7. GR, M, pp. 13-14.

Le monde des textes est caractérisé dans les mêmes termes que le monde des choses l'a été, par exemple, dans «La forme du monde»[8] : la littérature est constituée d'une collection d'objets distincts dont la variété construit le sujet, en lui évitant la perte dans la folie ou le mysticisme qui s'attache à la quête et à la contemplation de l'Un[9]. Corollairement, la réalisation du sujet en tant qu'écrivain s'opère non à partir d'une intériorité s'épanchant de son seul fait (intimité, profondeur, pensée, etc.), mais depuis l'extériorité qui le provoque, cherche à l'envahir (à le gommer), et suscite de sa part une sorte de réaction textuelle aux impressions esthétiques ou intellectuelles reçues. Le parti pris des choses se double donc d'un parti pris des œuvres (comprises comme objets littéraires, éléments d'un monde extérieur) accompagné du compte tenu des qualités (linguistiques, poétiques, idéologiques) qu'elles présentent.

Reste à savoir si (et comment) se manifeste concrètement une telle position dans les textes mêmes de Ponge. A la suite de Lautréamont, il revendique le plagiat[10], mais ne semble pas avoir eu systématiquement recours à cette pratique, en dehors de *La Seine*, ou du «Texte sur l'électricité», pour lesquels il a recopié des extraits d'ouvrages de géographie ou de physique. De manière analogue, le pastiche, la copie, exercices d'appropriation de la maîtrise reconnue aux «socles d'attributs»[11], même s'ils ont valeur de révélateurs différentiels du «propre»[12], n'offrent semble-t-il guère d'autres exemples, dans l'œuvre pongienne, que ceux figurant dans les séquences finales du *Malherbe*[13].

---

8. TP, PR, pp. 131-132.

9. «Dieu est matérialiste puisqu'il voulut créer les choses (et non les images) — et nous sommes matérialistes aussi. Et nous connaissons la joie de la diversité, si nous refusons la joie mystique de l'unité, issue de peur, de tremblement devant la mort.» (AC, pp. 339-340).

10. «(...) nécessité du plagiat, si on veut, et j'emploie le mot le plus fort, pour affirmer que la poésie ne doit pas être faite par un, mais par tous, et qu'on prend son bien où on le trouve. Il s'agit simplement que cela soit utilisé de telle façon que le tout fasse quelque chose d'homogène. Il s'agit d'un raisonnement pour lequel on a besoin de prémisses prises où on peut, le plus économiquement, les prendre.» (EPS, p. 129).

11. «Et sans doute des exercices de pastiche ou de copie, comme ceux auxquels les peintres sont accoutumés de se livrer au Louvre, sont alors très légitimes, tout ce qu'il y a de plus naturel.» (PM, p. 71).

12. «Rappeler ici ce que Braque m'a dit, concernant ses réflexions et déterminations à partir de la constatation de sa maladresse à copier, au Louvre : à savoir, qu'en fait, cela l'avait renseigné sur ce qui lui appartenait en propre, sur ce qui était lui-même, et n'était que lui-même : justement, cette maladresse.» (Ibid., p. 72).

13. Ibid., VIII, «Du 13 avril au 24 juillet 1957», notamment pp. 322-333.

Il est néanmoins possible de parler à propos de Ponge d'une conscience de l'intertextualité[14], même si elle ne s'affirme pas aussi fortement que ce qui touche par exemple à la genèse des textes. Outre la relativisation, évoquée plus haut, de l'«esprit absolu» par la conscience d'une solidarité entre les œuvres, on pourrait en voir une manifestation dans tel commentaire sur la peinture du peintre Ebiche, dans laquelle Ponge perçoit l'action de la Raison (au sens où la définit Montesquieu) :

«Mais comment se fait-il que nous puissions éprouver une impression semblable en présence d'une production de nos jours et que celle-ci, cependant, nous paraisse parfaitement originale, impossible à confondre avec aucune autre?
C'est que son auteur (celui de l'œuvre d'art) a réagi aux émotions éprouvées par sa sensibilité particulière selon son tempérament particulier mais (...) comme chaque auteur réagit par le moyen d'un système de signes antérieur à lui, les réalisations antérieures selon ce même système de signes — et qui, en somme, le constituent — s'imposent à lui, qu'il en soit conscient ou non, et le déterminent bon gré mal gré. La nature profonde d'un auteur du XXe siècle comporte ainsi tout ce que les siècles précédents ont déposé en lui et qui s'y est intégré physiquement, physiologiquement, matériellement.»[15]

Contre toute prétention à une originalité absolue s'affirme fortement la nécessité (la fatalité?) de l'intertexte antérieur, au point que l'auteur tel qu'il est présenté ici, tout en conservant sa sensiblité propre, laisse apparaître une certaine passivité déterminée par la tradition inscrite dans le système de signes qu'il utilise. Ce serait en quelque sorte la situation de Ponge lui-même en ce qui concerne Malherbe, quand il déclare que celui-ci

---

14. La notion d'«intertextualité» est ici d'abord entendue au sens que lui donne J. Kristeva (*Séméiôtikè*, Paris, Editions du Seuil, 1969), qui invente le terme pour désigner l'activité de «redistribution» opérée par le texte sur des énoncés provenant d'autres textes. Le texte est compris par elle comme «une permutation de textes, une intertextualité : dans l'espace d'un texte, plusieurs énoncés, pris à d'autres textes, se croisent et se neutralisent». Pour préciser cette première définition, j'ai eu recours à celle de G. Genette (*Palimpsestes*, Paris, Editions du Seuil, 1982), qui restreint de façon opératoire la notion à «la présence effective d'un texte dans un autre», cette «présence» elle-même se spécifiant sous forme d'allusions (à partir des travaux de M. Riffaterre, notamment *La production du texte*, Paris, Editions du Seuil, 1979, et l'article paru dans «Intertextualités médiévales», Paris, *Littérature* n° 41, 1981), de citations (A. Compagnon, *La seconde main*, Paris, Editions du Seuil, 1979), d'hypertextes (Genette 1982).
15. AC, pp. 350-351. Il n'est pas impossible que le texte, daté de 1974, porte trace des récentes fréquentations telqueliennes de Ponge : a-t-il lu les écrits fondateurs de J. Kristeva sur l'intertextualité? L'usage d'une expression comme «système de signes», empruntée à la terminologie des linguistes et des sémiologues, est en tout cas indice d'une information qui se tient au courant des recherches théoriques de l'époque.

« fait partie de (son) bois. (...), a été intimement lié à (sa) substance durant (sa) croissance même, et s'y est intégré. »[16]

Et il est certain que l'on peut retrouver quelque chose des « vertus » malherbiennes à travers celles de Ponge, comme lui-même « lit » la raison de Montesquieu dans l'organisation des tableaux d'Ebiche. Mais il est non moins clair que ni Montesquieu, ni Malherbe, n'affectent directement la manière de peindre d'Ebiche, ou la manière d'écrire de Ponge, lequel a toujours refusé, d'ailleurs, tout retour en arrière (dans les formes, les genres ou les thèmes), à l'opposé de ce que pourrait souhaiter ou pratiquer une tendance néo-classicisante — celle que développent Gide ou Valéry, par exemple. Il se veut (et il est) situé dans la littérature qui s'écrit depuis « la génération de 70 ». C'est pourquoi il est important de questionner la manière dont l'œuvre pongienne est affectée par, et réagit à celles de ses prédécesseurs les plus proches. Ponge lui-même, tout en portant des jugements sur ces quasi contemporains à la suite presque immédiate desquels il doit trouver sa place, garde le plus souvent le silence sur l'impact que peuvent avoir sur la sienne leurs écritures, dont la variété, on s'en souvient, est censée la construire différentiellement.

Il ne s'agit bien sûr pas d'évaluer si Ponge « fait » de l'intertextualité quand il cite ou transpose, plus que de la génétique quand il livre ses avant-textes, ou de la linguistique (lexicographique) lorsqu'il s'ébroue dans le dictionnaire ; encore moins de juger du bien-fondé scientifique des concepts et procédures que peuvent laisser percevoir ses commentaires ou ses activités, ou de la qualité poétique des textes produits ; mais de saisir, s'il se peut, les cohérences et les évolutions que présente une œuvre majeure du XXe siècle mettant en crise les valeurs les mieux établies de la poétique héritée : le stoppage de l'inspiration au Littré, la révélation des flux d'écriture occultés par le bouclage du texte sur lui-même, la recherche du propre dans le dialogue avec l'autre, par exemple, attaquent concrètement les éléments fondamentaux (génie, unicité, originalité) du système esthétique dominant[17] et établissent des ruptures dont la pratique littéraire ne sort pas intacte. L'importance décisive du travail pongien tient à ce qu'il repense en actes et à neuf, pour lui-même et pour l'avenir, ses conditions — qui sont celles mêmes de l'activité littéraire.

Si les travaux portant sur le « poète des choses », à la suite de l'article fondateur de Sartre, ou sur les relations de Ponge avec les mots, dans la

---

16. PM, p. 36.
17. Cf. *Barbarie et philosophie*, loc. cit.

lignée des analyses telqueliennes, ne manquent pas, rares sont encore les études qui tentent de situer la place et l'importance du «donné littéraire» dans l'œuvre pongienne[18]. Ses textes, une fois dépassés les rapprochements hâtifs[19], s'offriraient comme des événements isolés, après une mise entre parenthèses d'où s'absenterait — conformément au désir de Ponge lui-même, mais en toute méconnaissance du réalisme dont il fait aussi preuve — toute altérité risquant de parasiter la rencontre du sujet avec les choses et les mots, et se livreraient à nous dépourvus de relations à l'environnement littéraire, traditionnel ou contemporain. Objets exemplaires, en somme, pour une théorie du texte comme clôture, ou du travail poétique comme travail immédiat sur/dans la langue. Mais, comme on l'a vu, la vigilance de Ponge à l'égard des mots de la langue se double d'une attention déclarée aux discours. On peut donc, par hypothèse, le créditer de démarches visant (consciemment ou non) à situer par rapport à lui, à mettre à distance ou à s'approprier, à commenter ou à refaire les autres (leurs écritures), même si les traces de telles activités ne se présentent pas avec une abondance aussi explicite que ses manipulations «dictionnaristes». La conscience, chez Ponge, de l'inéluctabilité intertextuelle, relève sans doute de sa culture lucrétienne-épicurienne[20]; elle peut cependant aussi être rapprochée des propositions d'un Bakhtine sur le dialogisme :

> «C'est la visée naturelle de tout discours vivant. Le discours rencontre le discours d'autrui sur tous les chemins qui mènent à son objet, et il ne peut pas ne pas entrer avec lui en interaction vive et intense. Seul l'Adam mythique, abordant avec le premier discours un monde vierge et encore non dit, le solitaire Adam, pouvait vraiment éviter absolument cette réorientation mutuelle par rapport au discours d'autrui, qui se produit sur le chemin de l'objet.»[21].

Ponge illustre bien la tension entre le rêve de «l'Adam mythique» et le fonctionnement discursif réel. Et le commentaire de T. Todorov, qui prolonge la citation, donne l'ampleur des préoccupations pongiennes :

---

18. Pour un premier bilan sur les études pongiennes, cf. Beugnot et Mélançon 1981. Parmi les articles orientés par l'intertextualité, signalons Spada 1977, Riffaterre 1979 et 1983, Gardaz 1987.
19. A l'orée des études pongiennes, déjà, les articles de Blanchot (1942) et de Sartre (1944) comparent Francis Ponge et Jules Renard, ce que relève J. Paulhan : «On parle trop de Renard à propos de toi.» (CPP, I, p. 280).
20. «Je n'aime pas trop ce mot (création), car selon Démocrite et Epicure, rien ne se crée de rien dans la nature.» (FDP, p. 13).
21. Cité par T. Todorov (*Mikhaïl Bakhtine : le principe dialogique*, Paris, Editions du Seuil, 1981), p. 98.

«Non seulement, donc, les mots ont toujours déjà servi, et portent en eux-mêmes les traces de leurs usages précédents ; mais les "choses" aussi ont été touchées, fût-ce dans un de leurs états antérieurs, par d'autres discours, qu'on ne peut manquer de rencontrer.»[22]

L'œuvre pongienne est fondamentalement dialogique, dans la mesure même où elle répond aux sollicitations qui lui viennent des autres, dont elle cherche à se différencier tout en les «comprenant», dans tous les sens du terme. Les textes de Ponge «objectent» au lecteur, mais aussi à l'intertexte littéraire, selon des modalités qui lui sont propres. Avec les objets discrets dont se compose l'univers littéraire se noue, comme avec les «choses», un commerce duel incessamment renouvelé. Très classiquement, d'ailleurs, Ponge identifie l'œuvre à un nom d'auteur, ce qui permet d'établir des relations entre les jugements ou les commentaires que lui inspire explicitement chaque individualité, et les activités que suscite chaque œuvre tour à tour dans son travail d'écriture.

Celles-ci peuvent être regroupées autour de deux pôles : celui des allusions et des citations, et celui des hypertextes, au sens que G. Genette donne à ce terme[23]. Dans le premier cas, la communication s'établit avec des fragments plus ou moins étendus — du syntagme au paragraphe —[24], dans le second, avec des textes complets. D'autre part, citations et allusions, intégrées dans le texte pongien, déterminent des développements de teneur et d'importance diverses, alors qu'avec l'hypertextualité s'établit d'un texte à l'autre un réseau systématique de relations. La citation, l'allusion, exhibent, formellement ou non, le corpus morcelé qui tient lieu de l'autre, comme simple signe de référence à une œuvre, mais aussi, le plus souvent, comme point de départ d'un commentaire ou comme espace de travail stylistique, «source d'énergie» déclenchant l'écriture[25]. Le dialogue, alors, quelle que soit la teneur de la «réplique» pongienne, s'établit in præsentia, l'interlocuteur étant identifié, ou identifiable (dans

---

22. Ibid., pp. 98-99.
23. «J'entends par (hypertextualité) toute relation unissant un texte B (que j'appellerai hypertexte) à un texte antérieur A (que j'appellerai, bien sûr, hypotexte) sur lequel il se greffe d'une manière qui n'est pas celle du commentaire.» (Genette 1982, pp. 11-12).
24. Ce classement est valable en première approche. On rencontrera des cas où Ponge, travaillant à partir d'une citation précise (l'épigraphe des «Cristaux naturels», par exemple, tirée d'«Après le Déluge»), convoque allusivement d'autres fragments du texte source, voire sa totalité.
25. Cf. à ce sujet Compagnon 1979 : «Si les pensées, les propositions, les énoncés anciens ne sont pas essentiellement différents des mots du dictionnaire, ils ont le même pouvoir, celui d'engendrer du discours, "un autre corps".» (pp. 307-308).

le cas de l'allusion) en termes d'intertexte aléatoire[26]. Les hypertextes, en revanche, et sauf exception (précisions d'ordre paratextuel), ne sont pas référés explicitement à un hypotexte et proposent un dialogue in absentia. Je retiens donc, des critères proposés par G. Genette pour identifier l'hypertexte[27], ce qui concerne l'ordre chronologique (l'hypotexte précède obligatoirement l'hypertexte), l'existence de redondances formelles ou thématiques dans les deux textes concernés, mais non la nécessité du caractère explicite du travail hypertextuel[28], et ce pour une raison d'ordre général, tout d'abord : une analyse fondée sur une positivité vérifiable est bien entendu souhaitable, mais le critère d'explicitation perd de sa pertinence si l'on se propose d'explorer le champ littéraire sans recourir à des genres préalablement établis (pastiche, parodie, etc.) ou définis en fonction des besoins de l'analyse, car ils sont insuffisants pour subsumer la dimension hypertextuelle considérée comme catégorie générale de la littérarité, surtout dans le cas de la littérature moderne, qui a tendance à ne plus s'inscrire dans des cadres génériques reçus. La seconde raison tient à la particularité de l'œuvre considérée; dans le cas de Ponge, en effet, la performance hypertextuelle n'est pas simplement une variation, ou une «transposition sérieuse»; il s'agit avant tout pour lui de rendre justice aux choses mal traitées par la langue ou le discours, de «prendre le monde en réparation»[29], et non d'exercer sa virtuosité à renouveler un thème. Son travail n'est donc pas déterminé au premier chef par des préoccupations littéraires, que rien, dans sa logique, ne l'engage à expliciter; c'est parce qu'il rencontre «sur les chemins qui mènent à son objet», des textes qui ont cherché à l'exprimer antérieurement, qu'il entreprend de les «refaire» afin de produire verbalement la chose à neuf; le compte tenu du déjà écrit se lit en creux, dans la différence que Ponge établit silencieusement entre ses propres textes et ceux

---

26. Cf. M. Riffaterre («La trace de l'intertexte», *La pensée* n° 215, octobre 1980), qui définit l'intertexte aléatoire comme l'ensemble des textes que l'on peut rapprocher de celui qu'on a sous les yeux, l'ensemble des textes que l'on retrouve dans sa mémoire à la lecture d'un passage donné.

27. Genette 1982, pp. 14-16.

28. Ibid., p. 16 : «J'aborderai donc ici, sauf exception, l'hypertextualité par son versant le plus ensoleillé : celui où la dérivation de l'hypotexte à l'hypertexte est à la fois massive (...) et déclarée (...).»

29. «(...) jamais le monde dans l'esprit de l'homme n'a si peu, si mal fonctionné. Il ne fonctionne plus que pour quelques artistes. S'il fonctionne encore, ce n'est que par eux. (...) Ils n'ont plus qu'une chose à faire, plus qu'une fonction à remplir. Il doivent ouvrir un atelier; et y prendre en réparation le monde, le monde par fragments, comme il leur vient.» (AC, p. 106).

des autres, pour que les premiers ne puissent être confondus avec (ou du moins lus de la même manière que) les seconds. Le parti pris des choses ne saurait, du point de vue pongien, être ramené à une série d'exercices de style : il s'agit de procurer aux choses, dans le monde des textes, une place qui soit d'abord la leur[30], non pas celle d'un genre, d'un style ou d'un topos.

Ce même volontarisme contribue par ailleurs à organiser le corpus sur lequel j'ai travaillé : les hypertextes se produisent comme des réponses aux auteurs qui ont consacré aux choses et à leur description des textes spécifiques : c'est le cas de Claudel et de Valéry, en l'occurrence, qui, avec «La pluie», «Le platane» ou «Louanges de l'eau», occupent le même territoire littéraire que celui où se situe Ponge. Ils se distinguent ainsi de Rimbaud et de Proust, dont l'œuvre est avant tout considérée comme un foyer dynamique.

Les quatre œuvres littéraires abordées appartiennent à la même «époque» que celle dont se réclame Ponge : ces modernes ont paru offrir un champ plus immédiat, plus vaste et plus varié, pour l'observation des phénomènes intertextuels, que Malherbe, par exemple, dont l'approche, à travers celle de *Pour un Malherbe*, demanderait une étude spécifique, ou que Lucrèce, Tacite et Horace, dont l'intervention est liée à la revendication par Ponge d'une pensée épicurienne, d'abord tragique, puis apaisée, et à une conception de la langue latine comme monumentalité condensée.

Mon choix a été d'autre part guidé par l'insistance, quantitative ou qualitative, avec laquelle les noms d'auteurs reviennent dans les propos ou les écrits pongiens. Des relevés systématiques (noms d'auteurs, citations, allusions) ont permis de confirmer des intuitions, et d'en corriger d'autres. Par exemple, Proust, moins nommé que Rimbaud, apparaît souvent associé à Claudel, ce qui signale son importance aux yeux de Ponge. Je me suis aussi attaché, autant que possible, à explorer, dans l'œuvre pongienne, l'espace problématique ouvert par tel ou tel foyer intertextuel, sans m'en tenir à l'analyse de phénomènes limités à un fragment ou à un texte.

---

30. «j'en (de la pomme) aurai beaucoup plus rendu compte, si j'ai fait un texte qui ait une réalité dans le monde des textes, un peu égale à celle de la pomme dans le monde des objets.» (GR, M, p. 277).

Si les rencontres avec Claudel ou Proust apparaissent comme sporadiques, le problème de la formule, saisi à travers les citations de Rimbaud autour et à partir desquelles travaillent les textes de Ponge, ne peut être abordé qu'à partir d'une étude diachronique mettant à jour un mouvement progressif d'exhibition inversé en occultation. De même, le débat avec Valéry ne prend sens, par delà «Le platane» ou «De l'eau», qu'à être resitué du point de vue d'une thématique qui joue un rôle structurant pour l'évolution de l'œuvre entière.

Claudel et Proust, «ressources» et «grandeur» du XXe siècle, constituent un pôle de référence positif. Avec Rimbaud, j'ai voulu aborder un «Père de la modernité», choisi plutôt que Lautréamont ou Mallarmé[31] en raison de l'abondance des citations auxquelles il donne lieu, suscitatrices d'un travail d'écriture, mais surtout à cause de son statut problématique : Rimbaud présente une ambivalence où coexistent le pathos d'une «voyance» post-romantique, l'autorité impersonnelle de la Parole dont Ponge cherche à percer le secret, et une œuvre qu'il s'approprie «naturellement», au risque de voir la parole rimbaldienne se substituer à la sienne. Avec Valéry, enfin, s'offre superlativement le patron d'une œuvre qui pourrait préfigurer (annuler) celle de Ponge par l'attention qu'elle porte aux choses et au langage, et par la constante réflexivité qui l'accompagne, au lyrisme et à l'intellectualisme près.

---

31. Steinmetz 1990, analysant dans *Le savon* la présence d'«un souvenir de Mallarmé» (pp. 222-225), signale la «révérence» pongienne vis-à-vis de Mallarmé. A la positivité massivement reconnue par Ponge à cette œuvre (et très tôt affirmée avec «Notes d'un poème», qui date de 1926), mais que devrait sans doute relativiser une étude attentive, j'ai préféré ici l'ambiguïté constante qui caractérise la relation de Ponge à Rimbaud, trop longtemps occultée par une référence critique partielle (et partiale, dans le cas qui nous occupe) à Mallarmé et Lautréamont comme seuls «fondateurs» recevables de la modernité. Si l'exclusive peut se défendre théoriquement dans une perspective «matérialiste», telle qu'elle avait cours à la fin des années soixante et durant les années soixante-dix, il n'en reste pas moins que Rimbaud, même encombré de scories spiritualistes, a pu jouer un rôle déterminant dans la pratique des écrivains les plus décapants du XXe siècle. Preuve : Ponge.

L'intertexte : Proust

Proust n'est que tardivement nommé dans l'œuvre de Ponge. Il faut attendre le *Malherbe* pour qu'il figure, aux côtés de Claudel, et devant les surréalistes, la «grandeur» du XXe siècle littéraire, comme si cette reconnaissance avait du mal, plus que d'autres, à se formuler. Cependant, l'apparition des «intermittences du cœur» dans les «Notes premières de l'homme», datées de 1943-44, pouvait laisser entendre dès cette date une familiarité certaine avec la *Recherche*. Le recours à Proust dans *Proêmes* coïncide avec le moment où Ponge se préoccupe de dire l'homme, comme il a auparavant dit les choses dans *Le parti pris*, démarche sans doute à mettre en rapport avec la rencontre de Camus, puis de Sartre, et plus généralement avec le regain d'humanisme dont s'accompagnent les luttes de la résistance et la libération. L'entreprise nécessite notamment de renouveler l'approche, constamment dénoncée par Ponge, de la psychologie traditionnelle, dont le roman proustien propose la plus radicale mise en question, tout en rejoignant la conception qu'exprime Ponge lui-même lorsqu'il décide de substituer la première personne du pluriel («collection des phases et positions successives du je») à celle du singulier, marque d'unité fallacieuse. Cet aspect, limité à l'exploration de l'homme, des rapports qui s'établissent de Ponge à Proust, on peut en observer la dernière manifestation en 1951, avec «Joca seria», ultime tentative d'envergure pour approcher l'homme à travers les sculptures de Giacometti, et occasion pour confronter la description de l'humain dans la *Recherche* à celle qu'essaie de définir l'écriture pongienne. Mais plus largement, pour Ponge, comme il l'explique en 1983 dans un entretien accordé à *Libération*, Proust est «un très grand romancier dans la mesure où c'est un très grand poète» qui «prend le parti des choses lorsqu'il nous révèle quelque chose de nouveau sur le goût de la madeleine ou la floraison des aubépines». Toute distinction des genres abolie, et laissée de côté la psychologie inhérente au roman, c'est pendant l'élaboration même du texte qu'il faut tenter de saisir la relation à ce précurseur tardivement, mais explicitement, tenu pour tel.

De fait, la rencontre la plus singulière (et la moins avouée) entre l'écriture pongienne et l'œuvre de Proust a lieu à l'occasion d'un moment de travail, considéré par Ponge lui-même comme exemplaire, au cours duquel est recherchée (avec acharnement) et trouvée (avec jubilation) l'expression rendant compte de la particularité unique (ou qualité différentielle, en termes pongiens) d'un objet du monde muet.

PEINTURE ET MÉTATECHNIQUE

L'ensemble constitué par «Pochades en prose» et «My creative method» répond à une double sollicitation circonstancielle : un voyage en Algérie, et une demande d'explication sur la «création» pongienne[32]. Les «Pochades», placées dès leur titre sous le patronage de la peinture, s'inscrivent dans la tradition des carnets de voyage, notamment illustrée par les peintres du XIXe siècle (Delacroix ou Fromentin[33], en ce qui concerne l'Afrique du nord). Cette revendication d'activité plasticienne est un moyen pour Ponge de se référer à un modèle qui met en jeu une substance non signifiante pour créer du sens, et de se démarquer du champ littéraire dominant (lyrisme méditerranéen, prose «d'idées»...) au profit de notations rapides en réaction immédiate aux formes et aux couleurs[34]. De plus, l'absence de reprise que suppose la pochade donne à voir sans artifice, au plus près, l'amorce du travail qui pourra aboutir au texte

---

32. Le titre «My creative method» reprend celui de Miller 1947 : «Francis Ponge and the Creative Method». Cet ensemble, ainsi que «Pochades en prose» a été repris dans GR, M, pp. 9-93.

33. Profitant, au cours de son séjour, d'une excursion à Alger, Ponge, justement, lit Fromentin (GR, M, p. 54).

34. Littré, article «Pochade» : «Terme de peinture. Indication abrégée qui en quelques coups de brosse résume une figure ou un paysage. Une pochade doit toujours être empâtée, et, pas plus que le croquis, ne peut être reprise.»

achevé. De ce dernier point de vue, les « Pochades » rendent possible le dédoublement requis par la question posée à l'auteur à propos de sa création : Ponge, depuis les textes de « My creative method », observe d'un regard théorique (ou plutôt, « métatechnique ») ses agissements de « créateur ». Le constat du « flagrant délit de création » tente de s'établir à propos d'une recherche du mot « juste » désignant la couleur du Sahel, poursuivie jusqu'au bout des « Pochades ».

L'OBSESSION DE LA COULEUR INEXPRIMABLE

Plusieurs études sur le motif ont, dans les jours précédant la rencontre décisive, produit des textes clos (« Du marabout de Sidi-Madani ») ou des suites de notations cernant progressivement l'objet (les gorges de la Chiffa, par exemple) pour s'achever sur une formule intensive qui le présente dans son essence sensible :

> « LA CHIFFA. — Un lait d'argile, une tisane de sable./ (Je l'ai cherchée longtemps, cette Chiffa. Il me semble que je la tiens à peu près, maintenant) »[35].

La même « méthode » est utilisée à la vue de la couleur du Sahel, mais aboutit à un résultat différent. C'est le 23 décembre 1947 qu'une promenade en automobile fait découvrir à Ponge le Sahel comme couleur à exprimer, complémentaire de celle de la mer :

> « (...) Le Sahel d'un rose cyclamen, un peu comme les ongles, s'abaissait et prenait valeur de dune par rapport à l'Atlas (...). Plus loin que le Sahel c'était la mer, d'un bleu très doux, bombée, rejoignant le ciel sans ligne d'horizon marquée, d'une façon un peu globuleuse, très touchante. (...) Mais rien n'égale en beauté les couleurs du Sahel, et celles de la mer. Il y a là comme une émotion, une carnation, une rougeur très touchante et cet étonnant gonflement des yeux de la mer. Comment exprimer cela. La rougeur du Sahel n'est du tout agressive, mais elle est très soutenue, sensible au plus haut point, comme celle d'un bout de sein, d'une lèvre mordue dans un mouvement de passion, non ce n'est pas cela encore : il y a là quelque chose comme un bleu qui deviendrait ardent, comme une flamme qui change de ton, comme un pétale, comme lorsque la teinture de tournesol vire du bleu au rouge, aussi comme certaines couleurs irréelles et habituellement très éphémères de l'aurore. »[36]

La première qualification, empruntée à la gamme reçue des couleurs (« rose cyclamen »), est immédiatement corrigée par la comparaison avec les ongles, — dont la couleur ne fournit au lexique aucune nuance communément identifiable, ce qui rétablit le Sahel dans une individualité

---

35. GR, M, pp. 50-51; les notations concernant la Chiffa figurent ibid., pp. 55-58.
36. Ibid., pp. 70-71.

chromatique encore innommée. La suite du texte s'emploie à multiplier les essais de formulation : la forme des collines (leur «valeur de dune») la couleur et la forme de la mer, sont délaissées au profit de la seule couleur, insaisissable, du Sahel; le recours au corps et à la sensualité (après les ongles, la «carnation», puis le «bout de sein», la «lèvre mordue dans un mouvement de passion») est jugé inadéquat («non, ce n'est pas cela encore») et entraîne une succession rapide de comparaisons qui cherchent à nommer l'instabilité du rose en question («quelque chose comme un bleu qui deviendrait ardent») et se remplacent en s'annulant; «flamme», «pétale», «teinture de tournesol», «couleurs de l'aurore» proposent des analogies sans pour autant dire le propre de la couleur obsédante. A l'issue de ce développement infructueux, Ponge, renonçant au Sahel, revient à la mer et à «ses yeux globuleux étonnés» avant de poursuivre la relation de son excursion, au cours de laquelle cependant surgit de nouveau le fameux rose, retrouvé à Blidah avec l'évocation de «la population drapée dans la laine, aux pieds roses comme le Sahel.»

La seconde approche de la couleur du Sahel a lieu au cours d'une visite à Boghari, le 25 décembre 1947. Après quelques notes rapides sur le village et son site, Ponge en arrive au «paysage vers le Sud», ainsi caractérisé :

«Safran, moutarde ou peau-de-lion. Quelque chose dans l'air rougit, ou carmino-groseille les lointains.»[37]

Cette «formule du Sud», momentanément mise en réserve, pendant le récit de la «randonnée», est reprise littéralement quelques lignes plus loin pour amorcer un nouveau développement sur le rose du Sahel; Ponge enchaîne en effet immédiatement, après avoir répété la formule qu'il vient de trouver :

«Un rose extraordinairement sensible, à vrai dire assez sacripant. Serait-ce seulement un rose qui a du bleu dans le sang, ou du bleu sur les bords? Oui, il y a bien quelque chose du feu dans cela, du feu artificiel aux joues. Les Arabes ont ce même rose aux pieds, autour des chevilles et à la base du mollet et sur le cou-de-pied. Parchemin rosâtre. Parchemin mais vivant. Bleu comme les noyés, dit-on. On pourrait dire ici : rose, rougeâtre comme les flambés. Rose assez flambant. Un violâtre, un violacé qui n'évoque pas le froid, mais la chaleur du feu, le reflet des flammes sur la chair. Certains pétales. Certains ongles. Bon dieu! je n'y arriverai donc pas! Il faudrait maintenant que

---

37. Ibid., p. 77. L'invention néologique pour désigner les couleurs relève de la même pratique qu'une «pochade» réalisée ce même 25 décembre : «Dès le matin, / le ciel se dalle, se marquette, se pave, se banquise, se glaçonne, se marbre, se cotonne, se coussine, se cimente, se géographise, se cartographise (...)» (Ibid., pp. 73-74).

j'enlève de l'épaisseur de pâte, que j'atteigne d'un seul coup, d'une seule touche du pinceau à ce rose (mince comme un pétale)».

Si le déclenchement de l'écriture s'opère d'abord à partir du paysage, le reste du paragraphe glisse de la référence au Sahel à celle des corps, de comparants devenus comparés à la faveur de l'observation, rapportée deux jours auparavant, sur la population de Blidah. Le rose demeure, mais son support s'est déplacé, suivant la thématique sensuelle mise en place dès le texte inaugural du 23 décembre, et qui se condense dans l'expression «rose (à vrai dire assez) sacripant» : l'adjectif, d'emploi pongien, et créé à partir d'un substantif habituellement réservé à un référent humain, s'y trouve affecté à un nom de couleur, auquel est par là conférée une tonalité psychologique sans rapport avec la nuance recherchée jusque-là en termes purement chromatiques, et telle que pouvaient l'exprimer le «cyclamen» de la première formulation, ou le «carmino-groseille» qui précède immédiatement le surgissement du «rose sacripant». Pour le reste, la conjonction du corps (de ses parties), du feu et de la flamme, déjà rencontrés lors de la première énumération métaphorique, tente à nouveau d'établir une définition «concrète» de la couleur, non sans risquer la dérive analogique avec l'allusion aux «pétales» et aux «ongles», réinvestissements des trouvailles du 23 décembre. Tentation à laquelle Ponge met fin brutalement, par un constat d'échec («Bon dieu! je n'y arriverai donc pas») que complète une note de régie empruntant son vocabulaire à la technique des peintres : l'«épaisseur de pâte», la «touche du pinceau» renvoient aux définitions mêmes de Littré[38]. A ce stade de l'écriture, rien ne laisse présager que l'écrivain soit arrivé aux fins qu'il s'était assignées : produire un équivalent verbal du rose du Sahel, comme il l'avait fait pour les formes et les couleurs de la Chiffa, par exemple.

Le dernier texte des «Pochades en prose», cependant, voit le retour du rose, comme couleur de la sensualité : «Accueil et gentillesse arabes», qui débute par des considérations sur le comportement des Algériens rencontrés durant le séjour à Sidi-Madani, se poursuit par l'éloge des qualités que révèle «ce qui est soigné, préparé par les femmes», puis par

---

38. L'«empâtement» fait partie des qualités de la pochade. Pour Littré, «empâté» «se dit des tons moelleux et bien fondus», et «empâter» signifie «donner de l'épaisseur aux couleurs, surtout aux carnations, en les couvrant et recouvrant plusieurs fois.» Quand Ponge parle d'enlever «de l'épaisseur de pâte», il s'agit d'éliminer des métaphores hétéroclites pour restituer toute sa force à la seule et hypothétique qualification (couleur) ressentie comme juste.

la description des charmes féminins, comparés à ceux du paysage, et tels que les laissent apercevoir les voiles des vêtements :

> «Petits mignons villages, petites mignonnes maisons blanches, petits mignons yeux et pieds des femmes. Jolis orteils brillant dans la montagne, maisons et marabouts. On n'en voit que l'œil ou l'orteil (la cheville, les mains, une main)».

Le texte culmine, avec ses trois derniers paragraphes, dans un finale teinté d'érotisme : après la «nécessité du fard» est évoqué «le rose aux joues» (reprenant une notation du 25 décembre 1947) qui glisse, «sous l'abat-jour», à «la chair qu'il s'agit d'éclairer, qui est ce qui est à offrir, à consommer, à caresser, à manger (...)». La description se transforme en invocation lyrique (et quelque peu cannibale) à l'objet aimé, apostrophé par un «tu» qui introduit une rupture dans le régime énonciatif :

> «Oh tu es ainsi comme une table servie, sous la lampe! Mais table qui répond, est happée, se colle, est aimantée vers vous, contente, ravie d'être mangée et qui participe ainsi au festin... et nous l'aimons pour son goût du sacrifice. Et les fruits se multiplieront sur la nappe, parce que nous aurons ainsi pris le premier festin ensemble!/ Ainsi de même des vergers fleuris.»

Le dernier paragraphe aide à comprendre cette exaltation peu courante dans l'œuvre pongienne. C'est le rose (et cette fois, de nouveau, celui du Sahel) qui permet d'établir une communication entre ce qui est humain et ce qui est naturel :

> «A propos du rose (incarnat) du Sahel, parler du (ou de la) rose (rouge) de confusion; de la confusion du sang, du ciel, des veines; de la confusion des couleurs (profusion, confusion), carnation, incarnation, ongles.»

Une nouvelle épithète, «incarnat», est essayée au rose, en fonction de la «chair» qu'il qualifie, et par déduction formelle à partir de la «carnation» et des «ongles» (qui peuvent s'«incarner»), deux termes présents dès le texte du 23 décembre. C'est aussi un moyen de dire l'«incarnation» du paysage (le ciel se «confondant» avec le sang, les veines), du cosmos fait chair, ou fait femme, et dès lors à étreindre/consommer comme telle. Le lyrisme amoureux de Ponge, on le sait, au moins depuis *Pour un Malherbe*, est moins destiné à une femme particulière qu'à «la féminité du monde».

L'EXEMPLE D'UN TRAVAIL CURIEUSEMENT PARFAIT

Le travail que j'ai décrit en suivant «Pochades en prose» peut sembler, sous cette forme, avoir abouti, même s'il s'achève par une note de régie («A propos du rose (...) du Sahel, parler du (ou de la) rose (rouge) (...)») qui ne sera jamais mise à exécution. Il faut cependant revenir sur le fait que c'est ce point bien particulier de son écriture qui a semblé à Ponge susceptible d'être présenté dans «My creative method», dès la date du 5 janvier 1948, comme exemple de sa besogne d'expression, et de nouveau, huit ans plus tard, lors d'une conférence[39], comme si un seul des essais cherchant à caractériser le rose du Sahel constituait sa formule définitive, alors que ce «rose sacripant» n'apparaît qu'une fois, à la date du 25 décembre 1947, et qu'il disparaît, comme les autres tentatives, pour ne laisser subsister, in fine, qu'un rose «incarnat».

Le premier commentaire relate les faits, les situe, et donne la trouvaille du «rose sacripant» comme purement fortuite («Après beaucoup de tâtonnements, il nous arrive de parler d'un rose un peu sacripant. Le mot nous satisfait a priori.»). La justification de ce bonheur d'expression est demandée au dictionnaire, qui

> «nous renvoie aussitôt de Sacripant à Rodomont (ce sont deux personnages de l'Arioste) : or Rodomont veut dire Rouge-Montagne et il était roi d'Algérie. C.Q.F.D. Rien de plus juste.»

Ponge pense rationaliser ses intuitions, dont l'arbitraire apparent pourrait conforter la foi en une inspiration transcendante, par l'inscription dans la langue même de ce qui semble à première vue relever du seul hasard. L'écrivain, livré aux tâtonnements, à condition qu'il sache refuser (c'est son héroïsme) ce qui ne convient pas à son goût le plus profond, deviendrait l'agent (inconscient) qui actualise les potentialités sémantiques du lexique, au point de mettre en lumière une convenance entre les mots et les choses convoqués intuitivement par son projet d'écriture. L'authentification s'accompagne d'une sorte de permission autorisant la poursuite de la recherche dans la voie découverte[40] : le dictionnaire légitime et autorise, parce qu'il fonctionne comme livre de la vérité et livre de la loi, bible éthique autant qu'esthétique.

La même anecdote, racontée de nouveau dans «La pratique de la littérature», précise la valeur de «preuve a posteriori» que lui accorde Ponge :

> «Il n'y a pas toujours des preuves comme ça, naturellement. Ça serait trop beau. Mais c'est une indication que j'ai eu raison d'attendre et de refuser des cyclamens et des polissons, des mots, des roses qui étaient presque bien, mais qui n'étaient pas "rouge

---

39. GR, M, pp. 23-24 ; GR, M, pp. 281-283.
40. «Quelles leçons tirer de là : / 1° Nous pouvons employer sacripant comme adjectif de couleur. Cela est même recommandé. / 2° Nous pouvons modifier rodomont en l'employant très adouci : "La douce rodomontade". En tout cas, nous allons pouvoir travailler là autour.» (Ibid., p. 24).

montagne", "roi d'Alger", jusqu'à celui qui était évidemment "rouge montagne d'Algérie"»[41].

«Sacripant», on le voit, doit une de ses justifications au glissement qui le superpose à «Rodomont», ce dernier communiquant ses propriétés étymologiques et référentielles au personnage qu'il côtoie dans une même œuvre littéraire, celle de l'Arioste. Car le nom adjectivé ne porte en lui-même aucun sème de couleur. En revanche, si l'on en croit la définition proposée par Ponge à son auditoire allemand,

> «c'est un mot qui n'est pas très rare en français, qui veut dire un peu polisson. Sacripant, c'est un personnage qui est un peu escroc, un peu voleur, un peu... pas très catholique, comme on dit».

Le mot désigne alors des propriétés humaines, mais ce ne sont pas celles que Ponge décèle à l'origine de son intérêt pour le rose du Sahel :

> «D'abord pourquoi voulais-je en parler? Je n'ai pas pensé, j'ai senti que c'était un rose qui ressemblait un peu au rose des chevilles des femmes algériennes. C'est une des seules choses qu'on voit de leur peau. (...) Et alors il y avait ce rose. Il y avait aussi un côté fard. (...) Rose cyclamen, non, non, rose polisson, coquin, à cause du fard, à cause du côté sensuel de la chose : ça n'allait pas».

Curieusement, mis à part «polisson» (qu'il refuse), aucun des autres sèmes («escroc», «voleur»...) ne rend compte de ce que Ponge dit avoir senti; la sensualité, la furtivité, que s'essaie à «rendre» le «rose sacripant», échappent à l'explication justificative. Plusieurs facteurs amènent donc à comprendre autrement la valeur qu'accorde Ponge au «rose sacripant». L'espèce d'anamnèse à laquelle se livre l'écrivain semble buter sur un souvenir écran, lisible comme tel à travers les contradictions qui s'y révèlent. Le dictionnaire, en l'occurrence, appuie une conception (la rencontre, quelque peu magique, entre l'acharnement de l'écrivain et la vérité profonde de la langue) qui n'est pas si éloignée du hasard objectif surréaliste, dont la pratique et la théorie pongiennes n'ont jamais fait une référence. D'autre part, le même dispositif, placé sous le signe de Proust, semble agir dans le cas de *La fabrique du pré*, dont l'origine («chapitre du *Temps retrouvé*») ne se laisse pas non plus dire. Enfin, on doit à la sagacité de M. Spada[42] l'initiative d'une analyse mettant en relation la formule non seulement avec le fonctionnement de la langue, mais avec

---

41. GR, M, p. 283. On rapprochera la «preuve a posteriori» présentée dans ce contexte du «bouquet de preuves a posteriori» offert par la consultation du Littré à l'écriture du «Mimosa» (TP, RE, p. 320).

42. Cf. Spada 1974, pp. 61-62.

une œuvre dont on a trop peu signalé l'importance qu'elle revêt pour l'écriture de Ponge. Il repère en effet l'écho que propose au « rose sacripant » le personnage de Miss Sacripant dans *A la recherche du temps perdu*. Renchérissant ici sur le propos spadien, je remarquerai que le « rose » de Ponge, ainsi surdéterminé, fait également signe vers Proust par l'intermédiaire de la « dame en rose », autre figure de Mme Swann[43].

LE ROMAN DÉPLACÉ

On peut tout d'abord comprendre l'intervention pongienne sur les deux moments convoqués de la *Recherche* comme un travail condensant en une formule — et prolongeant — celui de Proust à l'égard du roman traditionnel. La dame en rose, Miss Sacripant, illustrent au mieux un des traits souvent signalés de l'art proustien défaisant la supposée unité psychologique du personnage de roman classique par la multiplication des images (contradictoires, ou très éloignées l'une de l'autre) qu'offre de lui-même (ou de ses « moi » successifs) chaque héros au cours de la *Recherche*. Ainsi Odette de Crécy (demi-mondaine ou veuve d'aristocrate) alias la dame en rose, Miss Sacripant, Mme Swann, Mme de Forcheville... ne doit-elle son identité paradoxale qu'au volume que lui procurent ses diverses apparitions superposées. Le même principe se trouve chez Ponge appliqué aux choses et aux mots, à la variété du monde et de la langue dont il s'agit de rendre compte. La leçon proustienne se double en outre, dans ce cas, de la volonté délibérée de faire des choses des personnages dotés de « caractères » inédits ; commentant l'expression « brillamment blanchâtre » qui se trouve dans « L'huître », l'auteur déclare :

« (...) si je rapproche ces deux mots, je sors du lieu commun et je crée un caractère (au sens de caractère d'un héros de roman, par exemple) qui sera tout à fait hors des normes courantes, c'est-à-dire qu'il pourra y avoir un héros de roman qui sera à la fois brillant et blanchâtre./ Voilà deux qualités, un complexe de qualités contradictoires qui crée un personnage, un caractère, un héros de roman si vous voulez, qui sortira du conventionnel »[44].

La vérité singulière du Sahel surgit donc de la conjonction de deux éléments dont rien, dans l'usage, n'appelle la réunion, comme celle (ou

---

43. L'épisode de la dame en rose se situe dans *Du côté de chez Swann* (*A la recherche du temps perdu*, op. cit., I, pp. 74-79) ; la découverte du portrait de Miss Sacripant a lieu dans *A l'ombre des jeunes filles en fleurs* (Ibid., II, pp. 202-205).
44. EPS, p. 110.

une de celles) d'Odette résulte de la co-existence, dans le «même» personnage, de la dame en rose et de Miss Sacripant. De plus, en déplaçant, par le biais de l'allusion littéraire à la *Recherche*, deux traits caractéristiques d'une figure (fictivement) humaine à un paysage, Ponge fait du rose sacripant l'emblème d'une pratique qui s'annexe l'art du romancier pour le mettre au service des choses du monde muet, dont la complexité, pour lui, n'est pas moindre que celle que présentent les relations psychologiques entre humains. Ce faisant, d'ailleurs, il se comporte comme Proust lui-même, qui n'hésite pas à attribuer aux choses, dans le rapport qu'entretient avec elles le narrateur, des qualités qui les élèvent constamment au rang de partenaires ou d'interlocuteurs : Il suffit de commencer à feuilleter la *Recherche* pour rencontrer par exemple «l'hostilité des rideaux violets», «l'insolente indifférence de la pendule», ou «une étrange et impitoyable glace à pieds quadrangulaire» que le narrateur apprivoisera par l'habitude.

CONNOTATIONS PROUSTIENNES I : LA SENSUALITÉ

La formule «rose sacripant», qui désigne doublement le personnage de Mme Swann, se charge des traits qui caractérisent celle-ci, ou du moins les deux avatars d'elle qu'évoque Ponge. La dame en rose, comme Miss Sacripant, apportent au narrateur une troublante vision sensuelle, la première directe, la seconde par le biais de l'œuvre d'art.

Ainsi le jeune homme, qui ignore le statut de cocotte d'Odette de Crécy et les raisons de sa présence chez son vieil oncle, succombe-t-il à l'«envie irrésistible de baiser la main de la dame en rose». La séduction de l'apparition, le désir qu'elle suscite sont tels qu'

«éperdu d'amour pour la dame en rose, (il couvre) de baisers fous les joues pleines de tabac de (son) vieil oncle»[45].

Avec la contemplation du portrait de Miss Sacripant, «l'attrait irritant» offert par l'aquarelle est rapporté «aux sens blasés ou dépravés de certains spectateurs» (qui ne sont pas le narrateur), et donc, par delà l'existence picturale, à la réalité — le costume d'une jeune actrice pour une revue des Variétés en 1872 — dont s'est inspiré le tableau ; mais le détour référentiel ne fait que rendre à la vie l'être désirable, et le narrateur lui-même n'échappe sans doute pas à l'attrait qu'il vient de nommer (la

---

45. *Ibid.*, I, pp. 77-78.

séduction de l'art d'Elstir redoublant en quelque sorte celle du travesti, et le désir qu'il inspire) lorsqu'il s'enquiert auprès du peintre :
«Et qu'est devenu le modèle?»[46].

A cette tonalité sensuelle, bien présente, on l'a vu, dans ce que cherche à exprimer le rose sacripant pongien, s'ajoute un autre trait, commun lui aussi aux deux œuvres.

CONNOTATIONS PROUSTIENNES II : L'INTERDIT

En effet, la dame en rose et Miss Sacripant sont toutes deux marquées par la fugitivité et l'interdit : l'identité d'Odette n'est révélée ni par le vieil oncle, ni par Elstir, ni l'un ni l'autre ne se souciant de faciliter ou même d'établir des relations durables entre elle et le narrateur; le vieil oncle s'empresse de congédier son neveu, et Elstir, en réponse à la question du narrateur, de retourner le tableau. C'est cette féminité offerte et refusée que redit Ponge lorsqu'il décrit le corps entrevu, malgré les voiles, des femmes arabes. Et c'est l'interdit que transgresse, à la différence de ce qui se passe dans la *Recherche*, le texte final des «Pochades en prose», dans lequel se confondent, grâce à l'équivalence établie entre le rose du Sahel et celui de la chair, la femme et le paysage, pour une communion érotique avec l'écrivain. Ponge accomplit alors ce qu'il déclare aimer chez Proust : «La confusion du paysage et de la psychologie»[47], telle qu'elle s'indique à travers de nombreux personnages de la *Recherche* ; dans *Le temps retrouvé*, par exemple, Mlle de Saint-Loup conjoint, par ses ascendants, les moments et les lieux dont est tissée la vie du narrateur :

«Et avant tout venaient aboutir à elle les deux grands "côtés" où j'avais fait tant de promenades et de rêves — par son père Robert de Saint-Loup le côté de Guermantes, par Gilberte sa mère le côté de Méséglise qui était le "côté de chez Swann" (...)»[48].

---

46. Ibid., II, pp. 204-205.
47. Ponge parle de ses goûts proustiens à propos de l'année (1929) pendant laquelle il a rencontré sa future épouse, Odette, et lu pour la première fois *A la recherche du temps perdu*. (Thibaudeau 1967, p. 32).
48. Op. cit., IV, p. 606.

PROUST ET LA PEINTURE

A ce déplacement des valeurs, du personnage au paysage, qui remet en question (à la suite de Proust et en poussant à bout ce qu'il avait entrepris) les cloisonnements génériques, il faut ajouter, puisque Ponge travaille à une «Pochade» en faisant jouer une couleur et le titre d'un tableau, ce qui, depuis les deux passages de la *Recherche*, participe à une réflexion sur la peinture, et, plus largement, sur l'œuvre d'art.

> «Pourquoi la peinture peut-elle nous émouvoir? demande Ponge au cours d'un entretien, parce que dans un petit espace sont rassemblées, harmonisées et résumées beaucoup de merveilles optiques que nous offre la nature, de façon brute — et dispersée. Cela nous est jeté aux yeux et c'est merveilleux. La vertu est justement de résumer un certain nombre d'impressions qui sont dispersées dans la nature. Ce sont des résumés qui sont harmonisés, stylisés de telle façon que cela nous atteint de façon "préhensible". C'est à la fois incompréhensible et préhensible.»

Et à l'intervention de son interlocuteur, qui suggère que «c'est comme les "trois arbres" de Proust...», il ajoute :

> «C'est ça exactement; c'est la même histoire. Voilà pourquoi Proust est si merveilleux, parce que justement il met les choses comme cela. Il arrive à dire, à expliquer ça»[49].

L'art de Proust se trouve mis en relation avec celui du peintre, en ce qui concerne la condensation des impressions («résumés de merveilles optiques, harmonisés, stylisés»), et l'élaboration d'un mode de communication appelant une saisie immédiate («préhensible») plus qu'une intelligence fondée en raison («incompréhensible»). Ce qui renvoie à la concision et à l'opacité de la formule exprimant le Sahel en deux mots, et recoupe les préoccupations pongiennes exprimées dans «My creative method» à propos de la perfection et de l'évidence du poème[50]. La langue (ou les couleurs) à elles seules ne suffisent pas à fonder la perfection (l'évidence) de ce qui s'écrit ou se peint : il y faut l'adéquation du moyen d'expression à l'objet, ce que Ponge appelle «une rhétorique par objet», dont la peinture peut fournir l'exemple à la littérature, et dont témoigne l'œuvre proustienne. Le «rose sacripant», en effet, qui met en scène, en juxtaposant dans sa formulation deux passages de la *Recherche*, la technique de l'écrivain (la dame en rose) confrontée à (et comme interprétée

---

49. «Entretien avec L. Dahlin (13 juin 1979)», *Cahier de L'Herne* n° 51, p. 529.
50. «(...) A quoi se rapporte cette évidence? A une vertu propre de l'expression (du moyen d'expression)? Oui sans doute en un sens, mais en un sens seulement. Elle se rapporte également à une convenance, à un respect, à une adéquation (voilà le plus délicat) de cette expression (par rapport à elle-même absolument parfaite) à la perfection de l'objet (ou d'un objet) envisagé.» (GR, M, p. 31).

par) la description de celle du peintre (le portrait de Miss Sacripant), peut être considérée comme emblème à la fois de la transposition qui s'essaie, dans les «Pochades», de la peinture à l'écriture, et du regard «métatechnique» porté par l'artiste sur son travail.

LA COULEUR EN LITTÉRATURE ET LA LEÇON D'ELSTIR

La rencontre avec la dame en rose apparaît, dans ce contexte, comme un modèle de traitement des valeurs colorées : de l'œillet rouge ornant l'œillère des chevaux et la boutonnière du cocher à la rougeur qui s'empare du narrateur, de la mandarine que mange Odette au rose de la robe qu'elle porte, aux cigarettes dorées qu'elle fume, et à la locution, maintes fois répétée, qui la désigne, toute une gamme (rouge, rose, orangé, or) domine la scène, et lui confère l'harmonie que Ponge reconnaît dans l'œuvre de Proust, jusqu'au moment où le «bleu», apparu dans les propos d'Odette, vient couper court à la fugue en rose et accélérer le congédiement du narrateur qui, fasciné par ce qu'il voit, ne comprend pas la signification de «télégramme» qu'a prise trivialement l'adjectif dénotant une couleur à la fois complémentaire de celles qui s'offrent à ses yeux, et esthétiquement exclue par elles[51]. La surdétermination du sens produite ici par l'usage sélectif du lexique illustre une démarche analogue à celle des «Pochades», lorsque Ponge essaie et élimine des noms ou des adjectifs de couleurs en fonction de la réalité, mais aussi de la tonalité affective qu'elle comporte.

L'épisode du portrait de Miss Sacripant, qui pourrait fournir son titre au recueil pongien («"Oh! ce n'est rien, c'est une pochade de jeunesse"», répond Elstir à l'admirative curiosité du narrateur), se place sous le signe de l'ambiguïté, que ce soit celle du sexe («fille un peu garçonnière» ou «jeune efféminé vicieux»), celle des sentiments (la «noce» affichée par les vêtements contrastant avec la «tristesse rêveuse du regard»), ou celle même du sujet de l'aquarelle, dont aucune des choses qu'elle donne à voir n'est «constatée en fait et peinte à cause de son utilité dans la scène», mais, comme «le verre du porte-bouquet», «aimée pour elle-même», au point que le verre enferme l'eau «dans quelque chose d'aussi

---

51. Op. cit., I, pp. 74-79. Proust a soigneusement fait disparaître de la version définitive les adjectifs de couleur qui en auraient rompu l'harmonie : «carafes en verre bleu», «vins blancs et rouges» sur la table, «lilas ou géraniums» à l'oreille des chevaux, «veste en toile mauve» du valet de chambre, ou «domestique en toile bleue» qui se trouvent dans les esquisses XXXIX et XL (Ibid., I, pp. 769-774).

limpide, presque d'aussi liquide qu'elle», que les reflets de la chambre, étoilant la blancheur du plastron, lui communiquent ce qu'ils prennent aux fleurs d'aigu et de nuancé, et que «le velours du veston, brillant et nacré, (a) çà et là quelque chose de hérissé, de déchiqueté et de velu qui (fait) penser à l'ébouriffage des œillets dans le vase»[52]. Une circulation du sens métaphorise chacun des termes picturaux qui constituent le langage du tableau, sans que la présence du personnage dont il est le portrait réduise les objets à de simples faire-valoir. C'est d'eux, des rapports qui l'unissent à eux, toute maîtrise ou hiérarchie mise de côté, que l'androgyne Sacripant tire sa séduction, au moins en tant qu'œuvre d'art :

«l'habillement de la femme l'entourait d'une matière qui avait un charme indépendant, fraternel (...)».

La peinture d'Elstir est lieu de réconciliation de l'homme et des choses; comme l'écrit Ponge quelques années plus tard, en 1952 :

«(la fonction de la poésie) est de nourrir l'esprit de l'homme en l'abouchant au cosmos. Il suffit d'abaisser notre prétention à dominer la nature et d'élever notre prétention à en faire physiquement partie, pour que la réconciliation ait lieu»[53].

Pour Ponge, cherchant à atteindre «d'un seul coup, d'une seule touche du pinceau» ce rose qui livre immédiatement et simultanément la sensualité d'une carnation et le paysage qui lui sert de décor, nul doute que l'exemple fictif et littéraire d'Elstir ne soit enseignant. D'autant que la découverte de l'aquarelle dans l'atelier s'accompagne de cette réflexion du narrateur :

«(l'aquarelle) me causa cette sorte particulière d'enchantement que dispensent des œuvres non seulement d'une exécution délicieuse, mais aussi d'un sujet si singulier et si séduisant que c'est à lui que nous attribuons une partie de leur charme, comme si, ce charme, le peintre n'avait eu qu'à le découvrir, qu'à l'observer, matériellement réalisé déjà dans la nature, et à le reproduire. Que de tels objets puissent exister, beaux en dehors même de l'interprétation du peintre, cela contente en nous un matérialisme inné, combattu par la raison, et sert de contrepoids aux abstractions de l'esthétique.»[54]

Proust décrit ici une sorte d'illusion spontanéiste qui ferait de l'œuvre la reproduction à l'identique de la réalité, sans aucune médiation de la part de l'artiste : or, Miss Sacripant n'existe que par l'interprétation qu'a faite Elstir de son modèle, comme le rose sacripant doit à l'écriture de

---

52. Ibid., II, p. 204. Dans cette page sont présents deux thèmes pongiens majeurs : celui de l'eau, dans ses jeux avec le verre, et celui de l'œillet et des rapports qu'entretient la forme de cette fleur avec la lingerie féminine (TP, RE, pp. 289-304).

53. (GR, M, p. 197).

54. Op. cit., II, p. 203.

Ponge, qui réactive les éléments d'une formulation littéraire (et non au Sahel seulement, ou à la chair des femmes), d'être ainsi dénommé. L'analyse proustienne, sans chercher à réfuter la croyance en une possibilité de saisie directe des choses, la remet à sa place, celle d'un « matérialisme inné », qui n'est pas sans utilité, puisqu'il « sert de contrepoids » au rationalisme et à l'abstraction, mais qui ne peut que négliger la part qui revient à l'art (au travail artistique). Ce qui recoupe la conception pongienne de l'écriture, telle qu'elle s'exprime par exemple dans le texte liminaire de *La rage de l'expression* :

> « Ne sacrifier jamais l'objet de mon étude à la mise en valeur de quelque trouvaille verbale (...) ni à l'arrangement en poème de plusieurs de ces trouvailles./ En revenir toujours à l'objet lui-même, à ce qu'il a de brut, de différent : différent en particulier de ce que j'ai déjà (à ce moment) écrit de lui. »

Le retour à l'objet, qui fonde l'esthétique pongienne, se donne dans ce passage, postérieur à l'écriture du *Parti pris*, comme précaution méthodologique, tension et relance destinées à éviter l'arrêt de l'écriture sur une réussite close relevant d'un genre (le poème en prose) où risqueraient de se conforter l'illusion référentielle autant que le « ronron poétique », car « les choses et les poèmes sont inconciliables ». Il reste que, sinon l'espoir, la rage de saisir l'objet dans ce qu'il a de différent multiplie les tentatives formulaires (incessamment dépassées) dans *La rage de l'expression*, et que l'expérience des « Pochades » développe les notations prises sur le vif, voulues purement plastiques et dénuées de tout emprunt à une tradition poétique. Un double postulat oriente à ce moment l'écriture de Ponge : saisir l'objet en tant que tel (mais c'est impossible), rendre compte de l'objet, par écrit, hors de toute référence littéraire. Cette seconde utopie se trouve dénoncée concrètement avec le rose sacripant, dont l'origine proustienne n'arrive pas à se dire, bien que la *Recherche* soit à la fois le lieu empirique d'où proviennent les deux termes constitutifs de la formule, et le lieu théorique qui explique sa genèse ; le passage accompagnant le portrait de Miss Sacripant détruit aussi bien l'illusion d'une restitution par l'art des choses telles quelles, que celle d'un abandon possible des moyens de l'art (la peinture en l'occurrence). Or, ce qui apparaît avec le rose sacripant, c'est qu'on ne peut pas faire de littérature en se passant des moyens de la littérature : à Ponge qui cherche à justifier sa formule par le lexique et le dictionnaire, présenté, par analogie avec les arts plastiques, comme carrière de mots matériaux où se trouve comme naturalisée la part du littéraire (ce qui provient de l'Arioste, simple index cautionnant et assurant la cohérence entre « sacripant » et « rodomont/rose »), le rose sacripant révèle silencieusement la nécessité de l'intertexte. Ni avec les choses, ni avec la langue, ne peut s'établir en toute innocence une relation immédiate : c'est ce que donne à voir, à défaut de l'exprimer consciemment, l'exposition sans retenue du travail poétique, qui permet à Ponge de rejouer sans pouvoir ou vouloir le dire, un équivalent de la scène des trois arbres d'Hudimesnil dans la *Recherche* :

> «Je regardais les trois arbres, je les voyais bien, mais mon esprit sentait qu'ils recouvraient quelque chose sur quoi il n'avait pas prise, comme sur ces objets placés trop loin dont nos doigts, allongés au bout de notre bras tendu, effleurent seulement par instant l'enveloppe sans arriver à rien saisir. (...) Je sentis de nouveau derrière eux le même objet connu mais vague et que je ne pus ramener à moi.»

Dans l'épisode que rapportent les «Pochades», le «vécu», ou le souvenir, à la différence de ce que raconte Proust, n'est même plus pressenti : il s'est absenté, et ne subsiste que figuré dans la fiction méconnue qui fonde son écriture.

La transcendance : Claudel

L'œuvre de Claudel revêt pour Ponge une importance paradoxale. On aurait pu penser en effet que l'athée nourri de protestantisme et de pensée épicurienne ne se sentait aucune affinité avec une poésie ouvertement catholique. Mais le paradoxe est assumé par Ponge lui-même, qui dit découvrir, sous la

> « sculpterie judéo-chrétienne », « une grosse tortue, un dolmen,/ De beaucoup plus ancienne — et païenne — justification »[55].

Ce n'est pas là tentative d'annexion idéologique. Il y va, plus profondément, d'une reconnaissance touchant à l'éthique et à l'esthétique, et d'une place dans l'histoire littéraire. Ponge en effet qualifie Claudel dans les mêmes termes que la figue qui, comparée à l'église romane, se révèle « incomparablement plus ancienne et moins inactuelle à la fois »[56]; c'est que l'église, contrairement à la figue, propose une sorte de perfection commandée par une idéologie, soumise aux lois de l'histoire, et à ce titre transitoire par rapport à un temps cosmique. Le paganisme selon Ponge est d'abord conscience du cosmos (c'est la leçon de Lucrèce), de son fonctionnement, de la place qu'y trouve (que doit y trouver) l'homme,

---

55. « Prose De Profundis (à la gloire de Claudel) », GR, L, pp. 27-33.
56. GR, P, pp. 204-207.

hors de toute idée (religieuse ou autre) préconçue, ce qui ne va pas sans conséquences pour une poésie attachée à dire le monde. Ce qu'il repère de païen chez Claudel, et ce qu'il retient pour sa propre activité, tient à une certaine relation entre les choses, le sujet et l'écriture, quelque chose comme la priorité accordée à ce qu'il y a de figue (fût-elle sèche) dans l'église (fût-elle romane).

Pour préciser encore la façon dont Claudel travaille l'œuvre de Ponge, il faut remarquer que celui-ci établit un parallélisme entre Claudel et Mallarmé; tous deux font l'objet d'un texte d'hommage[57]; tous deux sont les auteurs d'œuvres reconnues comme fondamentales à des titres divers : Mallarmé assigne de nouvelles voies et de nouveaux buts au langage poétique, Claudel raffermit la langue française (ou le génie français de la langue) : «bon ambassadeur de la lourdeur française», il inverse le stéréotype de la «légèreté», qui caractérise traditionnellement la France dans la perception idéologique des cultures. Mais il est un trait commun aux deux poètes, qui importe davantage au présent propos : Claudel, comme Mallarmé, ne fonde aucune postérité; les poésies de Valéry, «disciple soufflé de verre», celles de Saint-John-Perse, «autruche des sables (...) qui s'enfuit (...) dans l'Orient désert (...) ne nous laissant plus voir qu'un cul de poule», témoignent de l'échec encouru par qui cherche à recommencer une œuvre antérieure en faisant l'économie d'une démarche propre; ne subsiste alors qu'une ostentation sans consistance. Il est donc important d'étudier comment Ponge, sans le continuer, tient compte de Claudel en se distinguant des épigones. On peut avancer que pour lui la fonction de l'œuvre claudélienne est d'exciter l'émulation, de servir de «repoussoir naturel» à sa propre expérience : «Anch'io son pittore!». Il n'a donc garde de tomber dans le piège qu'il désigne à deux reprises : significativement, sa propre écriture ne reprend, par exemple, ni le verset claudélien, ni le dispositif typographique du «Coup de dés», sinon sous forme de pastiches humoristiques[58]. En ce qui concerne, sur un autre plan, le signifiant (particulièrement le signifiant graphique), dont, chacun à sa manière, Mallarmé et Claudel, mais aussi Apollinaire ou les dadaïstes, méditent l'usage en poésie, Ponge, tout en faisant jouer ses possibilités, en relativise la portée dans «Proclamation et petit

---

57. «Prose De Profundis», déjà cité, et «Notes d'un poème, Mallarmé», TP, PR, pp. 154-156.
58. La «Prose De Profundis» présente des sortes de versets, qui miment «ce regonflement grâce à lui (Claudel) des poumons de la littérature française»; «L'exercice du savon» (SA, pp. 73-79) produit une page démarquant la typographie et la syntaxe du «Coup de dés». Cf. à ce sujet Steinmetz 1990.

four»[59]. On pourrait objecter que, sans évoquer jamais les théories claudéliennes de la lettre[60], il semble cependant se situer dans cette filiation lorsqu'il décrit le «u» de «La cruche», les jeux phoniques en miroir du «Verre d'eau», l'accent grave de «La chèvre», l'accent aigu du «Pré» ou le «a» de «L'abricot»; néanmoins, il s'en tient à un usage ad hoc, chaque fois déterminé par «l'objet de l'émotion», là où Claudel, malgré les objections prévues des «philologues», se rattache à «la tradition générale de l'humanité», celle des mystiques, et cite pour se justifier les Upanishads, la Cabale, «l'alphabet Jaffr des Arabes (...) les Japonais eux-mêmes.»

S'agissant, donc, d'analyser comment Ponge se confronte pratiquement à l'apport claudélien, on n'aura pas recours à l'identification de procédés qui relèvent d'une tradition cratylienne récurrente (bien plus qu'ils ne font clairement référence aux réflexions ou aux pratiques claudélienne ou mallarméenne), et ne rechercheront qu'une adéquation du matériau poétique à l'objet qu'il a pour tâche d'«exprimer», sans souci en tout cas de (re)fonder en théorie une quelconque motivation du signe linguistique; il faut d'abord comprendre le «cratylisme» pongien, tel que le présente Genette 1976, comme recours à un moyen technique, parmi d'autres, permettant d'atteindre un but esthétique (la prise en compte des mots comme choses), et non comme manifestation d'une philosophie du langage. Dans «La pratique de la littérature»[61], Ponge ne laisse d'ailleurs aucun doute sur ce qu'il pense des rapports du signe linguistique et du référent :

> «(...) je ne suis pas mystique, en tout cas je pense que ces deux mondes sont étanches, c'est-à-dire sans passage de l'un à l'autre. On ne peut pas passer. (...) Il y a donc d'une part ce monde extérieur, d'autre part le monde du langage, qui est un monde entièrement distinct (...)».

Pour arriver à ses fins, qu'«un objet du monde extérieur», selon l'angle et le moment par rapport auxquels il est considéré, prenne «dans le monde des textes» «une valeur de personne», il a donc recours à tous les moyens qui lui paraissent efficaces.

---

59. «(...) je suis convaincu de l'intérêt de ces exercices et conseille à chacun d'en passer par là, voire de renchérir./ Pourtant, grâce à ces travaux, il me semble que nous en sommes au point maintenant où ces effets peuvent être un peu amortis, rentrés, réincorporés.» (GR, M, pp. 216-217).
60. Cf. par exemple «Idéogrammes occidentaux» ou «L'harmonie imitative» (*Œuvres en prose*, op. cit., pp. 81-110).
61. GR, M, p. 276 sq.

LOIN DU VERSET, DE L'OCCIDENT

En fait, chez Claudel, ce qui intéresse Ponge, ce n'est pas, plus que le théoricien d'une remotivation figurative, le dramaturge ni l'«inventeur» du verset, mais au premier chef l'auteur de poèmes en prose. C'est «à l'autre extrémité de l'Asie» qu'il voit s'ébattre la «chère vieille tortue», et dès 1923[62], il compare le «souffle» de Romains à celui, qu'il juge moins discret, de Claudel, en se fondant sur la lecture de textes de *Connaissance de l'Est*. En 1986 encore, dans un article où sont mises en regard l'œuvre de Segalen et celle de Claudel, il cite de nouveau le recueil pour illustrer ce qu'il dit de «l'ampleur» du génie excusant l'«orgueil bruyant» du second[63]. Contre les critiques qui ne veulent voir dans Ponge qu'un émule servile de Claudel[64], on peut remarquer que la reconnaissance de celui-ci, si elle court d'un bout à l'autre de la carrière pongienne, ne va pas sans réserves; et que si *Connaissance de l'Est* est «préféré», c'est sans doute que l'«ampleur» ou le «souffle» claudéliens s'y révèlent plus discrets que dans les *Odes* ou dans le théâtre : le verset n'y fait qu'une apparition tardive, dans la pièce liminaire, «Hong-Kong», écrite bien après l'ensemble des autres, à l'occasion d'une réédition. Le recueil, par sa forme même, se sépare du reste de l'œuvre de Claudel, départ à quoi contribue sa thématique, presque exclusivement extrême-orientale : occasion, selon Ponge, pour que se révèle un Claudel plus authentique, révélé à lui-même par l'élément étranger où il peut se jouer librement. C'est en Extrême-Orient et dans *Connaissance de l'Est* que Claudel, pour reprendre une expression de Ponge, «a lieu»[65]. Un

---

62. «Jules Romains peintre de Paris», NR, p. 20.
63. «Segalen ou l'assiduité à soi-même», *Europe* n° 696, avril 1987, pp. 126-128.
64. Sollers, par exemple, qui écrit : «Nous sommes loin aussi de ce que j'appellerai les pseudo-Claudel qu'on a propulsés à grands frais et dont on a monté de toutes pièces la capacité poétique. On en a deux exemples, l'un dans le genre ultra-lyrique, c'est le sinistre Saint-John-Perse en peplum pour lequel Claudel s'est montré d'ailleurs trop généreux. L'autre, dans le genre mineur, mais latinistement digne, appliqué à poursuivre la splendide tablature de *Connaissance de l'Est*, c'est Ponge, qui est même allé jusqu'à dire que Claudel était païen. Tout est permis! (...)» («Claudel porc et père», *Art Press* n° 70, mai 1983).
65. «(...) moi, qui admire profondément l'œuvre poétique de Claudel, qui lui suis profondément reconnaissant d'avoir eu lieu, car lui, certainement, a eu lieu (...)» (EPS, p. 34). La positivité de l'événement Claudel est affirmée par Ponge juste après l'évocation de l'«échec de Mallarmé quant à avoir fait le Livre dont il rêvait»; les deux poètes, également admirés, s'opposent ici comme figures de la tension et de l'accomplissement dans le travail poétique.

poème du recueil, dépourvu de pittoresque chinois ou japonais, et de ce fait exotique à l'exotisme même, permettra d'étudier l'impact de la poétique claudélienne sur celle de Ponge : « La pluie », qui, par son titre, appelle en écho « De la pluie » et « Pluie »[66].

Les trois titres, juxtaposés, font apparaître celui de Claudel comme une sorte d'intermédiaire formel entre ceux de Ponge sur la voie de la contraction. Si « De la pluie » s'inscrit dans la tradition rhétorique des traités latins, « La pluie » se présente comme un titre de chapitre (dans un manuel de *Leçons de choses*, par exemple), quand « Pluie » fournit un pur signe en tant que tel[67]. D'autre part, « De la pluie », typographiquement, donne à lire le texte en onze séquences occupant une ou deux lignes, et séparées par des blancs : stries horizontales sur la page ; en revanche, « Pluie » et « La pluie », respectivement composés en quatre et trois paragraphes, s'offrent comme des blocs compacts. Le second texte que Ponge consacre au « phénomène », ou au « météore », semble avoir subi, dans une certaine mesure, la plus immédiatement apparente, l'attraction de celui de Claudel : dans les deux cas, et contrairement à ce qui se passe avec « De la pluie », l'écriture arrête le regard, s'impose. S'il est évident que le texte de *Connaissance de l'Est*, formellement, ne se distingue pas de façon significative des proses qu'il côtoie dans son environnement original, en revanche, inséré dans le corpus pongien, il prend un nouveau sens, déterminant pour l'évolution de Ponge vers une posture qui caractérise l'écriture du *Parti pris*. Je tenterai de décrire ce qui sépare les deux « Pluies » pongiennes, et le rôle que joue le poème en prose de Claudel dans ce dispositif.

---

66. « La pluie » se trouve dans l'*Œuvre poétique* de Claudel, op. cit., p. 63. « De la pluie » (1927-1974) a été repris dans NNR, I, p. 16. « Pluie », écrit en 1935-36, ouvre *Le parti pris des choses* (TP, pp. 35-36). Je fais l'hypothèse qu'en ce qui concerne « De la pluie » l'essentiel du travail d'écriture a eu lieu en 1927, et que la reprise de 1974 n'a concerné que la mise au point définitive en vue de la publication. Je considère donc la rédaction de ce texte comme antérieure à celle de « Pluie ». Il existe un troisième texte pongien, qui porte le même titre que celui de Claudel : « La pluie », qui date des années 1930, et qui semble indiquer une tentation claudélienne vite abandonnée ; plus qu'un texte, il s'agit d'une amorce de rédaction ; les deux thèmes qui s'y énoncent pourraient être une reprise de ceux de Claudel, unité et fécondité, à condition d'interpréter l'« apport » de la pluie (NNR, I, p. 26).
67. Cf. Oseki-Dépré 1986, qui analyse le statut du titre du *Parti pris* comme signe situé (en termes benvenistiens) au niveau sémiotique de la signifiance sans être encore actualisé dans l'énonciation, sans être sémantisé. Le mot signe conserve toutes ses virtualités sémantiques, dont jouera le texte de Ponge (du substantif au verbe).

« DE LA PLUIE »

« De la pluie » s'ouvre par une question : « Pourquoi la pluie est-elle sensuellement agréable à l'homme ? », qui met en cause l'évidence des sensations et des sentiments « poétiquement » (au moins depuis Baudelaire et le verlainien « Il pleure dans mon cœur /Comme il pleut sur la ville ») attachés à la pluie. Il ne s'agit pas seulement, pour Ponge, de les redire une fois de plus, fût-ce en les inversant, mais d'en connaître la raison, étant admis qu'ils n'affectent pas seulement un individu particulier (le poète), mais « l'homme » en général, et qu'ils sont à ce titre dignes d'intérêt. Ponge s'inscrit de ce fait clairement dans la lignée de la poésie didactique latine, et pourrait reprendre à son compte le célèbre « Felix qui potuit rerum cognoscere causas » de Virgile dans les *Géorgiques*. D'où l'interrogation d'allure scientifique, cherchant à découvrir ce qui provoque la sensualité. Celle-ci d'ailleurs ne se résout pas en mélancolie ou en spleen, et l'adjectif (« agréable ») la situe en contradiction avec la thématique dominante.

La réponse qui suit, introduite avec la même insistance formelle que la question — ce qui confère au début du texte un ton quasi scolaire —, loin de situer la pluie comme projection d'un état d'âme quelconque, lui rend son statut physique de « phénomène », défini par une propriété :

> « (...) il relègue au second plan toutes les présences stables, tous les immeubles des paysages. »

L'ESTHÉTIQUE EST UNE ÉTHIQUE

Cependant la propriété énoncée n'appartient à aucun champ scientifique existant ; elle ne caractérise la pluie ni en termes chimiques, ni en termes météorologiques, par exemple, mais exalte sa valeur esthétique : la pluie est ici considérée en tant que phénomène intervenant sur l'organisation de l'espace, qu'il modifie par sa seule présence. Elle s'interpose, et relativise (« relègue au second plan ») les permanences (« présences stables », « immeubles des paysages »), sans les faire disparaître : c'est une forme d'opposition au définitif. En quoi elle relève aussi du domaine moral, ce que laisse pressentir la « relégation » qu'elle exerce, et que précisent « un certain effacement », « une certaine modestie » dont elle « gratifie » les choses. L'« effacement », qui joue sur un double sens, physique et moral, la « modestie », qui, elle, compte pleinement au nombre des vertus, sont modifiés par le recours, répété, à l'indéfini ; car la pluie ne se présente ni.comme redresseur de tort, ni comme oppresseur, puisqu'elle « gratifie », mais sans pourtant procurer d'autre don qu'une atténuation à l'excessive et constante affirmation des « présences ». Ce que mime le fonctionnement du texte : chaque proposition s'y brouille, en quelque sorte, selon un jeu de réécritures paraphrastiques, par le recours à des éléments (adjectifs, adverbes, etc.) qui modalisent les énoncés, et confèrent au tranchant des assertions un flou qui les estompe tout en les laissant subsister. La pluie (le texte comme pluie) arrive donc à changer les choses (le discours), non par retranchement destructeur, mais par ajout d'une nouvelle présence, de mots supplémentaires. La « relégation » ainsi produite n'est pas seulement d'ordre spatial :

> « Toutes choses sont patientes de la pluie. Elle les relègue à l'état de patient. »

Le statut des choses, des affirmations, s'inverse ; le terme « patient », que le dédoublement de la formule fait hésiter entre un adjectif construit de façon agrammaticale (« patientes de ») et un nom (« l'état de patient »), renvoie aussi bien à l'étymologie, à ce qui souffre ou supporte, qu'au malade qui se fait soigner, et permet de comprendre la pluie (en creux) à la fois comme agent et comme médecin à l'action bienfaisante. Cette volumineuse ambiguïté, qui défait les contours trop attendus du paysage et du discours, parcourt l'ensemble des propositions définissant la pluie dans le texte, chaque phrase se répartissant de part et d'autre d'une virgule qui la scinde en deux, à l'image des plans successifs organisateurs de la vue. Ainsi se trouve remise en cause, partiellement effacée, une première affirmation, par la contradiction ou le correctif qu'apporte la seconde, chacune pouvant de surcroît être travaillée de l'intérieur par des modalisations diverses[68]. Un tremblement « pluvial » fait vaciller les certitudes, le temps d'une averse, ou d'une lecture, ce qui amène à préciser in fine la place de la pluie dans la sensibilité humaine :

> « A l'homme, il lui semble qu'elle le venge : /C'est qu'il a l'habitude de souffrir de tant d'autres herses ou écrans. »

---

68. Ainsi la cinquième « ligne » de « De la pluie » (« La pluie ne respecte rien, n'affecte non plus sérieusement rien. ») corrige-t-elle le caractère transgressif du phénomène par sa superficialité transitoire ; la sixième (« C'est un coup du sort pas très grave, assez salutaire cependant. ») conjoint l'origine accidentelle, imprévisible, de l'événement ramené par l'adjectif à des proportions modestes (« coup du sort pas très grave »), et une de ses vertus, signalée par l'adverbe comme modérément bénéfique (« assez salutaire ») ; la septième ligne indique une comparaison sans l'oser avec fermeté : « Assez comparable à l'oubli, ou à la mémoire (en ce qu'elle a d'imparfait). » Les deux membres de la phrase déjouent cette fois l'affirmation en présentant comme réversibles les deux termes d'une opposition courante ; enfin la huitième ligne (« Elle ôte toute illusion aux choses, en somme leur apprend à vivre... ») relativise la généralité absolue que comporte « toute » par une reformulation à tonalité éducative.

La pluie, «phénomène» au début du texte, s'est peu à peu précisée pour être enfin définie comme une sorte très particulière de «herse» ou d'«écran» : en effet, on l'a vu, sa fonction n'est pas de séparer ou de cacher, mais de donner à voir autrement; de ce fait, elle «venge» l'homme, victime d'un environnement dont la matité l'emprisonne. En cela, elle est bien une sorte de grille (ce que figure la disposition typographique du texte), mais qui laisse saisir un second plan modifié par sa seule présence. La pluie n'est pas un état d'âme, elle existe bel et bien en dehors de l'homme, auquel elle propose une sorte de leçon éthique et esthétique : car les discours les mieux affirmés, les formulations les plus stables, comme les «immeubles des paysages», demandent à être affectés par quelque précipitation qui en défasse, fût-ce provisoirement, l'assurance ou le dogmatisme.

UNE TRACTION DE LA LANGUE

On a vu comment Ponge, dans le texte, met en œuvre cette leçon de la pluie, pour en tirer une sorte de «fable logique» travaillant les possibilités de la modalisation, à la façon dont «Naissance de Vénus», de l'aveu de l'auteur lui-même, constitue «un exercice sur l'indicatif présent, et, d'autre part, sur les "deux points"»; comme «"L'imparfait ou les poissons volants" (...) est une étude sur l'imparfait, sur le temps de l'imparfait, le temps grammatical de l'imparfait». Ou comme «Du logoscope», encore, s'attache à la physionomie des mots[69]. Tous ces textes, et, parmi eux, «De la pluie», appartiennent à la même période d'écriture de Ponge[70], durant laquelle il exploite systématiquement les ressources du langage. L'objet, à ce moment-là, est considéré d'abord comme allégorie linguistique (ou grammaticale); le texte n'en retient que les caractères qui servent cette visée, et laisse de côté sa particularité individuelle. Le poème en prose de *Connaissance de l'Est*, en établissant les positions respectives du poète et du monde, propose une leçon qui permet d'expérimenter d'autres procédures que ces «tractions de la langue» adressées à une généralité abstraite.

---

69. Ponge décrit son travail à propos de ces textes dans EPS, pp. 65-67.
70. «Naissance de Vénus» date de 1922, «L'imparfait ou les poissons volants» de 1924, l'ensemble des «Fables logiques» s'échelonne de 1922 à 1928.

« LA PLUIE »

La pluie est un motif fondamental du paysage thématique du recueil[71], où elle entre en résonance avec les autres manifestations particulières de l'eau (source, fontaine, fleuve, mer...). Avec le texte qu'elle titre se condense tout un réseau symbolique, d'abord révélateur de la subjectivité claudélienne. La pluie s'y caractérise par son illimitation :

> « (...) je vois, j'entends d'une oreille et de l'autre tomber immensément la pluie. »

C'est ce que répète « Tristesse de l'eau », qui rattache dès son titre le sentiment à l'élément (l'eau), par l'intermédiaire de l'averse (« Il pleut immensément ; (...) »). A l'inverse de ce qu'enseignait « De la pluie », le texte de Claudel insiste sur la disparition complète de l'environnement, dissous pour laisser place aux entités primordiales : « (...) autour de moi, tout est lumière et eau » ; et, plus loin :

> « La terre a disparu, la maison baigne, les arbres submergés ruissellent, le fleuve lui-même, qui termine mon horizon comme une mer paraît noyé. »

Alors que Ponge inversait, sans la nommer, la mélancolie en sensation « agréable », Claudel change de registre, et passe du lyrisme à l'épopée cosmogonique, lumière et eau renvoyant au texte de la Genèse, et au tout début de la création (biblique). Il s'agit, non plus de mettre à distance ou de relativiser les « immeubles », mais de les perdre complètement pour communiquer au plus près avec l'origine : les eaux d'en-dessus ont rejoint celles d'en-dessous, et cette indifférenciation renvoie au moment où le Verbe n'a pas encore opéré sa discrimination. Seul témoin du retour des époques primordiales, le poète assiste à une scène qui excède les limites humaines et s'échappe du pittoresque :

> « Ce n'est point de la bruine qui tombe, ce n'est point une pluie languissante et douteuse. La nue attrape de près la terre et descend sur elle serré et bourru, d'une attaque puissante et profonde. »

La pluie extrême-orientale est nettement distinguée des précipitations d'Occident, faibles et douteuses, anémiées à l'instar des sentiments (ou

---

71. Il est question du « ciel pluvieux » de Ceylan dans « Le cocotier » ; la promenade de « Ville la nuit » a lieu alors qu'« il pleut doucement », durant « un long chemin sous la pluie, dans la nuit, dans la boue » ; dans « Pensée en mer », « il est onze heures du matin, et l'on ne sait s'il pleut ou non » ; « Salutation » constate : « le ciel n'est plus bien loin au-dessus de nous ; abaissé tout entier, il nous immerge et nous mouille » ; « Visite » interroge : « (...) il ne pleut plus ou est-ce qu'il pleut encore ? la terre a reçu son plein d'eau, la feuille abreuvée largement respire à l'aise. Et moi je goûte, sous ce ciel sombre et bon, la componction et la paix que l'on éprouve à avoir pleuré. »

des poésies) qu'elles suscitent. Là encore, «Tristesse de l'eau», qui se propose d'expliquer «ce mélange de béatitude et d'amertume que comporte l'acte de la création», et qui établit une analogie entre pluie et larme («Du ciel choit ou de la paupière déborde une larme identique»), permet d'interpréter sans équivoque la nature de la rencontre entre l'eau (de pluie) et la terre : ce sont des noces mythiques, qui n'ont rien à voir avec la thématique lyrique reliant la mélancolie inspirée par la pluie et certaines saisons :

> «(...) ce n'est point surtout l'automne et la chute future du fruit dont elles nourrissent la graine qui tire ces larmes de la nue hivernale. La douleur est l'été et dans la fleur de la vie l'épanouissement de la mort.»

Ce qui provoque la tristesse attachée au spectacle n'est pas simplement la vue de «l'averse obscure», ni l'écoute de «la monotonie de ce bruit assidu», mais «l'ennui d'un deuil qui porte en lui-même sa cause, (...) l'embesognement de l'amour, (...) la peine dans le travail. Les cieux pleurent sur la terre qu'ils fécondent». Dans «La pluie», l'accent est mis sur les bienfaits de cette étreinte, même si elle n'est pas sans rappeler un combat — Claudel emprunte Iris à une comparaison de l'Iliade, ce qui indique dans quel registre il situe son poème; après l'évocation de l'acte cosmique, interrompue avant que ne survienne la mélancolie qui l'accompagne, une apostrophe est adressée, sans transition mais non sans humour, aux créatures à qui profite cette manne fécondante, par le poète redescendu des zones sublimes, et transformé en prêcheur pour l'occasion; qu'il s'agisse des grenouilles, dont le territoire croît au point de leur faire oublier leur mare d'origine, ou des hommes que rend à eux-mêmes (désaltère) la «merveilleuse rasade», les êtres qui n'ont pas accès à la contemplation poétique ne peuvent que prendre en bonne part les dons de la pluie et son abondance durable. Bonheur à quoi les engage le poète lui-même, qui partage le lot de ceux à qui il parle, et qui sait, comme il le précise dans «Le contemplateur», apprécier la qualité nourricière et vitale de l'eau :

> «(...) cette goulée d'eau rayonnante et de lait est tout cela qui, par un chemin direct, m'arrive du ciel munificent.»

RELIGION

A la fécondation nourricière s'adjoint, au nombre des qualités de la pluie, celle d'établir une relation entre le ciel et la terre, ce qui peut se traduire, en termes claudéliens, comme lien entre la divinité et ses créatures[72]. Ce caractère religieux, s'il ne s'affirme pas directement dans « La pluie », n'en est pas moins présent par le biais du ravissement, au sens fort, qui s'empare du poète et le soustrait à la contingence. Le texte, en effet, marque nettement le rapport au temps ; dans le premier paragraphe, le sujet, lorsqu'il « porte (sa) plume à l'encrier », écrit : « je pense qu'il est un quart d'heure après midi » ; la pluie tombe déjà (« immensément »), mais la notation du moment précis situe l'activité dans un monde encore organisé par une structure temporelle, si déjà l'espace s'est défait, réduit à la « lumière » et à l'« eau ». C'est à la fin du second paragraphe, à la suite du prêche humoristique, que prennent place, en écho à celles du premier, deux nouvelles évocations de l'espace et du temps ; la disparition de la terre, gagnée par l'eau, ainsi que les objets proches du paysage, supprime les notations visuelles, et s'accompagne d'une abolition du moment, au sens habituel du terme :

> « Le temps ne me dure pas, et tendant l'ouïe, non pas au déclenchement d'aucune heure, je médite le ton innombrable et neutre du psaume. »

Claudel insiste sur l'abandon d'une relation au temps ordonné selon une successivité, perçu comme plus ou moins rapide au gré de la subjectivité, et scandé par une chronologie : le sujet se dépouille de ses habitudes psychologiques (il n'est plus celui à qui le temps dure) et sociales (son attention auditive n'a plus pour objet le « déclenchement d'aucune heure ») ; toute sa sensibilité condensée dans l'ouïe (liée au temps, comme la vue à l'espace), il accède à une autre temporalité par la « méditation » (terme auquel l'étymologie confère répétition, voire ressassement) de la musique — présentée aussi comme prière — de la pluie, dont le bruit devient psaume reliant la chose créée à son créateur. Les qualificatifs attribués au « ton » dont vibrent les cordes de la pluie désignent à la fois une quantité (« innombrable ») qui échappe au compte tout en communiant dans un chant unique, et, avec « neutre », une absence de traits marqués, que le « ton » réfère seulement à la musique ou à une affectivité qu'elle est censée exprimer. Le « psaume » est donc à comprendre comme émanation de la multitude unifiée de la création, et comme pure et simple énonciation de l'être qui se dit comme tel, sans coefficient de joie ou de souffrance[73]. Le texte culmine ainsi sur une sorte

---

72. « Ainsi l'eau continue l'esprit, et le supporte, et l'alimente, / Et entre / Toutes vos créatures jusqu'à vous il y a comme un lien liquide. » (*Cinq grandes odes* (« L'esprit et l'eau »), *Œuvre poétique*, op. cit., p. 241).

73. L'eau, et singulièrement la pluie, existent, pour Claudel, de façon privilégiée sur le mode auditif : « (...) à moins que le bruit perpétuel de l'eau qui se précipite ne me repaisse assez. » (« Le contemplateur ») ; « Et comme un bris de cristal suffit à ébranler la nuit, tout

d'échappée vers un au-delà spatio-temporel ; l'accès à cet ailleurs, qui n'est déterminé par aucune révélation transcendante, s'opère à partir des choses du monde (la pluie en l'occurrence), saisies, connues (par le sujet qui les « médite ») dans un fonctionnement cosmique, et non plus seulement d'après leur apparence et leur usage communs :

> « Aux heures vulgaires nous nous servons des choses pour un usage, oubliant ceci de pur, qu'elles soient (...) » (« Le promeneur »).

L'accès à l'être des choses est conditionné par une temporalité particulière ; c'est ce qui se donne à lire très nettement dans « La pluie ». Néanmoins, par l'intermédiaire du psaume, les choses (et le sujet par voie de conséquence) ne se limitent pas à leurs individualités, mais s'ouvrent à une communication avec le divin destinataire de cet hymne, par définition adressé au Créateur.

L'HUMBLE CONTEMPLATEUR

Autant et plus que la description de la pluie, c'est le récit de sa contemplation qui fait l'objet du texte ; celui-ci débute en effet in medias res, alors que la pluie est déjà en train de tomber, mais ne la nomme qu'au terme d'une longue phrase où se précise d'abord la place du sujet : les fenêtres, soigneusement énumérées, qui le cernent et défont les limites de l'espace intime, le tirent de son for intérieur pour le plonger par la vue et l'ouïe dans l'altérité du monde. Le contemplateur claudélien ignore d'emblée l'introspection, obligé qu'il est à la perception des choses, en vertu d'un dispositif matériel contraignant. Mais c'est bien le « je » qui est premier, dans tous les sens du terme, et non l'objet de sa contemplation[74]. Car l'ouverture au dehors laisse intacte la monade : l'abondance des vitres donne à voir, et isole en même temps le sujet, dont se poursuivent les activités propres (penser, écrire) accompagnant des mises en relation perceptives (voir, écouter) qui lui permettent de conserver ses distances. La quiétude accompagne la lucidité panoptique dans « la sécurité de (l') emprisonnement » : l'écriture peut avoir lieu sur le vif

---

le clavier de la terre éveillé par le tintement neutre et creux de la pluie perpétuelle sur le profond caillou, je vois dans le monstrueux infundibule où je niche l'ouïe même de la montagne massive, telle qu'une oreille creusée dans le rocher temporal (...) » (« La maison suspendue »).

74. Cf. l'abondance des marques du sujet dans le premier paragraphe de « La pluie » : « en face de moi », « à ma gauche », « à ma droite », « je vois », « j'entends », « je pense », « autour de moi », « je porte ma plume », « mon emprisonnement », « j'écris ».

et se présenter comme un reportage paradoxal, au cœur de l'événement, et protégé de lui. C'est cet état d'intégrité absolue dans la vision totale que caractérise la comparaison sur quoi s'achève le paragraphe :

« tel qu'un insecte dans le milieu d'une bulle d'air, j'écris ce poème. »

L'activité d'écriture, ramenée à l'échelle de l'insecte, ne prétend pas s'égaler à l'énormité du drame cosmique dont elle ne fait que porter témoignage : point d'inspiration; un observatoire abrité, condition concrète de sa pratique, lui suffit. L'humilité ici affirmée ne va cependant pas jusqu'à effacer le sujet, qui demeure maître de sa contemplation la plus élevée (c'est un «je» qui «médite» à la fin du second paragraphe), plus proche en cela de saint Jean à Pathmos (dont l'antre pourrait préfigurer la «bulle d'air») que des effusions mystiques où se dissout la personnalité.

FINS DU POÈME

En effet, le troisième paragraphe, loin de prolonger l'état exceptionnel auquel est parvenu le sujet, met en scène la fin du poème, comme le premier décrivait le dispositif déclencheur de l'écriture. Les traits signifiant rupture ou interruption se cumulent, à commencer par les notations concernant le temps : le «cependant» qui ouvre la première phrase de ce dernier paragraphe semble simplement mettre en parallèle avec l'a-chronie de la méditation la pause de l'averse, mais dans la mesure où la pluie psaume est condition de l'écoute particulière qui s'est mise en place précédemment, celle-ci est directement subordonnée à l'intensité, ou à l'existence même de la précipitation. Le retour de la contingence, ainsi posé, se trouve surdéterminé par la coïncidence de l'interruption de la pluie avec «la fin du jour» : le temps météorologique et le temps «naturel» se conjuguent pour mettre implicitement fin à la contemplation auditive (le bruit de la pluie cesse) et visuelle; le jour s'achève, et avec lui disparaît la lumière, constitutive du «tout» qu'elle se partageait avec l'eau dans le premier paragraphe. Un suspens est ménagé, durant lequel s'opposent la grandeur cosmique de la «nue accumulée» préparant «un plus sombre assaut» auquel conviennent seuls le ton de la Fable épique et la comparaison avec Iris (déesse météorologique s'il en fut), et la petitesse comique de la «noire araignée» qui s'arrête elle aussi, mais sur un mode tout différent. Alors que la pluie ne cesse que momentanément, avant une reprise en crescendo, il en va autrement de l'araignée, animal textuel, qui figure ici comme un écho symétrique de l'«insecte dans le milieu d'une bulle d'air» du premier paragraphe. A la fois image du poète filant son texte et concentration du «sombre» et de la «couleur de brou » qui prennent la place de la lumière, elle est point de rencontre entre le monde et l'écriture, microcosme actif qui demeure interdit dans la position cocasse (« la tête en bas et suspendue par le derrière ») où le laisse l'interruption de la « méditation », survenue (prématurément) avec la disparition de l'objet (fin de la pluie) et des conditions (suppression de la « bulle » close par ouverture de la fenêtre) de l'écriture. L'arrêt de l'araignée redit (comme auparavant la sécurité de l'insecte) l'humilité de l'activité poétique comparée à celle, incessante, du cosmos ; la ressource de celui-ci est en lui-même, alors que l'œuvre de la créature (araignée, homme) ne tient la sienne que d'une précarité contingente : les variations affectant son environnement mettent un terme aléatoire à une entreprise incapable d'aller d'elle-même à sa fin (l'araignée est arrêtée inopinément « au milieu de la fenêtre »). L'avant-dernière phrase du poème ajoute une nouvelle marque d'explicit : comme le noir gagne le monde, l'artifice supplée l'éclairage naturel (« Il ne fait plus clair, voici qu'il faut allumer ») ; la lumière change de régime, et son sens s'inverse. Au début du texte, elle provenait de l'extérieur (du « tout ») pour baigner l'isolement de l'écrivain ; ici, elle est produite par la demeure humaine, où la vie va se poursuivre dans un autre temps et un autre espace que ceux de l'écriture.

Ce luxe d'achèvements variés et successifs est couronné par une sorte de clausule qui boucle définitivement le texte ; la « goutte d'encre » (déterminée par un démonstratif à la référence ambigüe), et dont l'offrande est motivée par son analogie de matière (liquide) et de couleur (sombre) avec « les tempêtes » qu'elle reproduit « en miniature », reprend les thèmes du sombre, de la démesure existant entre les puissances multipliées (les « tempêtes ») et la modeste « libation » dont est capable en leur honneur le poète, émule de Hugo faisant « une tempête au fond de l'encrier » ; elle renvoie aussi à une sphéricité qui appartient à la bulle comme à l'araignée, tout en évoquant de surcroît le geste de l'écrivain énoncé dans le premier paragraphe, aussi bien que son résultat, le poème en tant qu'objet clos sur ses significations, et dès lors susceptible d'être compris comme figuration miniaturisée qui tente de reproduire (à sa façon, humaine et imparfaite) le fonctionnement autosuffisant du cosmos à l'image et en l'honneur duquel il s'accomplit, parcelle matérielle parcimonieusement répandue. La formule, enfin, articulée à l'ensemble des réseaux thématiques précédemment déployés, les referme sur leur plus simple expression, où se donne à lire le texte entier à son degré de condensation maximal.

Pour être évoquée dans le poème, la pluie n'y occupe pas tant la place d'objet central d'une description que celle d'un déclencheur d'activité. Intégré au dispositif suscitateur de l'écriture, ou réinterprété en termes mythologiques ou religieux, le phénomène est pour ainsi dire sans cesse évité dans ce qui lui est propre. C'est à partir de ce statut complexe, à la fois pragmatique et métaphorique, qu'il faut, me semble-t-il, comprendre le second texte consacré par Ponge à la pluie.

« PLUIE »

Sa position, à l'ouverture du *Parti pris des choses*, lui confère une valeur exemplaire de lieu où se mettent en place quelques-uns des traits (primat de l'objet, clôture du texte, etc.) dont la critique a gratifié durablement le travail poétique de Ponge. « Pluie » donne le ton du recueil, et devient ainsi caractéristique d'une de ses « manières » (sans doute la plus connue). On a pu signaler, à juste titre, la ressemblance entre « Pluie » et une prose scientifique, en raison notamment d'un lexique soucieux d'établir sa rigueur et son objectivité. Cependant, les relations intertextuelles qu'entretient le texte à l'intérieur de l'œuvre de Ponge avec « De la pluie », à l'extérieur avec « La pluie » claudélienne, permettent d'en situer les enjeux du point de vue de l'écriture poétique, ou plus largement, de la poétique.

D'ABORD LES CHOSES

D'emblée, la première phrase permet de mesurer la distance qui sépare le texte du *Parti pris* des deux autres, du fait des positions respectivement assignées au sujet et à l'objet dans la description. Le questionnement portant sur les causes (« De la pluie ») est abandonné par « Pluie », proche en cela de « La pluie ». Mais là où Claudel commençait par mettre en place un dispositif d'ouverture au monde et par énumérer les emplacements des fenêtres, la phrase de Ponge, segmentée, place en tête la chose même qu'annonce le titre, et qui commande l'écriture : la pluie, dont la nomination était retardée jusqu'au dernier mot de la période claudélienne, subordonnée qu'elle était à l'énonciation du lieu, puis à celle de la perception du poète (elle-même suscitée par l'agencement de l'espace), d'objet devient sujet, chez Ponge, et affirme son autonomie, en contradiction avec le stéréotype prévu par la langue pour décrire le processus que désigne son nom. « La pluie tombe » : à partir de cet énoncé banal s'élaborent deux relations au monde et au langage ; chez Claudel, c'est au terme d'une déclinaison des conditions de l'écriture que la formule, modalisée (élevée jusqu'à l'épopée cosmique) par l'adverbe « immensément », gagne une nouvelle dignité. Chez Ponge, enchâssée dans une relative développant un complément circonstanciel («dans la cour où je la regarde tomber») qui lui-même constitue, entre virgules, une sorte de parenthèse, la même formule exprime aussi l'objet du «regard» du «je», mais un objet sans aucune ampleur, syntaxiquement et sémantiquement inclus dans un fonctionnement qui le dépasse : à la différence de Claudel, qui mettait en scène et magnifiait le stéréotype en le transfigurant par une vision et une audition élargies, Ponge le réfère platement (et petitement) à un sujet réduit à sa seule perception visuelle, pour mieux l'opposer, jusque dans la structure de la phrase, à ce qui caractérise la pluie dans son altérité de phénomène mal parlé par le langage courant. C'est en effet l'exploration de ce dont ne rend pas compte «tomber» qu'annonce «descend», qui lui est accolé, et pour ainsi dire affronté par la virgule, barre d'opposition qui les sépare et autour de laquelle bascule la langue, d'une expression reçue à celle qui réinvente un rapport au monde. A la progressivité du mouvement comprise dans le sémantisme du second verbe s'ajoute la «diversité» des «allures», qui remet en question, sous l'angle de la vitesse, l'unicité conférée à la pluie par le mot qui la désigne.

LE MÊME DISPOSITIF, REVU

Il semble bien que Ponge, dans le texte liminaire du *Parti pris*, exhibe un nouveau statut de l'objet. Après avoir composé, avec «De la pluie», un discours impersonnel, non dépourvu d'arrière-plan moral, quant aux effets de la pluie sur la perception de son environnement par l'homme, il adopte dans «Pluie» un point de vue, similaire à celui de Claudel, qui met en relation un sujet contemplateur et un objet de contemplation. Mais si, dans «La pluie», le phénomène en tant que tel tend à se dissoudre en une exaltation des qualités mythiques ou religieuses qu'il partage avec l'eau (dont il est une manifestation), et à apparaître comme cause à la fois et conséquence de l'activité d'écriture, en étroite dépendance de celle-ci, «Pluie» énonce au cœur de sa première phrase l'existence du «je» regardant, pour le réduire au simple statut de condition nécessaire à la description, sans lui accorder, dans l'ensemble textuel, «à gauche» et «à droite», que des murs qui remplacent les paires de fenêtres claudéliennes et restreignent l'espace offert ; en fait, le sujet tend à disparaître pour laisser place à l'objet : la pluie n'est plus comprise par rapport à un second plan qu'elle modifie («De la pluie»), ni en relation avec l'usage poétique que fait d'elle l'écrivain («La pluie»), mais dans l'autonomie de son fonctionnement, souligné, en ce qui concerne l'intertextualité interne à l'œuvre pongienne, par les différences qui distinguent, dans *Le parti pris*, la pluie de la mer («Bords de mer») et, plus fondamentalement, de l'eau («De l'eau»), ainsi que j'en propose par ailleurs l'analyse. En ce sens, la pluie est bien une chose à elle toute seule, la meilleure preuve en étant, d'un point de vue pongien, qu'il existe pour la nommer et fonder son identité un mot particulier, un signe sans aucune parenté étymologique avec «eau» ou «mer», entrée de dictionnaire qui sert ici de titre, comme si le texte cherchait à concurrencer Littré ou Larousse, et se présentait comme un article du livre auquel Ponge a pu rêver[75].

On pourrait gloser le poème de *Connaissance de l'Est* : «Voici comment la pluie me fait écrire»; et celui du *Parti pris* : «Voici la description obtenue de la pluie». Dans ce dernier, l'accent se déplace, et, par rapport à «La pluie», s'inverse, du sujet contemplant-écrivant à l'objet décrit (écrit). L'activité productrice du texte n'est allusivement évoquée, à son origine, que par le pur regard que devient le sujet[76], saisissant et cadrant le phénomène selon un angle précis. Ponge, contrairement à Claudel, ne se raconte pas en train d'écrire : c'est le résultat, non le récit du processus dont il est l'aboutissement, qui est donné à lire. Ou encore : Claudel écrit qu'il écrit, Ponge (a) écrit.

UNE PLUIE AUX DIMENSIONS DE PONGE

La pluie se fait texte, une fois les marques de la subjectivité réduites à leur simple expression : le réalisme de Ponge, accordant le primat à l'objet, refuse l'artifice qui consisterait à faire comme si le sujet, s'agissant d'œuvre humaine, pouvait être purement et simplement aboli; c'est le sens de la leçon de Claudel, dont le texte affirme le sujet dans sa plénitude, et s'oppose ainsi aux sentences impersonnelles de «De la pluie». Il suffit à «Pluie» de le dépouiller de son orgueilleuse humilité pour le mettre à sa place, mesurée.

La pluie de *Connaissance de l'Est* peut se caractériser, sur le plan de l'écriture, par une illimitation énoncée, et par une importance textuelle

---

75. «Ni un traité scientifique, ni l'encyclopédie, ni Littré : quelque chose de plus et de moins...» (TP, RE, p. 406); «Il faut que mon livre remplace : 1° le dictionnaire encyclopédique, 2° le dictionnaire étymologique, 3° le dictionnaire analogique (il n'existe pas), 4° le dictionnaire de rimes (de rimes intérieures, aussi bien), 5° le dictionnaire des synonymes, etc., 6° toute poésie lyrique à partir de la Nature, des objets, etc.» (GR, M, p. 41).
76. «Selon la surface entière d'un petit toit de zinc que *le regard* surplombe (...)» (je souligne).

limitée. Dans *Le parti pris*, l'équilibre se modifie : alors que la quasi totalité du texte est consacrée à la pluie, celle-ci perd la grandeur cosmique qu'elle possédait chez Claudel; Ponge, dès la première phrase de son texte, s'attache à circonscrire l'espace. «Autour de moi, tout est lumière et eau» est réécrit :

«(...) dans la cour où je la regarde tomber (...)».

Le sujet n'est plus immergé dans une totalité indéfinie rendue aux entités élémentaires, mais placé en position de spectateur face à une portion d'espace strictement bornée (la cour annonce des murs, qui figureront plus loin), dont la capacité découpe la pluie aux dimensions d'un observable précis, justiciable de l'appréhension lucide. L'attention va ainsi pouvoir s'attacher à un objet aux contours fermement dessinés, même s'ils ne lui sont pas intrinsèques : la cour joue ici le rôle d'une sorte de récipient, comparable en cela au verre qui permet la saisie et la tenue de l'eau. Comme l'eau du verre d'eau n'est plus vraiment l'eau, la pluie de la cour pongienne se différencie nettement de celle qui sature et élargit l'horizon de Claudel : sa présence comble le regard, occupe pleinement le texte qui s'ensuit; aucun sens (qu'on entende le mot du côté de la perception ou de la signification) ne la franchit plus.

L'OBJET DÉFAIT PAR L'OBSERVATION

C'est donc un objet inédit que s'attache à décrire «Pluie», objet dont les qualités sont conditionnées par la structure de l'espace dans lequel il se produit (tout en étant, du moins textuellement, produit par lui). L'observation, au cours du premier paragraphe, s'organise principalement sur un mode orthogonal, les axes vertical et horizontal étant eux-mêmes fonction des particularités topographiques de la cour parcourue par le regard. A une première verticalité de la pluie, située «au centre», indiquée par la métaphore du «fin rideau» et par la «chute implacable» qui la spécifie, succède celle qui se repère «à peu de distance des murs de droite et de gauche» et dont un verbe («tombent») désigne la direction. Puis a lieu un changement d'axe, avec «des tringles», «les accoudoirs de la fenêtre», où «la pluie court horizontalement». Après une pause marquée par la pluie, qui «se suspend» «sur la face inférieure des mêmes obstacles» «en berlingots convexes», suit un léger basculement permettant de mettre en place, avec la «surface entière d'un petit toit de zinc», une sorte de transition établie par ce plan oblique où «ruisselle» la pluie, avant que ne s'opère, grâce à «la gouttière attenante», un retour à la verticale («elle choit tout à coup en un filet parfaitement vertical») ache-

vé « au sol » en un bouquet de lignes où se défait l'ordre géométrique
(« elle se brise et rejaillit en aiguillettes »). Chaque aspect décrit du phénomène est commandé (la phrase ou le segment qui en rend compte
s'ouvre) par (la mention de) l'endroit où il est observé[77]. A l'indifférenciation de l'espace que provoquait la pluie chez Claudel (« la terre a
disparu, la maison baigne, les arbres submergés ruissellent, le fleuve
lui-même qui termine mon horizon paraît noyé »), s'oppose chez Ponge
la présence têtue de ses constituants, déterminants pour les façons d'être
de la pluie. De ce point de vue, « De la pluie » est encore proche du
poème de *Connaissance de l'Est* : dans les deux cas, les « immeubles
du paysage » sont subordonnés à la pluie; elle les modifie ou les fait
disparaître. C'est cette hiérarchie que défait « Pluie », par une remise en
cause du postulat de la langue (ou de son usage, dans la tradition poétique par exemple), supposant que le référent du mot constitue une unité
qui lui serait homologue, susceptible d'être pensée comme agent au comportement individualisé. Le texte du *Parti pris* est placé, dès sa première
phrase, sous le signe de la diversité, ce qui n'est pas propre seulement
aux « allures » de la pluie, mais affecte son être même, disséminé en
fonctionnements distincts les uns des autres. Seul le « météore pur » qui
se produit « au centre » de la cour pourrait prétendre porter le nom de
pluie. Encore son unité est-elle contestée par la multiplicité des éléments
dont elle se compose, « gouttes probablement assez légères » assurant une
stabilité physique de l'objet. Il s'agirait en somme de changer d'échelle
de perception pour saisir l'authenticité de la pluie comme ensemble de
particules groupées selon les lois de la chute des corps. Mais ce facteur
de cohérence se dégrade dans la suite du texte : « des gouttes plus
lourdes, individuées » s'affirment dans un autre site, comparables par leur
taille à des objets hétérogènes (« grain de blé », « pois », « bille »). Les
gouttes mêmes tendent à gagner une physionomie distincte, propre à
chacune d'elles, ce qui annule l'uniformité du « rideau » ou « réseau »
évoqué précédemment. Le double statut de la pluie, une et éparpillée en
individualités, est clairement décrit à propos de son comportement par
rapport aux « tringles » et aux « accoudoirs » : c'est un seul être qui
« court horizontalement », mais les « berlingots convexes » dont elle emprunte la forme pour « se suspendre » témoignent de son instabilité. Réu-
nifiée en « nappe très mince » à la surface du toit, la pluie n'en « ruisselle »
pas moins en « courants très variés » qui jouent à son égard le même rôle

---

77. « Au centre », « à peu de distance des murs de droite et de gauche » (subdivisé en « ici »
et « là »), « sur des tringles, sur les accoudoirs », « sur la face inférieure des mêmes obstacles », « selon la surface entière d'un petit toit de zinc », « de la gouttière », « jusqu'au sol ».

de déliaison que les gouttes; quand elle abandonne «la contention» qu'elle doit à la gouttière et qui l'apparente à un unique «ruisseau», «elle choit (...) en un filet parfaitement vertical, assez grossièrement tressé», ce qui lui rend sa cohérence tout en impliquant l'entrecroisement de plusieurs fils ou brins. Enfin, le contact avec le «sol, où elle se brise et rejaillit en aiguillettes brillantes» la défait en multiplicité divergente.

UNITÉ/DIVERSITÉ DU MONDE

La distance qui sépare la pluie de Ponge de celle de Claudel n'est pas seulement référentielle (pluie d'Orient versus pluie d'Occident). Il y va aussi de la relation de la parole au monde : Claudel pouvait faire de la pluie le personnage d'une autre scène (mythique) à condition justement de la concevoir, suivant la pente du lexique, comme être unique. Dans la mesure où la description de Ponge, en décelant sous le vocable la variété des phénomènes auxquels il est censé référer, porte le soupçon sur l'adéquation du langage à la réalité, il s'interdit un certain type d'identification symbolique des choses du monde à des figures singulières, dotées d'une sorte de personnalité et poursuivant des fins transcendantes. Ainsi se sépare-t-il à la fois de «La pluie» et de son propre texte de 1927, dans lesquels l'abord de la pluie comme individu allait de soi, et servait ainsi de prétexte à un autre discours. Le parti pris de «Pluie» engage, dans l'écriture même, une conception du monde qui donne le ton au recueil, depuis la pièce liminaire, et qui l'éloigne radicalement de Claudel. Celui-ci, dans «La pluie», fait communiquer son «je», par l'intermédiaire de la contemplation, avec l'Unité fécondante et nourricière qui anime les créatures (et leur donne sens) même si elle n'est jamais nommée. Ponge, au contraire, ne cesse de découvrir, à la faveur de la même posture — mais comprise cette fois comme une sorte de précaution méthodologique, et non plus comme immersion de la petitesse au cœur du cosmos —, l'infinie variété révélée à l'attention par la moindre des choses, qui ne se justifie que par elle-même, sans que les relations qu'elle entretient avec les autres (objets ou sujet contemplateur) renvoient à rien qu'à ses propriétés intrinsèques les plus communément admises.

MUSIQUE ET TRANSCENDANCE

A la fin du premier paragraphe de «Pluie», ce que le titre pouvait laisser pressentir comme être unique a été défait. Morcellement confirmé, au début du second paragraphe, par la première évocation des bruits (et non du bruit) de la pluie, appelés par «chacune de ses formes» : à l'inverse, pour Claudel, la disparition des formes (et non leur présence) aboutissait à un monde qui passait tout entier par une perception auditive, et livrait du même coup le poète à la «méditation» du «psaume», chanté d'un seul «ton» («neutre») où se fondait l'«innombrable». Point d'échappée, chez Ponge, vers la transcendance, à la faveur d'une musique sacrée : le bruit répond à la forme, non à la divinité, et boucle en chacun de ses composants l'objet sur lui-même. Le son est une propriété supplémentaire, et non un facteur d'unification. L'analogie de la pluie avec un «mécanisme compliqué», une «horlogerie», la maintient au rang des choses, en exaltant la propriété qu'ont de fonctionner ensemble des éléments hétérogènes. Roues dentées, pivots — comme les micro-agencements qui constituent la pluie — se combinent et s'animent en raison de la force qui conditionne leur mouvement, mais celle-ci n'a rien que de physique : c'est «un ressort (qui) est la pesanteur d'une masse donnée de vapeur en précipitation», dont l'action, contingente, est fonction de la conservation (ou de la dégradation) de l'énergie. Sur ce point encore, Ponge s'écarte de Claudel, dont le poème s'arrête sans que s'épuisent les ressources cosmiques :

«Il n'est point à craindre que la pluie cesse; cela est copieux, cela est satisfaisant».

Enoncé prolongé dans le paragraphe final de «La pluie», lorsque s'élabore, pendant une pause des éléments, la péroraison qui clôture du texte, «tandis que la nue accumulée prépare un plus sombre assaut». Ce sont les limites humaines qui mettent fin à l'écriture, car le cosmos, lui, relève d'une sorte de mouvement perpétuel dont la bonté divine, providentiellement nourricière, constitue l'éternel moteur. Pour sa part, le texte pongien, s'acheminant vers sa fin, qui est celle aussi de la pluie, inclut un troisième paragraphe bref (entre les deux développements qui décrivent l'«horlogerie» pluviale) pour rendre compte de la diversité concertante des «bruits» : «sonnerie», «glou-glou», «minuscules coups de gong» (ces derniers constituant peut-être une allusion à *Connaissance de l'Est*) sont compris, par la place qu'ils occupent textuellement, dans le mécanisme d'ensemble, non sans rappeler la sophistication carillonnante par laquelle horloges ou pendules anciennes signalent les principales divisions du temps; insistance qui répond, de façon symétrique, à la disparition de l'«heure» et à l'oubli («le temps ne me dure pas») dont s'accompagne, dans «La pluie», l'abandon du poète à l'écoute du «psaume». De plus, les sons «se multiplient» (traduction de l'«innombrable» claudélien); ils ne se confondent pas pour autant dans la communion «neutre» de la prière chantée («Pluie» évoque un «concert sans monotonie»), ni ne s'affrontent en une cacophonie discordante (le concert se produit «non sans délicatesse»). Par le biais de la variété, reconnue aux bruits comme aux formes, se trouve proposé un monde dont l'unité (ou la cohérence) résulte des rapports («horlogerie» ou «concert») qui s'établissent entre les éléments en présence.

LA MÉTAPHYSIQUE, OU LE NÉANT?

C'est un jeu de différences qui fait fonctionner l'univers pongien, alors que celui de Claudel doit sa vie et son unité à la relation (religio) qu'il entretient avec une volonté transcendante. Il semble, de ce point de vue, que l'image du mécanisme (et du mécanisme d'horlogerie) choisie par Ponge pour spécifier le microcosme pluvial doive aussi être inscrite dans la descendance de la pensée des Lumières, particulièrement de celle de Voltaire, qui conçoit Dieu comme horloger; en la reprenant à son compte, Ponge conserve l'horloge et supprime l'horloger, pour le remplacer, en toute rationalité sacrilège, par «une masse donnée de vapeur en précipitation». Ce geste radical, et la généalogie qu'il indique, désignent un enjeu majeur du texte : la description des choses (leur parti pris) peut-elle se limiter aux choses mêmes, sans recourir à des causes premières qui les transcendent? Claudel lui-même avait posé le problème dans *Connaissance de l'Est*, et il faut élargir le champ de l'intertexte pour mieux saisir la position pongienne. Dans «Çà et là», au terme d'une réflexion portant sur l'approche du réel extrême-orientale et sur les religions qu'elle implique, Claudel s'en prend au Bouddha; la faute de celui-ci, à qui «il fut donné de parfaire le blasphème païen», résiderait en ce qu'il n'hésita pas «à embrasser le néant» :

> «Car, comme au lieu d'expliquer toute chose par sa fin extérieure il en cherchait en elle-même le principe intrinsèque, il ne trouva que le Néant, et sa doctrine enseigna la communion monstrueuse.»

Le catholicisme prosélyte de Claudel mis à part, la question est de savoir si l'absence d'explication par la «fin extérieure» débouche obligatoirement sur un nihilisme, comme la citation le laisse entendre. Tout se passe, dans «Çà et là», comme si la contemplation de la chose amenait son épuisement, une involution de la «res» en «rien», sauf à lui supposer un principe qui la fait être ce qu'elle est (d'où le «psaume» de la pluie, chantant le Créateur du seul fait qu'il affirme l'existence des créatures). Ponge, au contraire, parce qu'il refuse la spéculation métaphysique, s'en tient à une critique du langage, mais, par cette critique même, remet en cause la signification du monde : la pluie ne se comprend pas comme manifestation de quelque Être suprême, dont on ne pourrait manquer (sous peine de Néant) d'évoquer derrière elle le soutien, mais, au premier chef, dans la vie la plus quotidienne, comme un mot (titrant le texte du *Parti pris*) dont le travail d'écriture ébranle la stabilité de signe; sous le signifiant unique, apparemment figé, ce n'est pas un seul référent, ni un signifié définitif ou ultime, que découvre la sensibilité pongienne, mais un foisonnement qui démultiplie l'objet et met en évidence l'inadéquation du langage aux choses; constat proche de celui de Mallarmé. Mais dans les deux cas, «rémunérer le défaut des langues», ou «donner un sens plus pur aux mots de la tribu» n'entraîne pas les mêmes conséquences. A Mallarmé rêvant la réponse poétique du Livre unique et définitif, s'opposera, dans *L'écrit Beaubourg*, le «moviment» de Ponge, destiné à éviter tout figement en un dogmatisme (fût-il renouvelé). Dès lors, et tout le travail de Ponge est orienté par cette urgence, il ne s'agira pas d'ajouter quelques connotations de plus au mot qui désigne la chose (ce qui ne fait qu'enfouir davantage celle-ci sous des «idées» religieuses ou autres auxquelles elle se trouve alors subordonnée), mais de la rétablir — utopiquement — dans la langue, avec la complexité qu'elle comporte d'elle-même, sans lui chercher de fin ou de raison intrinsèque plus qu'extrinsèque, mais en lui restituant sa plénitude langagière, et la dignité qu'elle attend d'une existence verbale sanctionnant entre l'homme et le monde une relation d'équilibre mesuré, inscrite dans la sécrétion spécifique qu'est la parole. Car si le Verbe, pour Ponge, se trouve au commencement (en écho à l'Evangile selon saint Jean), ce n'est pas comme attribut de la puissance divine, mais comme faculté distinctive de l'espèce humaine, dont l'usage (ou le mésusage) façonne pour les individus une manière d'être à soi, aux autres et au monde qui ne peut laisser l'écrivain indifférent, et à l'élaboration de laquelle, par son activité propre, il participe bon gré mal gré. C'est pourquoi l'œuvre pongienne, tout en excluant une origine transcendante du monde, n'ouvre pas sur la «communion monstrueuse» fustigée par Claudel : son propos est ailleurs, dans l'instauration, qu'elle tente sans arrêt, d'une «nouvelle alliance» de l'homme et des choses par le biais du langage, aucun des trois termes ne se trouvant plus relever d'un sacré quelconque. Le lieu de la révélation se situe donc dans l'immanence et la variété d'ici-haut, la «mission» du poète étant de prendre en réparation les choses du monde sous leur forme verbale, pour les rendre neuves aux paroles et aux esprits. Le langage, pour Ponge, n'a pas vocation à dire la Création; il suffit (mais il faut) — pour le bonheur et la jouissance des hommes, résultat de leur «réconciliation» avec le monde — qu'il fonctionne en homologie avec les choses qu'il exprime. Son au-delà n'est plus alors enfer ou paradis relevant du seul ordre du discours, mais peut se vérifier «chaque matin», concrètement : c'est la «Nature», pour reprendre le mot de

Ponge, qui se propose transfigurée par le travail d'écriture. Aussi la description de «Pluie» cesse-t-elle avec l'averse dont elle rend compte, étant entendu que celle-ci est amenée à disparaître en raison de l'entropie affectant l'énergie qui l'anime, à l'inverse de ce qui se passe pour la pluie claudélienne, sur le point de reprendre quand s'achève le texte. Il est vrai que chez Ponge la pluie n'est due qu'à un «ressort», dont la détente met trivialement fin au phénomène.

LE TEMPS, LE MONDE, L'ÉCRITURE

Alors que dans «La pluie» l'explicit du poème se déploie en une sorte de paraphe proliférant qui occupe l'espace textuel laissé vacant par l'interruption de la pluie, le quatrième paragraphe de «Pluie» accompagne en le mimant l'arrêt progressif de la «machinerie». L'inertie selon laquelle «certains rouages quelque temps continuent à fonctionner» est substituée à celle qui, chez Claudel, fait se poursuivre l'écriture comme un supplément renonçant à coïncider avec l'illimitation de son objet. La pluie du *Parti pris* n'est plus la grande précipitation primordiale, fécondante et nourricière, dont l'abondance indéfinie garantit l'existence d'une entité providentielle éternellement durable, mais un «mécanisme» qui, pour être «compliqué», n'en est pas moins temporaire, et voué à une évaporation certaine (qu'accélère la réapparition du soleil); la ressource sous-jacente au texte de *Connaissance de l'Est* appartient à l'activité cosmique, dont dépend celle du poète : exalté par sa continuité, il est rendu au temps humain par son suspens avant d'avoir pu la saisir et en restituer complètement la figure dans le langage; elle lui échappe et le dépasse sans recours. Ponge reprend et déplace une telle thématique : l'écriture résulte, pour lui aussi, de la contemplation de la pluie, mais c'est l'épuisement de la chose qui provoque l'arrêt d'une écriture parfaitement adéquate à son objet. Une superposition a donc lieu entre le «brillant appareil» du texte — qui n'est pas nommé en tant que tel —, et celui de la pluie, dont il devient l'homologue. La pluie référentielle est aussi pluie scripturale, ce que souligne l'ambiguïté de la clausule («il a plu»); elle peut en effet s'interpréter comme marque d'achèvement du double procès météorologique et langagier, ce dernier effectuant pragmatiquement la formule sur laquelle il s'achève. Mais elle peut aussi être rapportée au «brillant appareil», si on la comprend comme une forme du verbe «plaire», laquelle, employée absolument, laisse indécidable le bénéficiaire (spectateur, lecteur?) du plaisir procuré par le «météore»/le texte. Un nouvel objet propose à la délectation un pur fonctionnement, dépourvu de tout arrière-plan mythique ou religieux; si le texte peut être relu depuis sa clausule finale, ce qu'il offre à la lecture n'est rien d'autre que le spectacle de la langue agencée pour que se dise au mieux la pluie ; l'écriture ne s'accompagne d'aucune humilité, d'aucun renoncement à l'égard des puissances que pourrait laisser supposer le phénomène, car — à la différence de ce qui se produit chez Claudel —, le pouvoir du poète se trouve du côté de la ressource langagière, que l'épreuve du monde laisse intacte.

L'AILLEURS COURT-CIRCUITÉ

De Claudel à Ponge se transforme et s'abolit la suscitation d'un ailleurs ; les objets — la pluie en l'occurrence — que traverse vers un au-delà transcendant la méditation du premier, sont rabattus par le second sur l'univers verbal, dans lequel les mots sont également des choses, aussi présentes que celles de la «réalité». La circulation du sens s'établit donc du concret du monde à celui de la langue, sans échappée vers un arrière-monde entrevu. La position de Claudel dans la poétique et l'écriture pongienne s'avère complexe : si on considère de nouveau «La pluie» entre «De la pluie» et «Pluie», le texte de *Connaissance de l'Est*, qui met en scène le sujet poétique, l'écriture et son objet, constitue une rupture par rapport à l'impersonnalité allégorisante du premier texte de Ponge, dans lequel l'objet se traduisait immédiatement en réflexion esthétique et morale appuyée sur la grammaire ; mais Claudel, tout en faisant porter l'accent sur les facteurs dont dépend l'existence même du poème, accorde la place la plus importante au sujet et à son activité, aux dépens de l'objet, et ne prend en compte celui-ci que dans la mesure où il lui permet un accès à autre chose qui le dépasse. «Pluie» reprend le même dispositif en inversant le rapport : le sujet se contente d'un coin de texte, alors que l'objet en occupe la quasi totalité.

Sur un autre plan, Ponge renonce complètement à toute échappée idéologique hors du système qui fonde concrètement l'écriture, en exploitant jusqu'au bout le jeu qui s'indiquait déjà dans «La pluie» entre le texte et l'objet. La «goutte d'encre», à la fois pluie («goutte») et texte («encre»), humblement offerte aux «tempêtes», se transforme en «brillant appareil» dans *Le parti pris* pour égaler l'objet et se confondre avec lui à la faveur d'une clausule ambiguë qui dit, d'une même expression, la pluie et le plaisir. Claudel dessine ainsi un espace de travail dans lequel l'œuvre pongienne, par l'intermédiaire de «Pluie», élabore plusieurs de ses enjeux fondamentaux, en modifiant l'équilibre réalisé dans «La pluie» entre les termes obligés de l'écriture. Entre l'orgueilleux gonflement du sujet poétique et l'attention portée aux choses, entre la traversée de celles-ci par une méditation transcendante et leur ajustement au langage — tous traits présents à des titres et avec des poids divers dans le texte de *Connaissance de l'Est* — Ponge retient ce qui le fait avancer vers son «propre», accomplissant pour son compte, au seuil d'une de ses œuvres maîtresses, la part la plus terre-à-terre qu'il décèle sous la cathédrale Claudel. On voit comment, tout en échappant au piège dans lequel il reproche à Saint-John-Perse d'être tombé — et qui amène celui-ci à «refaire du Claudel» en plus creux, il poursuit le travail engagé dans *Connaissance de l'Est* en ce qu'il ne lui suffit pas de reproduire un ton (sublime ou élevé) ni d'user d'un style (résumé dans la forme du verset); il développe selon sa visée individuelle les principes fondamentaux organisateurs d'un art poétique à la fois susceptible d'engendrer plusieurs œuvres singulières et différenciées, et opératoire (au sens où il permet de produire autre chose que des mots d'ordre : «La pluie» aussi bien que «Pluie»). Peut-être le moment Claudel voit-il coïncider les deux attitudes dont Ponge énonce pour lui-même l'incompatibilité à propos d'un de ses peintres préférés :

> «Chardin ne s'en va pas vivre dans un monde de dieux ou de héros des anciennes mythologies ou de la religion./ Quand les anciennes mythologies ne nous sont plus de rien, felix culpa!, nous commençons à ressentir religieusement la réalité quotidienne.»[78]

C'est pour avoir su nouer ce lien avec le réel (dont il ne se satisfait pas) que Claudel est élu par Ponge, au titre de «la grandeur», et qu'il contribue à l'édification d'un nouveau paradis (vraiment) terrestre.

---

78. NR, p. 170.

Les idées :
Valéry

De Ponge à Valéry se dessine un espace thématique commun. Un premier exemple peut en être proposé avec «De l'eau», écrit de 1937 à 1939[79], et repris dans *Le parti pris des choses*, à la fois réponse située historiquement et ouverture vers une évolution, un approfondissement du travail pongien, que l'on verra se poursuivre jusqu'à *La Seine* et au «Verre d'eau». Il semble que Ponge n'ait jamais évoqué le rôle tactique (de critique et de mise à distance) qu'assume son texte par rapport aux «Louanges de l'eau» valéryennes[80]; toutefois, on peut soupçonner que «De l'eau» fait partie de tout un ensemble de textes dans lesquels les deux écrivains s'attachent aux mêmes objets. Il n'est en effet que de comparer les tables des matières des deux œuvres pour comprendre ce que voulait dire Ponge, quand il écrivait sur Valéry, en 1982[81] :

> «Il est remarquable que la fascination que nous imposait cette "figure" et qui pouvait faire penser à des relations avec lui passionnelles, faites tout à la fois d'amour, de quasi adoration et de jalousie, d'envie, presque de haine parfois, se marque (ou se remarque)

---

79. «Bibliographie des œuvres de Francis Ponge», in *L'Herne*, 1986, p. 598. «De l'eau» se trouve dans TP, PPC, pp. 58-70.
80. Le texte de Valéry (*Œuvres*, I, pp. 202-204) est paru en 1935, en tête d'une brochure éditée par la Source Perrier.
81. «Paul Valéry», NNR, III, pp.155-163.

à de très courts intervalles dans l'attitude *ou les écrits* de ceux qui la subissent.» (Je souligne).

Nul doute que Ponge lui-même ne se soit compté au nombre des écrivains sous influence valéryenne, dont les écrits portent trace des relations passionnelles qu'il a évoquées. En effet, si certains titres de *Mélange* («Mer», «Automne», «Oiseaux», «Larmes», par exemple) évoquent des titres pongiens («Bords de mer», «La fin de l'automne», «Notes prises pour un oiseau», «L'eau des larmes») indiquant une possible parenté thématique, d'autres s'échangent purement et simplement : ainsi de «Naissance de Vénus», ou de «La jeune mère». Le premier texte est publié par Valéry en 1920 dans l'*Album de vers anciens*, le texte de Ponge est écrit en 1922. «La jeune mère» valéryenne paraît dans la *NRF* n° 172 du 1er janvier 1928, Ponge écrit la sienne en février-mars 1935. Dans les deux cas, l'écriture de ce dernier peut être comprise comme réaction à l'écriture rivale et vénérée. Etant donné les difficultés qu'il rencontre à faire reconnaître sa voix et son œuvre jusqu'à la publication du *Parti pris des choses* en 1942[82], il ne peut que développer, silencieusement mais activement, une écriture qui le distingue, sans ambiguïté possible, de ce grand aîné incontournable qu'il retrouve à chaque pas d'un itinéraire choisi pourtant au plus près de ce qu'il pense être son «propre» : il faut éviter d'apparaître comme un sous-Valéry que la gloire de l'Académicien poète ne manquerait pas d'éclipser durablement. Bien sûr, la démarche de différenciation n'a pas pour unique objet une percée sur le marché éditorial de la poésie : il y va aussi de l'affirmation d'une position irréductible.

«De l'eau» travaille, me semble-t-il, à partir des «Louanges de l'eau», plutôt qu'à partir des «Fragments du Narcisse» de *Charmes*, par exemple, dans la mesure où l'eau, dans cette prose valéryenne, devient nettement l'objet, le centre du propos, et pourrait par là même indiquer une conversion aux choses, et l'occupation d'un espace qui est celui du futur *Parti pris*. Le texte de Ponge s'emploiera à lever toute ambiguïté, en s'écrivant contre et ailleurs.

---

82. Sur les relations difficiles qu'entretient Ponge avec les milieux littéraires dans les années trente, cf. Gleize 1988, notamment pp. 43-96.

« DE L'EAU »

Parmi les phénomènes textuels dont l'examen amène à une mise en relation de « De l'eau » et de « Louanges de l'eau », les titres sont déterminants. Ils permettent en effet de situer les deux textes selon des visées contradictoires. Une première opposition se dessine, en fonction des modèles culturels explicitement mis en jeu : les « Louanges » de Valéry inscrivent le texte dans une tradition chrétienne de prière, et les litanies de la Vierge communiquent explicitement à son quatrième paragraphe leur forme énumérative et l'usage des capitales :

> « Divine lucidité, Roche transparente, merveilleux Agent de vie, EAU universelle, je t'offrirais volontiers l'hommage de litanies infinies. »[83]

« De l'eau », en revanche, se réfère clairement aux traités latins et traduit un *De aqua* sans allusion à une quelconque spiritualité religieuse. Mais, contrairement à la formulation valéryenne, qui bloque le développement du texte, dès le titre, sur un enjeu générique relevant, par delà la prière, de la rhétorique ancienne et de l'épidictique, celle de Ponge peut se lire aussi comme un partitif ouvrant sur une problématique que l'on retrouve plus loin dans son œuvre, et que l'on peut rapprocher par exemple d'un titre comme «... Du vent ! ». L'eau n'est plus considérée alors comme entité élémentaire unifiée et figée en symbole au même titre que l'air ou le feu, et support éventuel de développements allégoriques dépourvus de toute dimension critique, mais comme quantité indéterminée d'une substance dont l'identité et les qualités relèvent d'abord du monde physique. Enfin, la superposition des titres de Valéry et de Ponge révèle le caractère polémique du texte de ce dernier : « De l'eau » réécrit « Louanges de l'eau » par retranchement des « louanges », et attaque ainsi la part d'exaltation que promet un tel vocable. Littéralement, Ponge coupe la parole à Valéry.

Un autre indice purement littéral, que la proximité du titre rend signifiant en raison de la concentration des traits répondant à la même stratégie, se révèle dans l'incipit des deux textes : à l'attaque de Valéry (« *Plus* d'un chanta le VIN ») répond celle de Ponge (« *Plus* bas que moi (...) », je souligne), dans laquelle le premier mot, identique, initie une syntaxe

---

83. « (...) Miroir de justice, Trône de la sagesse, Cause de notre joie, Vase rempli des dons de l'Esprit-Saint, Vase d'élection, Vase insigne de la vraie dévotion, Rose mystique, Tour de David, Tour d'ivoire, Maison d'or, Arche d'alliance, Porte du Ciel, Etoile du matin (...) » in « Prière du soir, Litanies de la Sainte Vierge », *Missel du Sacré-Cœur*, Limoges, Barbou, 1908, p. 20.

différente situant d'emblée au présent un sujet confronté à la chose nommée «eau», par opposition à la prose classicisante de Valéry qui diffère le «je» (haïssable) jusqu'au quatrième paragraphe, et qui confronte le thème de l'eau à celui du vin, cher à la poésie bachique, selon une visée de virtuosité purement rhétorique : le texte de Valéry se donne comme exploit paradoxal, inversion d'une tradition dans laquelle il s'inscrit à ce titre. Il commence par poser au passé (simple, puis composé) l'activité poétique (qu'il conteste en l'inversant par passage au thème culturellement opposé) de la longue lignée de ses devanciers. Le texte de Ponge, au contraire, signifie l'immédiateté de la rencontre par l'abrupt d'un démarrage au présent qui passe sous silence l'héritage.

DE LA FORME ET DU FOND

Au-delà de la parodie des «Louanges de la Vierge», qui désigne l'enjeu religieux du texte, c'est bien à la lignée qui court (au moins) du *Panégyrique d'Athènes* jusqu'au XXe siècle que se rattache Valéry, par la maîtrise dont il fait preuve dans la dispositio et l'elocutio. Attentif au nombre, il développe son texte à partir d'une prise de parole initiale hexasyllabique, le conduit à culminer selon un agencement complexe de périodes mimant par élargissements successifs l'activité de l'eau (du huitième au dixième paragraphe) pour le ramener progressivement à une formule brève («J'adore l'eau»), ultime énonciation au plus près du silence qu'a rompu le discours. La courbe prosodique et syntaxique s'élève et retombe selon les préceptes d'un art qui ne néglige ni les gradations, ni l'organisation rythmique, ni les clausules[84]. Valéry, en somme, réalise pour son propre compte ce qu'il décrit très précisément chez Bossuet :

---

84. Le second paragraphe se termine par deux alexandrins : «(...) élevé leur ivresse et tendu vers les dieux/ la coupe de VIN fort que leur âme attendait»; le troisième conjugue alexandrin et octosyllabe : «(...) Mais quelle ingratitude et quelle grande erreur/ chez ceux qui blasphémèrent l'EAU!...»; le cinquième se clôt par un alexandrin approximatif : «Là, toute la natur(e) se fait Narcisse, et s'aime...»; deux octosyllabes avec assonance achèvent le sixième : «(...) sculpte et décore la figure/morne et brutale du sol dur.»; le huitième isole un décasyllabe en fin de période : «(...) porteuses d'arcs-en-ciel dans leur vapeur»; le dixième retrouve l'alexandrin : «(...) et parfois la chaleur intime de la terre»; le onzième l'octosyllabe : «(...) offerte aux besoins de la vie»; le douzième une séquence composée d'un alexandrin suivi d'un octosyllabe approximatif : «Combien peu cependant conçoivent que la VIE/n'est guèr(e) que l'Eau organisée?»; on peut encore identifier un décasyllabe et un alexandrin soulignés par l'assonance («Elle tend et étend vers l'univers/des bras fluides et puissants aux mains légères»; treizième paragraphe), un presque alexandrin («(...) avoir recours à ce qu'exig(e) tout ce qui vit»; quinzième paragraphe), un alexandrin

« Il part puissamment du silence, anime peu à peu, enfle, élève, organise sa phrase, qui parfois s'édifie en voûte, se soutient de propositions latérales distribuées à merveille autour de l'instant, se déclare et repousse ses incidents qu'elle surmonte pour toucher enfin à sa clé, et redescendre après des prodiges de subordination et d'équilibre jusqu'au terme certain et à la résolution complète de ses forces. »[85]

Valéry lui-même, quand il s'exerce à écrire en « prose Bossuet », pour reprendre l'expression que J. Roubaud réserve aux surréalistes[86], est à compter au nombre de ces « amants de la forme » qu'il évoque et pour qui

« Bossuet (...) est un trésor de figures, de combinaisons et d'opérations coordonnées. Ils peuvent admirer passionnément ces compositions du plus grand style, comme ils admirent l'architecture de temples dont le sanctuaire est désert et dont les sentiments et les causes qui les firent édifier sont dès longtemps affaiblis. L'arche demeure. »

Dans le cas de « Louanges de l'eau », Valéry va plus loin que l'admiration, puisqu'il refait du Bossuet ; et le sanctuaire, vidé des sentiments et des causes attachés au christianisme, se trouve habité par une présence nouvelle ; la forme, reprise de l'orateur sacré, abrite un nouveau fond, car Valéry s'oppose de ce point de vue à l'auteur du « Sermon sur la mort »[87] comme l'auteur d'un « Sermon sur la vie ». En effet, en réponse à ce qu'écrit Bossuet, Valéry ironise le thème en assignant la régénération des corps à l'eau, « Agent de la vie », qui les sauve, à la faveur d'un jeu de mots (en les « désaltérant »), d'une corruption[88] consécutive au seul manque physique, et non plus à l'état de péché. Dieu usait de la mort pour transfigurer les corps, la Vie n'a besoin que d'eau pour les rendre à eux-mêmes, les faire « redevenir ». Les « Louanges de l'eau », parodie du style sacré, sont en même temps remise en cause de la religion, sans pour autant mettre à mal la transcendance : celle-ci trouve une nouvelle ex-

---

(« Nous répandons parfois un TORRENT de paroles... » ; seizième paragraphe). Le neuvième paragraphe s'étale, après une énumération au rythme haché, en mimant les « lacs ensevelis » qu'évoque la période, le quatorzième procède par segments de plus en plus longs.

85. *Œuvres*, I, p. 498. Bossuet permet notamment à Valéry d'opposer une stylistique des classiques, à laquelle il adhère, à celle des modernes, qu'il combat : « Il procède par constructions, tandis que nous procédons par accidents ; il spécule sur l'attente qu'il crée tandis que les modernes spéculent sur la surprise ».

86. Cf. Roubaud 1978, p. 160, où l'auteur oppose cette « prose de collège qui s'entend dans la prose surréaliste » à la « prose primaire » choisie par Ponge.

87. « Une telle chair (corrompue) doit être détruite, (...). Il faut donc qu'elle change sa première forme afin d'être renouvelée, et qu'elle perde tout son premier être, pour en recevoir un second de la main de Dieu » (*Oraisons funèbres et sermons*, Paris, Gallimard, 1961, p. 1084).

88. « Etre altéré, c'est devenir autre : se corrompre. Il faut donc se désaltérer, redevenir, avoir recours à ce qu'exige tout ce qui vit. » (« Louanges de l'eau », op. cit. p. 204).

pression dans la Vie, dont la majuscule, dans les «Louanges», atteste le statut éminent; Valéry appartient encore à cet espace de l'épistèmè occidentale que M. Foucault voyait s'étendre «depuis le début du XIXe siècle jusqu'à Bergson»[89], et pour lequel la critique (kantienne) avait ouvert

> «la possibilité d'une autre métaphysique qui aurait pour propos d'interroger hors de la représentation tout ce qui est la source et l'origine; elle permet ces philosophies de la Vie, de la Volonté, de la Parole (...) Le travail, la vie et le langage apparaissent comme autant de "transcendantaux" qui rendent possible la connaissance objective des êtres vivants, des lois de la production, des formes du langage.»

Cette vie, qui «se retire dans l'énigme d'une force inaccessible en son essence, saisissable seulement dans les efforts qu'elle fait ici et là pour se manifester et se maintenir», est bien aussi celle qui anime l'eau du texte valéryen. La parodie n'avait pour fonction que de remplacer un sacré par un autre, et le Dieu de la Bible par la Vie où se lient positivisme et métaphysique de l'objet : l'eau louangée oscille entre la gratuité esthétique (sa beauté se célèbre rhétoriquement) et la spiritualisation qu'elle tire d'être agent de l'entité vitale et transcendante. Le jeu iconoclaste de Valéry s'avère finalement bénin : chef-d'œuvre de virtuosité, ses «Louanges» peuvent s'insérer sans mal dans le paysage littéraire ambiant, bien qu'elles inversent signes et idées reçues — par exemple en conférant les formes et les marques dévolues au sacré (Vin du paganisme, Vierge du christianisme) à la chose réputée triviale qu'est l'eau. En effet, à la faveur d'une substitution (celle de la Vie à la mort — ou à Dieu) se trouvent maintenues les anciennes antinomies : la matière finit par se faire oublier, investie qu'elle est, et transfigurée, par une entité spiritualisée. C'est contre cette sorte d'élévation que s'écrit le texte pongien.

RHÉTORIQUES

«De l'eau» se présente comme une succession de quatre paragraphes : respectivement de quatorze, trente et une, neuf et cinq lignes, ils ne sont soumis à aucune loi de composition, à aucune architecture, pour reprendre le terme de Valéry. Sans concession à la virtuosité, le texte n'est pas l'occasion de performances rhétoriques ou stylistiques, et l'on y cherche-

---

89. *Les mots et les choses*, Paris, Gallimard, 1966, pp. 256-258. Valéry connaissait bien la pensée de Bergson, à la mort de qui il devait prononcer un discours devant l'Académie française, en 1941. On peut y lire notamment : «Il considéra la vie, et la comprit et la conçut comme porteuse de l'esprit», et «le sens de la vie, depuis ses manifestations les plus simples et les plus humbles, lui paraissait essentiellement spirituel.»

rait en vain la manifestation d'un souci du rythme et du nombre ; bien plus, on y relève à plusieurs reprises des répétitions, négligences scolairement et littérairement ressenties comme coupables dans la tradition de la prose française : on pourra observer ainsi la répétition de l'adjectif « bas », des substantifs « sol » et « vice » dans le seul premier paragraphe. Thématiquement, aucune transition ne vient adoucir les ruptures : les considérations sur les rapports entre le sujet et l'eau encadrent un long discours exhibant les signes d'une prose voulue objective qui culmine avec la définition pongienne du liquide, résultat d'une extrapolation à partir de l'observation des caractères intrinsèques et différentiels de l'eau, selon les règles des sciences expérimentales. Cependant, il ne s'agit pas d'aboutir à un énoncé scientifiquement recevable : la définition pongienne relève de ce que son auteur appelle un « dictionnaire sensible », et non du traité ou du manuel de physique. Comme Valéry réutilisait la rhétorique de Bossuet, Ponge se sert de celle des physiciens, mais en l'adaptant à son expérience subjective, et en trahissant ainsi à la fois les bonnes manières littéraires et les physiciens ; l'usage de la rhétorique scientifique rompt en effet avec les habitudes de lecture héritées et fait surgir l'objet à neuf, parce qu'il est dépouillé des oripeaux attendus, mais le restitue également dans une altérité perpétuellement contemporaine de l'expérience immédiate, étrangère aux procédures de la science. C'est dans l'entre-deux rhétorique que le texte rend compte, de la façon la plus sensible (et donc dans sa forme), des particularités de l'objet : ainsi, l'absence de proportion entre les parties cherche à écrire les « flaques », « traces », « taches », que forme l'eau sur le sol, le corps, mais dans l'esprit ou sur la feuille aussi bien :

« (l'eau) m'échappe, échappe à toute définition, mais laisse dans mon esprit et sur ce papier des traces, des taches informes ».

Si le texte est informe, il l'est comme l'eau. Il en va de même pour les répétitions, emblématiques de l'obsession, de « l'idée fixe » (allusion à l'œuvre de Valéry), qui organise le texte et en quoi se condense l'être de l'eau. Ce n'est pas une belle architecture, comme dans « Louanges de l'eau », qui peut donner à lire ce qui « s'effondre sans cesse » ; la conception pongienne de l'écriture ne se satisfait plus d'un outil, qui, bien manié, exprimerait indifféremment n'importe quoi, au risque de n'exprimer que sa propre réussite verbale.

L'EAU, C'EST L'AUTRE

Plus fondamentalement encore, c'est le rapport du sujet au monde et à l'écriture que met en scène la présence/absence du pronom personnel «je», encadrant le développement «objectif» sur l'eau et le liquide; ce que donne à voir le texte, c'est une séparation nette entre sujet et objet : l'eau est en effet exemplaire pour mettre en crise une conception qui fait du monde (et de l'eau en particulier) le miroir circonstanciel du poète et de ses états d'âme, ou même, comme l'écrit Valéry dans ses «Louanges», de la nature entière[90]. L'allusion valéryenne, tout en privilégiant l'image d'une eau prétexte à narcissisme généralisé, renvoie précisément aux «Fragments du Narcisse» de *Charmes*. Il suffit de relire l'épigraphe de ce poème, «Cur aliquid vidi?»[91], pour comprendre ce qui sépare Ponge de la thématique de Valéry : aucun «aliquid» ne saurait, dans l'eau pongienne, faire croire à un moi plus pur, plus beau, ou plus parfait; c'est pourquoi elle est dite «blanche et brillante», n'offrant à qui la regarde que manque ou aveuglement, en tout cas aucun spectacle, aucune «peinture». Pour Ponge, la question reprise d'Ovide ne se pose pas : dans l'eau, il n'y a rien à voir, que l'eau. Le sujet ne s'y retrouve pas, mais c'est pour (tenter de) sortir de l'humain, précisément, qu'il s'est conféré aux choses; dès 1927, «Ressources naïves» expose :

> «Hors de ma fausse personne c'est aux objets, aux choses du temps que je rapporte mon bonheur (...)».

L'objet, c'est l'autre, et la relation qu'établit avec lui le sujet ne va pas de soi. L'exquis miroir du «Narcisse», l'adorable divinité des «Louanges» font place à une entité où se cumulent des traits relevant de la substance «eau» et des qualités (négatives) habituellement réservées à l'humain; si du haut de la stature (verticale)[92] de qui l'observe, l'eau peut être située «plus bas», très vite cette localisation, référée à la pesanteur, prend coloration morale : «pesanteur» devient «vice», le bas se transforme en humilité, voire en bassesse : «le contraire d'excelsior»; la nécessité de la loi physique fait de l'eau une «folle» (ou presque) que «possède» un «hystérique besoin d'obéir». Liquide exemplaire, elle semble opérer des choix, «préfère», «refuse», mais, victime de son

---

90. «(...) toutes choses mirées paraissent plus parfaites qu'elles-mêmes. Là, toute la nature se fait Narcisse, et s'aime...» (Op. cit., p. 202).
91. La citation provient, non des *Métamorphoses* d'Ovide, où est traité le mythe de Narcisse, mais, significativement, des *Tristes* (II, 103) du même, ce qui a chance de désigner une filiation élégiaque des «Fragments» de *Charmes*.
92. La verticalité humaine s'affirme dès «Le martyre du jour, ou Contre l'évidence prochaine», en opposition au «plan» liquide, et en des termes qui annoncent «De l'eau» : «(...) Oscar est *mis debout* sur le plan de la mer. Et son corps culbuteur *toujours contre l'attrait du sol* efforce ses muscles : animaux, d'une vaine chaleur mécanique, vaincus.» (TP, DPE, p. 24) Je souligne.

«idée fixe», offre en réalité prise à qui veut la traiter en «véritable esclave». Une telle stratégie peut s'interpréter selon plusieurs axes : sur le plan rhétorique, technique, Ponge pratique une inversion de la routine métaphorique; là où la tradition faisait de l'humain (de ses sentiments) le comparé, et de la chose (inanimée) le comparant, il fait de l'eau, centre de son texte, le comparé, et lui confère métaphoriquement attitude ou forme humaine; ainsi s'étale-t-elle «comme les moines de certains ordres», «à plat ventre», mettant à mal, par ricochet, la spiritualité réputée la plus haute (celle de la prière, à l'œuvre dans «Louanges de l'eau»), présentée ici comme un aplatissement physique en radicale opposition avec la verticalité du moi initial; ainsi, de même, saute-t-elle, cascade, à la façon d'un enfant joueur et inconséquent, «les escaliers les deux pieds à la fois». Là où Valéry utilisait la forme de l'énoncé (louanges de la Vierge adressées à des propriétés naturelles de l'élément), ou l'ambiguïté d'un lexique convenu (par exemple, «Nymphe très fraîche»), pour maintenir l'eau dans un double registre, celui, propre, de l'élément, et celui, figuré, de l'individu humanisé, voire divinisé, Ponge exagère l'humanité de l'eau pour mieux inverser en détestation les signes du sacré : au «je» qui adore une entité portée au pinacle, aspirée par la transcendance, il oppose celui qui regarde de haut la prosternation toute physique d'une matérialité esclave, incessamment appelée par le bas. L'abondance des traits de sémantisme humain dans le texte, tout en illustrant concrètement le parti pris des choses et la détermination de relativiser l'homme par rapport à elles, est aussi mise en évidence, contre tout réalisme naïf, des limites que comporte le désir de retour aux choses mêmes : on ne sort pas de l'homme par des moyens d'homme, plus qu'on ne sort de l'arbre par des moyens d'arbre[93]; on ne peut donc, en tant qu'écrivain, prétendre dire l'eau en langage d'eau, on ne peut que la dire en langage humain, quitte à lui donner toute son importance en transposant ses propriétés physiques en traits psychologiques ou comportementaux, pour casser le stéréotype et restituer sa nouveauté (surprise ou scandale) à la notion.

MORALE

L'eau pour autant ne devient pas une allégorie de plus à classer au rayon des performances rhétoriques — ce qu'elle avait tendance à être

---

93. «Ce ne sont pas les choses qui parlent entre elles mais les hommes entre eux qui parlent des choses et l'on ne peut aucunement sortir de l'homme.» (TP, PR, p. 189). Pour ce qui est de l'arbre, cf. par exemple «Faune et flore», TP, PPC, p. 92.

chez Valéry : nymphe «très fraîche» ou vierge appelée par les «louanges», symbole en tout cas d'une abstraction (la Vie). Chez Ponge, il s'agit d'intervenir dans les relations de deux mondes parfaitement concrets, le monde humain et le monde des choses, d'inverser entre eux les hiérarchies convenues, de proposer le second, en tant que tel, à l'attention du premier, pour qu'il y découvre matière à réflexion et à progrès[94]. Un texte comme «De l'eau» n'a pas de prétentions à refaire la physique, ni la métaphysique; son action se situerait plutôt sur le plan de la morale et de l'idéologie, laquelle s'indique explicitement à la fin du troisième paragraphe :

> «Idéologiquement, c'est la même chose : elle m'échappe, échappe à toute définition (...)».

L'activité pongienne à l'égard de ce qu'emblématise l'œuvre de Valéry ne se contente donc pas d'opposer symétriquement un «chosisme» porteur d'incontestables évidences superficielles à un spiritualisme qui les dépasserait métaphysiquement; elle est bouleversement travaillant à substituer, contre les idées les mieux reçues, une nouvelle éthique à celle qui s'est transmise jusqu'au XXe siècle à travers l'apparente insipidité des mots de la langue périodiquement vivifiés par leur ressourcement en poésie. Défaire l'eau de ce qu'elle évoque habituellement de pureté originaire ou virginale (ce qui amène un Valéry à la sacraliser), mais sans doute aussi de fluidité fugitive (voir une bonne part de poésie élégiaque, et encore le Valéry du «Narcisse») ou de sincérité miroitante et cristalline, entraîne un effort de dé-symbolisation du (trop) familier, par accumulation des déterminations négatives, mise à distance qu'accentue l'évitement de toute adresse à la seconde personne; au contraire de Valéry, Ponge ne tutoie pas l'eau; elle est pour lui, malgré l'anthropomorphisation dont il la charge, et qu'il tresse sans cesse à ses incontestables propriétés substantielles, l'objet que l'on observe, tente de saisir, d'écrire. Ainsi, la «pesanteur» se traduit-elle en «vice», cependant que la même énumération juxtapose «blanche et brillante, informe et fraîche» à «passive et obstinée», et que ruse et férocité, traits réservés au comportement animal, s'allient aux propriétés physiques dans une phrase comme :

> «(...) ce vice qui le (le liquide) rend précipité ou stagnant, amorphe ou féroce, amorphe et féroce, féroce térébrant, par exemple; rusé, filtrant, contournant (...)».

---

94. «(...) l'attention que je leur (aux objets) porte les forme dans mon esprit comme des compos de qualités, de façons-de-se-comporter propres à chacun d'eux, fort inattendus, sans aucun rapport avec nos propres façons de nous comporter jusqu'à eux. Alors, ô vertus, ô modèles-possibles-tout-à-coup, que je vais découvrir, où l'esprit tout nouvellement s'exerce et s'adore.» (TP, PR, p. 187).

Mais là ne s'arrête pas le travail pongien; dès ses premiers écrits, et il ne cessera de le répéter, Ponge a énoncé une orientation positive de son écriture; elle a vocation à enseigner, et à enseigner une nouvelle morale :

> «(Il s'agit) d'une parole donnée à l'objet : qu'il exprime son caractère muet, sa leçon, en termes quasi moraux (Il faut qu'il y ait un peu de tout : définition, description, moralité) »[95].

Au travail de dé-symbolisation (blocage, par négation et inversion des techniques et des thématiques héritées) s'adjoint donc un travail de re-symbolisation, que l'on peut voir à l'œuvre dans «De l'eau».

LEÇONS DE L'EAU

Le texte se signale par un parti pris contre son objet : dans *Le parti pris des choses*, une telle virulence est exceptionnelle; elle n'affecte, «De l'eau» mis à part, aucun des textes consacrés aux choses du monde muet, et, précisément, ni «Pluie», ni «Bords de mer», où l'eau (au sens reçu du terme) est cependant en jeu; mais dans aucun de ces deux textes elle n'est explicitement nommée : la pluie, la mer sont des individus aux qualités et aux activités particulières, qui n'ont rien à voir avec la passivité d'un élément entièrement soumis à la pesanteur; le jeu complexe du «météore», les mouvements musicaux et gracieux du «volumineux tome marin» proposent comme un défi (et une réussite, momentanée pour la pluie, éternelle pour la mer) à la nécessité physique. Ponge établit donc une distinction nette entre ce qui se voit assigner (par l'expérience, le lexique) une spécification spatio-temporelle, et un indéterminé annoncé dès le titre, et qui se définit par contraste avec la verticalité humaine luttant contre «l'attrait du sol». Dès lors se met en place un couple résistance/soumission par rapport auquel Ponge a toujours clairement pris parti : il est de la résistance, à tous égards. L'eau, dans un tel contexte, bascule du côté de la «satire», que représentent, dans *Le parti pris*, les textes adressés au fonctionnement de la société humaine, «RC Seine N°» et «Le restaurant Lemeunier rue de la Chaussée d'Antin» notamment, qui mettent en scène des groupes d'employés dans le moment de leur réelle servitude — et simultanément celui de leur illusoire

---

95. GR, M, p. 36. Ce dernier texte est de 1948. On le rapprochera de «Ressources naïves» (TP, PR), qui date de 1927.

liberté. Une citation du premier de ces textes permettra de préciser leur parenté avec «De l'eau» :

> «Chacun croit qu'il se meut à l'état libre, parce qu'une oppression extrêmement simple l'oblige, qui ne diffère pas beaucoup de la pesanteur : du fond des cieux la main de la misère tourne le moulin.»

Intertextuellement s'établit une équivalence entre pesanteur physique et oppression sociale, entre l'eau et la foule, ou mieux, «la tourbe», comme la désignent les «chefs» (qui ont fait du latin : «Turba ruit ou ruunt», disent-ils pour décrire la précipitation qu'ils observent à l'heure de la sortie). Le parallèle peut être poursuivi sans artifice : la mesquinerie «sauvage» du «peloton de petits employés» a un répondant dans la férocité de l'eau, et leur situation d'esclaves les amène, comme l'eau, par des conduites forcées («boyaux lubrifiés», «canaux», qui correspondent aux «tuyaux»)[96] à une stagnation précédant un éparpillement jaillissant dont on (les chefs, encore) peut «jouir» comme d'un spectacle servile ennobli par le recours au latin, à comprendre ici comme langue de la distinction sociale, d'une culture esclavagiste, et comme pourvoyeuse abâtardie d'un exemple de grammaire scolaire qui se superpose au «contraire d'excelsior» de «De l'eau», pour jeter un doute sur l'unicité de la foule ou la pluralité des individus qui la composent : la «turba», substance «informe», est aussi basse et indifférenciée que l'eau. De façon analogue, l'image du jet d'eau correspond à la sortie du bureau dans «RC Seine Nº»; il en va de même de la «jouissance» éprouvée par le spectateur des jeux d'eau («De l'eau»), qui pourrait aisément éclairer l'attitude des chefs à la fin de «RC Seine Nº». Plus généralement, l'ensemble des qualifications attribuées à l'eau peut servir d'interprétant au sort et au comportement des employés, qui constituent la cible visée par le satiriste. La mise en parallèle des deux textes permet d'attribuer à l'eau (comme aux employés) les caractéristiques de ce que Ponge, militant très actif de la CGT et du PCF à l'époque (1937-1939) où il écrit son texte[97], aurait pu qualifier comme «individualisme petit-bourgeois», l'illusion d'autonomie, de liberté, faisant passer la loi d'airain du marché du travail capitaliste, tout en se dressant comme un obstacle à la prise de conscience de classe et à la lutte collective. «De l'eau», en proie à une polémique d'autant plus violente qu'elle résulte d'une analyse pessimiste

---

96. «RC Seine Nº», TP,PPC, p. 75; «De l'eau», loc. cit. Les «boyaux» et le «sphincter» ajoutent dans le premier texte une dimension organique qui redit le «bas» à sa manière.

97. Cf., au sujet de l'engagement syndical et politique de Ponge, Gleize 1988, et particulièrement le chapitre «Turba ruit...», pp. 78-83.

(et fondée) de la situation historique du moment, peut donc aussi se lire sous le signe d'un désespoir politique. Quelle leçon positive, en effet, tirer d'un texte dans lequel l'eau stigmatisée n'a aucun moyen, sinon fugitif et imposé par ses maîtres, d'échapper à son vice ? Une alternative est cependant offerte, qui donne à choisir entre l'abandon à une attitude liquide, présentée comme négative, et le recours à celle de l'armoire, objet chargé d'un prosaïsme qui l'oppose à l'aura poétique et mythologique de l'eau, mais solide et familier, et dont la façon d'être rejoint celle du poète lui-même : «résistance au profit de sa personnalité et de sa forme», défi, autant qu'il se peut, à la fatalité physique ou sociale ; se tenir (individuellement) debout, vertical, même au prix d'un effort constant, c'est le moyen à la fois de ne pas céder à un effondrement sans fin («toujours plus bas»), et, grâce au recul ainsi pris, de «voir de haut» (c'est ce qu'implique le début du texte) la réalité à laquelle on est assujetti, ne serait-ce que pour prendre conscience de l'assujettissement. En ces années qui voient s'éteindre les espoirs nés avec le Front populaire, les renoncements et les illusions accompagner la montée du conflit mondial, Ponge est sans doute un des rares écrivains français à travailler ses textes à la fois sur le plan esthétique et sur celui de la politique et de l'éthique. Il s'est toujours défendu d'être un écrivain engagé au sens que prend l'expression dès la Libération, «un peintre de batailles» mettant son écriture au service d'une cause. Il n'en reste pas moins fidèle à l'exigence affirmée par Lautréamont dans les *Poésies* :

> «La poésie doit avoir pour but la vérité pratique. (...) Elle découvre les lois qui font vivre la politique théorique (...). Son œuvre est le code des diplomates, des législateurs, des instructeurs de la jeunesse.»[98]

Cette page, il la citera longuement et la commentera à la radio en 1967, au cours de ses Entretiens avec Philippe Sollers :

> «(...) Il y a là une conception de la poésie active qui est absolument contraire à celle qui est généralement admise, à la poésie considérée comme une effusion simplement subjective, à la poésie considérée comme, par exemple, "je pleure dans mon mouchoir, ou je m'y mouche", et puis je montre, j'expose, je publie ce mouchoir, et voilà une page de poésie.»

On retiendra de cette prise de position, s'agissant de la confrontation avec Valéry, moins la dénonciation de l'expressivité subjective (ici ramenée au résultat pur et simple d'une sécrétion physiologique), que l'accent mis sur une poésie active, opposée à un esthétisme sans conséquences. Avec «De l'eau», Ponge lutte sur deux fronts à la fois : contre les my-

---

98. Lautréamont, *Œuvres complètes*, Paris, Gallimard 1973, p. 302.

thologies reçues et les mythifications sacralisantes, il s'essaie, en court-circuitant tout recours à une symbolique spiritualiste, à donner un sens nouveau aux mots de la tribu et aux choses qu'ils désignent, tout en évitant de les ravaler au rang d'images pour catéchisme politique. L'eau, cependant, peut se comprendre comme allégorie (sociale et politique) du renoncement et s'inscrire dans un système toujours dominé par des valeurs extrinsèques à l'objet considéré. En outre, la tentative d'une nouvelle poétique, positive, s'ouvre aussi sur un espace problématique des rapports entre le sujet poète et l'objet :

> «Elle m'échappe, conclut Ponge, et cependant me marque, sans que j'y puisse grand-chose.»

Si l'eau se présente dans *Le parti pris des choses* comme l'esclave de son idée fixe, cette réduction de l'élément à sa seule pesanteur n'est-elle pas à comprendre comme le fait, l'idée fixe du poète lui-même, qui s'impose à lui («sans que j'y puisse grand-chose») et le laisse dans une certaine mesure défait par ce qu'il ne maîtrise pas? Le confort des lieux communs poétiques une fois rejeté, la pure virtuosité abandonnée au profit d'exigences plus hautes, reste l'obstacle d'une affectivité dont l'arbitraire peut faire échec, par les choix qu'il opère, au surgissement de l'objet brut. Ecrit au bord de l'eau, justement, «Berges de la Loire»[99], qui date de mai 1941, est peut-être une autocritique concernant les tendances au réductionnisme axiologique, à la surcharge affective, repérables dans «De l'eau» :

> «En revenir toujours à l'objet lui-même, à ce qu'il a de brut, de différent : différent en particulier de ce que j'ai déjà (à ce moment) écrit de lui. (...) Reconnaître le plus grand droit de l'objet, son droit imprescriptible, opposable à tout poème (...)./ L'objet (...) n'a aucun devoir vis-à-vis de moi, c'est moi qui ai tous les devoirs à son égard.»

L'eau n'en restera pas au *Parti pris des choses* : c'est en écrivant *La Seine*, puis «Le verre d'eau», que Ponge va tenter de comprendre et de dépasser l'hostilité première que lui inspire l'eau, par honnêteté envers l'objet, et sans doute aussi pour franchir quelques scrupules dans l'ordre du politique comme dans celui de l'esthétique, terme à entendre à la fois du côté de ce que ressent le sujet et de celui de l'art poétique qui risque d'en dépendre.

---

99. TP, RE, pp. 257-258.

LA SEINE, DU SOLIDE AU LIQUIDE

La Seine[100] poursuit l'entreprise antilyrique de désacralisation de l'eau, que l'on a pu voir à l'œuvre dans le texte du *Parti pris* : un premier signal, parodique, fait allusion à Valéry, et maintient le dialogue avec lui, via le *Manifeste du surréalisme*, de Breton, qui dit partager le même refus du «style d'information pure et simple», et qui rapporte la position fameuse de Valéry : «(...) Paul Valéry (...) naguère, à propos des romans, m'assurait qu'en ce qui le concerne, il se refuserait toujours à écrire : La marquise sortit à cinq heures»; ce que réinscrit le début de *La Seine* :

«Mais sapristi, il est cinq heures... Et que devient la Marquise?»

Plus fondamentalement, le déplacement de la poétique pongienne a lieu sur fond d'une conversion aux liquides qui se justifie par une physique empruntée, analogiquement, aux théories scientifiques contemporaines : «L'état de la pensée où elle est à la fois trop agitée, trop distendue, trop ambitieuse et trop isotrope pour être du tout exprimable» correspond à un «gaz nettement au-dessus de sa température critique, alors qu'il n'est pas liquéfiable»; dans un second temps, la pensée se présente dans un état où elle se rapproche de l'exprimable : elle est alors analogue à un gaz liquéfiable, ou vapeur. Un troisième état, dû à «l'accroissement de la pression et à l'abaissement de la température» fait que «la parole peut apparaître», selon deux modalités : d'abord «en suspension» («état logique comparable à celui d'un gaz à l'état de vapeur à saturation»), puis avec l'«apparition d'une surface de séparation, lorsque pensée et écrit coexistent sous la même pression, et c'est comme lorsque le liquide tombe au fond du vase». Le plus important, pour Ponge, c'est que dès ce moment, il y a «non discontinuité entre la pensée (état gazeux) et son expression verbale (état liquide)», et que, par ailleurs, les caractères de l'écrit (liquide), le rendent très proche de la chose signifiée, objet du monde extérieur (solide). L'écrit se trouve ainsi en position intermédiaire entre la pensée et les choses.

Assuré d'une telle assise initialement posée, le cours du fleuve passe dans le discours du livre, qui peut mimétiquement rassembler et charrier les propos les plus variés, «les connaissances déjà élaborées (aussi bien en moi-même) sur chaque sujet» et assumer les contradictions qu'ils présentent entre eux, au risque de mettre à jour «des éléments nouveaux et si l'on veut une part du futur de nos connaissances sur le même sujet»;

---

100. TP, pp. 525-611.

l'écrivain aboutira à la formulation de définitions non plus en faisant table rase de ce qu'il ne tire pas de son propre, mais

> «en repétrissant avec les connaissances anciennes les acceptions morales et symboliques, et toutes les associations d'idées, la plupart du temps très variées et contradictoires, auxquelles cette notion peut ou a pu donner lieu.»

LE MARXISME ET «DE L'EAU» DANS *LA SEINE*

Ainsi l'eau, déterminée négativement et de façon univoque dans *Le parti pris* par la détestation poétique, idéologique et subjective dont elle est l'objet, gagnera-t-elle, de se trouver mise en fleuve, un volume contradictoire rendant compte de sa complexité dans l'histoire des hommes, mais aussi dans celle de la terre et du cosmos. Un nouveau pas est franchi avec *La Seine* vers un art poétique (son énoncé, aussi bien que sa réalisation) qui se libère d'une leçon dont le sens préexisterait au texte, et ce au profit de l'objet, car

> «par l'agglomérat de toutes ces qualités (ou qualifications) contradictoires — et plus elles sont contradictoires et semblent irrationnelles, mieux cela vaut—, j'obtiens un conglomérat neutre, dépourvu de toute tendance ou résonance morale propre à offusquer les vérités nouvelles et inouïes dont je désire passionnément qu'elles s'y incorporent, et de la sorte effectivement elles s'y incorporent.»

Les vérités de la Seine se situent dans l'avenir du texte auquel elle donne lieu, qu'elle devient, et non dans les circonstances (historiques, affectives, etc.) qui ont accompagné son écriture. Ou plutôt, dans la mesure où ces circonstances entraînent des développements qui se composent avec (ou s'opposent à) d'autres, elles seront elles-mêmes intégrées au conglomérat, résultante neutre qui laissera surgir l'inouï. C'est ce qui se passe, exemplairement, avec le marxisme, dont on a vu comment les conceptions orientaient l'écriture du texte du *Parti pris*. *La Seine* lui consacre une longue digression portant sur l'histoire et l'avenir de l'humanité, à la faveur de considérations sur les longévités comparées de la Seine (réelle) et du texte qui en traite. La survie cosmique de l'espèce humaine devrait constituer son principal souci, alors que la suite des guerres et des oppressions, présentée en termes de lutte des classes, ne révèle qu'un immense gâchis, sans aucun compte tenu du salut spécifique. Mais si la destinée historique de la masse immense des exploités est d'assumer les intérêts de l'espèce humaine tout entière (et c'est là que se dialectise la présentation faite par Ponge du combat communiste dont il est encore tout proche), cependant,

> «les nécessités de la lutte quotidienne (...) portent les guides de la partie progressive de l'humanité à intégrer en quelque sorte la vérité à l'action»,

ce qui fait bon marché de la réalité des individus «susceptibles des réflexes sentimentaux et idéologiques que leur individuation comporte, en dehors même de leur situation de classe»; en les réduisant à des personnes politiques, on risque de les manquer, de les «rejeter dans la réaction», de les «transformer en renégats puis en transfuges — et les meilleurs en désespérés», ce dernier terme appelant une méditation sur les noyés de la Seine et un retour à l'objet principal du livre. On voit comment Ponge compose sens de l'histoire et réalité quotidienne des luttes, masses et individus, pour intégrer une réflexion politique complexifiée (par rapport au texte du *Parti pris*) à un ensemble où elle va s'équilibrer avec la pensée scientifique (physique, géologie, notamment), qui propose une fin (la survie cosmique) à l'histoire des hommes, tout en la relativisant.

De ce «pétrissage» relève aussi «De l'eau», dont la thématique politique sous-jacente se rejoue, à dix ans de distance, dans le passage de *La Seine* que nous venons d'évoquer, et qui peut expliquer, a posteriori, un aspect de la détestation dont l'eau a fait l'objet : il y va du regard porté par Ponge (et qui a profondément évolué) sur les individus au sein de l'organisation sociale. En termes d'analyse politique (marxiste), du point de vue qui est celui de l'histoire, l'eau du *Parti pris* symbolisait une masse amorphe, inorganisée, susceptible de toutes les obéissances, de toutes les palinodies, «lorsqu'on la rappelle en changeant la pente». Mais le discours de *La Seine*, à sa façon nouveau cours de l'histoire, change d'échelle, et distingue, à côté des personnes politiques,

> «des hommes qui ont affaire, seul à seul et à chaque instant, à la nature, à leurs proches, à leur femme, à chacun de leurs semblables, à leur propre corps, à leur propre pensée, à leur parole, au jour, à chaque objet, à la nuit, au temps, aux étoiles, à la maladie, à l'idée de la mort».

C'est à cette part de l'humanité (qui échappe au déterminisme historico-politique) que veut désormais s'adresser prioritairement le travail pongien : action sur les représentations du proche et du quotidien, mise en question, modification discrète du rapport aux choses par le truchement des mots qui les désignent, sans préjuger du résultat politique à obtenir. L'action poétique se distingue de l'action politique. De l'une à l'autre, ni subordination, ni exclusion.

DIRE LA DÉTESTATION DE L'EAU

«De l'eau» pourrait donc être compris comme un moment initial (rendu ultérieurement complémentaire ou contradictoire) de la grande tentative pour penser le liquide en texte que constitue *La Seine*, d'autant que cette première approche est explicitement désignée par Ponge dans son livre, lorsqu'il évoque

> «certains sentiments puérils, notés naïvement comme ce qui suit, par exemple, retrouvé dans mes papiers (...)».

Retour sur la genèse de l'écriture du liquide qui est aussi une sorte d'anamnèse éclairant au plus près la pulsion originelle, et occasion, donc, de s'expliquer précisément sur sa détestation de l'eau :

> «L'eau, telle qu'elle tombe du ciel, je la prends plutôt en bonne part. Mais l'eau des rivières, eh bien, je le regrette, je n'ai jamais pu la sentir.»

Nous voilà ramenés à ce qui inspirait l'écriture de «De l'eau» : l'eau (ici, des rivières) se distingue de (voire s'oppose à) la pluie, comme dans *Le parti pris*, et il faut toujours combattre le lyrisme qui la divinise, car, ainsi que Ponge, excédé, l'a proclamé plus haut dans son discours :

> «Non, le Rhin n'est pas mon père, la Seine n'est pas ma femme, et s'il est une littérature que j'abhorre, c'est bien celle, en termes lyriques, qui divinise l'Eve, l'Onde : cette littérature à la Reclus.»

Propos qui précisent le regard porté sur des textes comme les «Louanges» de Valéry, et qui situent l'enjeu de l'antilyrisme de Ponge, dont l'écriture de *La Seine* lui révèle la raison la plus intime, car à son «je ne sais pourquoi», il répond immédiatement :

> «Maintenant, je sais bien pourquoi! (...) C'est que le lit des fleuves est le lieu de l'humiliation (active, sensible, visible, en acte) de toute une région.»

Ce «lieu de l'humiliation» tire les conséquences d'un jeu de mots virtuel, déjà présent dans «De l'eau» («elle (...) ne tend qu'à s'humilier»), et que Ponge vient d'expliciter quelques lignes auparavant dans *La Seine*[101]. «Au plus bas de la superficie de tout son bassin», que va-t-on trouver dans le lit de la Seine, sinon la bassesse, «l'humidité et les humiliations de toute une région»? A la faveur de ces jeux phoniques (humidité/humilité; bassesse/bassin), de l'équivoque entre le sens géographique et le sens anatomique de «bassin», et de la persistance du sens

---

101. «Cette notion (de vallée) ne nous amène-t-elle pas aussitôt à celle de bassesse, avec son coefficient péjoratif, et corollairement à celle d'humiliation ? Ah, je suis bien content, entre parenthèses, que le rapport phonétique entre les racines *humid* et *humil* me soit enfin justifié ! (...) Oui, n'est-il pas évident, pour qui réfléchit une minute, que la vallée, le pli creux, la rigole (scientifiquement l'on dit thalweg) est par définition la ligne de la plus grande bassesse, de la plus grande humiliation de toute cette région, elle-même désignée par le mot de bassin.» (Ibid., p. 583).

physique de «bas» que l'on entend encore sous le sens moral de «bassesse», va pouvoir s'énoncer la fonction détestée de l'eau :

> «(...) flux de tout ce qui a été vécu, résidu de tout ce qui a été agi, flux de ce qui n'a pu être assimilé, et qui doit être rejeté, évacué. Oui, c'est bien ainsi que la nature fauve entre dans Paris, le traverse et en sort — mais fauve, je sais bien maintenant comme quoi : je sais bien aussi que fauve est l'urine.»

On découvre ici l'origine d'un parti pris à la fois esthétique et politique. Le goût le plus personnel (ce que Ponge appelle parfois manie ou vice, et qu'il qualifie volontiers d'irrationnel, voire de honteux) détermine un double engagement : contre le lyrisme idéalisant l'excrémentiel ou le manque de tenue, et pour le parti de la Révolution, parce que celui-ci cherche à rendre à la masse amorphe sa stature d'acteur historique, action qui doit s'étendre grâce à l'intervention littéraire à ce qui fait de l'individu humain un être au monde, touché par autre chose que les seuls enjeux politiques.

TRANSPORT : CONNAISSANCE OU VIDANGE?

En regard de cette complexité symbolique, Valéry, qui songeait sans doute aux sels minéraux en écrivant son texte pour la Source Perrier, évoque tout différemment la faculté de transport de l'eau. Chez lui, intellectualisée, sublimée, elle connaît en traversant, mémorise en charriant, se charge d'abstractions («puissances primitives», «bribes d'atomes», «éléments d'énergie pure») ou de ce qui ne se perçoit pas dans l'eau la plus courante («bulles des gaz souterrains», «chaleur intime de la terre»). Eau des origines, de la pureté, mémoire anté-humaine prête à transmettre à l'homme ses vertus telluriques de régénération, elle s'oppose totalement à l'eau selon Ponge, mémoire urbaine et sociale qui vient à la suite de l'homme pour recueillir ses excréments, mémoire toute matérielle, eau usée par le vécu, dont elle est l'aboutissement final et dont elle emporte les restes, mémoire enfin que l'on préférerait voir disparaître rapidement en tant que telle, mais qui, insidieuse, dissimule la honte qui se confond avec elle[102]. Ce que retenait de dire la pudeur est enfin avoué, et l'écriture de *La Seine* révèle, en différé, ce que conjuguait silencieusement l'eau du *Parti pris* : la détestation de l'abjection politi-

---

102. «(...) Et vous voudriez que cela s'écoule plus vite, sous les espèces au besoin d'un large courant d'eaux bourbeuses et jaunâtres. Mais non. Le plus souvent, c'est en toute tranquillité — miroitant—, laissant douter que cela dorme ou s'écoule. La plus ignoble incontinence donne ainsi lieu par moments à un joli miroir naturel.» (Ibid., p. 585).

que et celle de l'abjection corporelle, la conscience d'une perte, d'un effondrement continu, risqués par le sujet, pour son propre compte et dans l'histoire. La part ainsi faite à la négativité que comporte l'eau, la fin de *La Seine* pourra laisser s'élever un «hymne» (scandé positivement par des exclamations) au liquide, dont est proposée une nouvelle définition, dans laquelle l'écoulement, orienté par la vie et le désir, succède à l'effondrement[103]. On est loin de l'absolue soumission à la pesanteur, de la fuite indéfinie dans la verticalité du toujours plus bas; la «damnation» s'effectue selon une pente douce qui tend à la régularisation. Mais cet hymne aura été entonné en connaissance de cause, car

«la seule chose qu'il soit de notre dignité (et de notre goût d'abord) de retenir, (...), c'est (...) que le lieu même de l'humiliation et de la bassesse, le lieu de l'écoulement des turpitudes et des hontes est aussi un lieu de miroitement, de pureté et de transparence, et qu'enfin c'est seulement en ces lieux, les plus bas et en ces eaux, résiduelles, oui, là et là seulement que ce qui est au plus haut, qu'enfin les cieux trouvent (ou consentent) à se refléter.»

Toute la démarche de Ponge est ici résumée : refus de l'esthétisme, des métaphores séduisantes, refus de l'univocité réductrice au profit de la dialectique, goût de la vérité inouïe, du complexe contradictoire, jusqu'aboutisme franchissant pudeurs, conforts et lâchetés pour dire le plus authentiquement l'objet de l'émotion, entier ; le fameux miroir de l'eau, de poétique et séculaire mémoire, devient un élément douteux du mobilier littéraire, qui ne doit qu'à un tain innommable sa faculté réfléchissante. A contre-courant des mythologies séculaires, on pourra aboutir à cette conclusion démystifiante : Ce qui est au plus haut (*in excelsis*, dirait la liturgie, en écho à l'*excelsior* présent dans «De l'eau»), les cieux (à défaut des dieux), prend forme et image dans son contraire, le plus bas (voire le toujours plus bas), dont il ne peut se passer.

Reste que l'eau, dont le cyclisme perpétuel est réhabilité dans *La Seine* par son intégration au fonctionnement cosmique, et dont l'effondrement au plus bas se transforme, grâce au fleuve, en désir tendu vers la salure et la vie, demeure encore autre, même si une partie de l'hymne final fait place, résolument, à ses facultés régénérantes. La Seine est encore «cette

---

103. «Liquide est ce qui coule et tend toujours à se mettre de niveau. L'on pourrait ajouter : qui tend à y mettre le reste du monde. Oui, dépité de cette damnation qui le poursuit, il tend à y condamner sinon tout le reste du monde, du moins ce qui en est prochain de ses bords... et il y parviendra peut-être si le temps lui en est laissé.»; «(le liquide est) inerte sauf dans sa mobilité justement, dans son mouvement vers l'Océan, vers la salure, la vie; inerte sauf dans son désir, sauf dans son intention.» (Ibid., pp. 608-609).

perfide et froide horizontale», dont il est d'ailleurs douteux que le nom désigne vraiment de l'eau :

> «Et la Seine, en somme, c'est beaucoup plus ce couloir, ses bords, ses fonds, ses cieux que l'eau elle-même, laquelle est une eau indifférente, jamais la même, et toujours de même nature, qui par hasard s'est trouvée précipitée par là et engagée dans cette rigole.»

Cette eau, quoique acceptée sous le nom de «Seine», contradictoirement, par Francis Ponge, n'est cependant pas celle qui le satisfait; notamment par l'absence de forme dont continue à faire preuve ce

> «courant du non-plastique, de la non-pensée qui traverse constamment l'esprit — écoulant ses détritus, ses débris, ses ressources, les jetant à la mer. Aveugle et sourd. Froid, insensible.»

Eau de fleuve suffisamment hostile, et parfaitement capable de noyer son homme. Eau, en somme, qui échappe encore et toujours, depuis le texte du *Parti pris*. C'est avec «Le verre d'eau» que peut se penser la tenue de l'objet.

«LE VERRE D'EAU»

Ponge lui-même situe «Le verre d'eau»[104] au terme d'une évolution, lorsqu'il compare les difficultés que soulève son écriture à celles rencontrées à propos du «Galet» :

> «(...) ce à quoi pourtant nous devons tendre, c'est à rester dans les limites du verre d'eau, à ne pas retomber dans nos errements du GALET qui ne devint galet que vers la fin de notre texte (...). Mais ici nous serons aidés par le fait que nous avons déjà plusieurs fois traité de l'eau (dans l'EAU du Parti Pris des Choses, dans LA SEINE), et que notre étude du VERRE D'EAU vient ensuite, et précisément à son heure.»

Même démarche, en somme, que celle du «Galet», mais répartie sur plusieurs textes, et dans le temps; après le moment critique ouvert par l'eau en général, le pétrissage de la notion dans l'énorme (dis)cours de *La Seine*, l'eau a gagné en volume contradictoire; reste à lui trouver forme :

> «Comme lorsqu'il s'est agi pour moi, voulant rendre compte de la notion de la pierre, de reconnaître et de choisir les limites dans lesquelles il me serait raisonnablement, humainement possible de l'informer (je ne dis pas enfermer), j'ai finalement choisi le galet, ainsi, pour la notion de l'eau, dois-je (en toute lucidité) choisir le verre d'eau.»

---

104. GR, M, pp. 115-167.

L'eau (du verre) est une eau qui appartient à la culture, même si elle demeure «encore sauvage ou du moins pas domestique», proche, à portée de main (grâce au robinet); on ne se contente pas de la voir de haut, ou d'une rive; ni de la refaire imaginairement. On peut la «cueillir» (justement à l'aide du verre), l'élever, la considérer à loisir, et l'éprouver par tous les sens, et non par la vue seulement, car

> «Baiser un verre d'eau, c'est tenir la fraîcheur de la joue, du buste ou de la taille de la fiancée dans ses mains, et boire à ses lèvres en la regardant jusqu'au fond des yeux»,

avant de l'«ingurgiter», et de bouleverser ainsi d'anciens rapports; l'eau, dans un premier temps liée au bas et aux déjections, est ici élevée à la bouche pour désaltérer, l'eau agent de noyade s'inverse en objet de l'absorption. La quantité qu'en présente le verre est dite juste, car elle permet d'isoler de l'eau ce que le sujet peut en tenir, en maintenir et en absorber pour son étude et sa jouissance. Le texte du 28 mars 1948 résonne, triomphalement, en écho inverse à celui du *Parti pris*[105]. Le dialogue est devenu possible avec l'humiliée abîmée; l'autre, parce qu'on peut sensuellement l'éprouver, prend part à l'interlocution, à la délectation orale.

EAU TENUE, TENUE DE L'EAU

Cette élévation (à hauteur de visage) n'a lieu qu'en raison de la tenue de l'eau. Grâce au verre, en effet, l'eau se tient :

> «Tout droit, il contient une tour, un tube, une tulipe d'eau (...). Pour l'eau, c'est un étui (...). L'eau considère tout vase comme un étui. (Mais non la flaque, non l'assiette).»

Or, parce que «La nature de l'eau est telle qu'on ne puisse guère la considérer en dehors de son récipient», le verre est essentiel à l'approche de l'eau. Ecartés «tasses ou bols de terre ou de faïence», «carafes», «timbales», «gobelets», «tasses de porcelaine», qui occultent telle ou telle qualité du liquide,

> «c'est aux dents propres, fraîches et polies du verre que se marient le mieux les lèvres de l'eau, puis la langue et soudain l'âme profonde de l'eau, quand à ce verre j'appuie ma propre bouche.»

---

105. «Fraîcheur, je te tiens. Liquidité, je te tiens. Limpidité, je te tiens. Je puis vous élever à la hauteur de mes yeux, vous regarder de l'extérieur, par les côtés, par en-dessous. (...)/ Transparence (ou translucidité) douée de toutes les qualités négatives (incolore, inodore et sans saveur) mais douée de certaines qualités positives (de fraîcheur, d'agilité) : je te tiens. (...)» (Ibid., p. 131).

Une sorte d'union parfaite maintient ensemble les deux termes de l'objet comme ceux de la locution qui le désigne (Ponge ne se fait pas faute de lire la physionomie verbale, sonore et graphique, du verre d'eau, qui figure formellement cette perfection), et les rend indissociables tout en les distinguant : c'est que le verre, à la différence des autres récipients, outre la sensualité gustative qu'il contribue à conférer au verre d'eau, permet de saisir au mieux les «qualités optiques, précieuses, la transparence», «la limpidité» de «son» eau, de par sa nature même, qui se conjugue sans l'offusquer à celle du liquide. C'est par lui que l'eau accède pleinement à l'existence : le verre en quelque sorte la donne à voir et à éprouver sans réserve ; c'est lui aussi qui permet à Ponge de résoudre les antinomies de la poésie plastique et de la poésie liquide, la seconde ayant supplanté la première dans *La Seine*. L'eau désormais, dans le verre, se tient debout comme un objet du *Parti pris*; stable, tout en offrant le liquide au comble de ses qualités.

CIRCULATION DES TRANSPARENCES

Ce qui doit se traduire, comme souvent à propos de Ponge, en termes d'écriture : «Le verre d'eau» (texte) se tient au comble de la transparence, ou des transparences associées, transposées en jeux verbaux à la faveur desquels les mots tendent à se refléter phoniquement, partageant nombre de leurs qualités sonores, comme l'eau et le verre leurs qualités physiques («spectacle»/«réceptacle», «absorbe»/«sobre», «captieux»/«capiteux»), au point de devenir indiscernablement superposables :

«Si les diamants sont dits d'une belle eau, de quelle eau dire l'eau de mon verre?»

Dans la formule, le sens se réfracte d'une eau (celle du diamant) à l'autre (celle que contient le verre), de l'eau au verre dont dépendent ses qualités, du signifiant au(x) signifié(s), mimant la multiplication des parcours lumineux aux surfaces de contact entre liquide et solide. Là s'indique la «préciosité» du verre d'eau ; celle-ci cependant ne doit pas faire oublier, comme l'explique Ponge en une phrase gigantesque qui n'est pas sans rappeler la syntaxe mallarméenne du «Coup de dés», que

«sa particularité véritable (...) est la suivante : à savoir que la plus grande simplicité (...) TRAVERSE à chaque instant ses charmes, ses préciosités, ses beautés, les annule (...)»,

en raison de la transparence même, et de l'absence de qualités, ou des qualités négatives de l'eau. L'art poétique du «Verre d'eau» reposera donc simultanément sur la préciosité et sur le «manque de qualités (et particulièrement de goût)», pour ne produire «aucune altération consécutive» à son absorption/lecture, «aucun bonheur captieux», «aucune illusion». Ainsi Le respect du verre d'eau en tant que tel exclut-il le recours à des ingrédients additionnels qui en accroîtraient la fraîcheur, par exemple «menthe, anis, ou seulement glace», car ce serait alors «aux frais de la limpidité», et au risque de «quelques autres inconvénients (du même ordre)». Cette position, Ponge la commente immédiatement en termes d'écriture :

> «Ah, j'en suis ravi! On va bien voir que je ne suis pas poète. Cette fois, on ne m'ennuiera plus avec la poésie. Il faut que cela passe d'un trait, presque sans conséquence (...)».

Autrement dit, l'écriture de l'eau doit se garder de toute addition visant à relever sa platitude, son insipidité. La menthe de la littérature (poétique, d'idées...) ne conviendrait pas à la moindre des choses, justement élue en raison de sa faible teneur en symbole :

> «Le verre d'eau avait dès l'abord quelque chose pour me séduire : c'est le symbole du rien, ou du moins, du peu de chose.»

Il n'est donc pas question d'en rajouter. Preuve, s'il en était besoin, que le débat avec le lyrisme est toujours en cours, et qu'il faut poursuivre la lecture du «Verre d'eau» comme une autre réponse apportée aux questions posées dès *Le parti pris*.

De ce point de vue, l'élévation du verre jusqu'aux yeux, à la bouche, est parodique d'une autre sorte d'élévation, que l'on avait vue à l'œuvre chez Valéry, et qui amenait la matière (l'eau) jusqu'à l'esprit (la Vie). Pour Ponge, la vie (s'agissant du verre d'eau) ne réside pas ailleurs que dans le verre d'eau même, une vie qui n'est pas transcendance, ni la vie, sublimée, des humains; elle relève de ce qu'il propose d'appeler un «quatrième genre»[106]. Le projet pongien peut dès lors s'énoncer ainsi :

> «(...) ôter à la matière son caractère inerte; (...) lui reconnaître sa qualité de vie particulière (...)».

Qualité dont le texte devra donner l'équivalent, sans imposer à son objet des significations (psychologiques, morales, sociales, politiques, métaphysiques...) qui n'appartiendraient pas à son être même, physique

---

106. «Une sorte de neutre actif (...) doué d'une sorte de vie, de faculté radiante (...) tout autant que dans leur genre respectif, le masculin et le féminin. (...) (qui ne serait pas très différente de ce que l'on commence à nous raconter communément de la désintégration atomique, ou alors qui consisterait en la force de retenue-atomique qui précède la désintégration).» (Ibid., p. 157).

ou langagier, qui ne rendraient pas compte de son « étrangeté foncière » : les « abstractions pures » existent au cœur du verre d'eau, non derrière lui, et l'allégorie, jouant sur l'indiscernabilité du contenant et du contenu, du propre et du figuré, « habite un palais diaphane », sans fond. Ou plutôt, le fond du « Verre d'eau » est à chercher dans sa forme même.

UN VERRE D'EAU, SANS PLUS

Un tel texte n'apporte aucune arme, aucun argument militant pour contribuer à une lutte quelconque. Seulement un peu de « fraîcheur »[107], qui pourrait d'ailleurs se révéler funeste pour les « émules du Grand Ferré », « héros forcenés » tenants d'une littérature engagée. La « poésie » qu'appelle « Le verre d'eau » ne relève pas plus d'une littérature d'exaltation que d'une littérature de combat, pour la bonne raison qu'elle évacue tout ce qui relèverait d'une littérature d'idées, à laquelle appartiennent, de ce point de vue, l'inspiration lyrique ou esthétisante, aussi bien que l'allégorie politique, telle qu'on peut la lire dans de nombreuses « poésies de Résistance » écrites et publiées après l'écriture de « De l'eau », et avant celle du « Verre d'eau ». L'engagement tend à supplanter le lyrisme traditionnel en ces années d'après-guerre, et ouvre un second front à l'offensive pongienne : qu'il s'agisse de Valéry ou d'Aragon, par exemple, les tendances dont ils sont d'éminents représentants subordonnent en effet leur objet à une raison supérieure ; qu'il cherche à exprimer beauté, états d'âme, ou idéologie, les significations du texte s'orientent dans ce cas à un Sens qui lui est extérieur et transcendant.

A la fin de 1947, quelques mois avant d'entreprendre « Le verre d'eau », Ponge ouvrait « My creative method » par une allusion ironique à « La soirée avec Monsieur Teste » :

« Sans doute ne suis-je pas très intelligent : en tout cas les idées ne sont pas mon fort. »

C'était indiquer clairement (et a contrario) dans quelle voie s'efforçait sa pratique : la matière (l'objet, comme l'organisation matérielle du texte), et non plus les idées, est première (au risque de la « bêtise » dénoncée par Valéry) ; elle est (non les idées) « la seule providence de l'esprit » ; parce qu'elle lui est étrangère, elle seule peut lui donner à penser ou à jouir ailleurs, autrement, hors de ses routines, le tirer de son

---

107. « (...) sa fraîcheur, c'est-à-dire sa température des profondeurs, sa température d'avant l'être, avant la vue et la considération, sa température de puits (la Vérité avant qu'elle sorte du puits), sa température de source. » (Ibid., p. 160).

manège millénaire, l'ancrer successivement à l'infinie variété d'un concret sans histoire(s), «infiniment plus ancien et moins inactuel» que tous les débats circonstanciels (et réversibles) auxquels il s'adonne couramment.

Si l'initiale confrontation avec Valéry s'était bornée au renouvellement d'une thématique (celle de l'eau) séculairement rebattue, Ponge n'aurait fait qu'ajouter à la virtuosité un tour supplémentaire. C'est parce que l'objet eau engage la totalité du scripteur que s'ouvre avec lui un espace problématique où se jouent indissolublement une affectivité, une éthique et une esthétique. Dans le moment du *Parti pris* est révélé l'enjeu du texte : lieu de la mise en cause des illusions, il demeure tout de même occasion d'affirmer l'objet en fonction d'une vision du monde, au risque de l'y enfermer. Il faudra attendre le gonflement du cours de *La Seine* pour que s'autorise une logique contradictoire (ou du moins déliée d'intérêts humains circonstanciels) de l'objet. «Le verre d'eau», enfin, réalise la proximité et la maniabilité, la mesure de l'altérité en tant que telle. Cette longue et scrupuleuse approche, qui se substitue à un conventionnel traitement du thème (selon les genres de la tradition, ainsi Valéry usant parodiquement de la forme de la liturgie ou des sermons classiques pour traiter de l'eau) initie un genre nouveau : celui du journal poétique, dont «Le verre d'eau» constitue l'exemple méthodologique; c'est lui qui pose l'objet comme incessante nouveauté à découvrir qui tire en avant l'écriture, et non comme stock de thèmes et d'images à redire (en les reproduisant en mieux ou en les inversant). Sur le plan de l'œuvre et de l'histoire littéraire, on assiste là à une relativisation du poème en prose, et de son «infaillibilité un peu courte» comme l'écrivait Paulhan à son ami fin 1936, tout en espérant que l'adhésion de Ponge au Parti communiste allait changer sa manière d'écrire[108]. Ce n'est pas simplement l'engagement politique, mais le travail poétique dont il s'accompagnait complémentairement, voire contradictoirement, qui devait permettre à ce vœu de se réaliser; la singularité du poème, comprise jusque là comme définitive, devient moment (d'arrêt provisoire) de l'écriture ininterrompue.

---

108. CPP, I, p. 208, lettre n° 209.

PONGE, LE PLATANE, VALÉRY

Il est arrivé à Francis Ponge[109] de désigner très explicitement «Le platane»[110] comme un texte écrit contre le poème de Valéry[111],

> «pour faire quelque chose qui ressemble vraiment à un platane, et pas à n'importe quel arbre, comme le texte de *Charmes*».

Il est donc parfaitement légitime, d'après sa date de publication préoriginale, de lire dans «Le platane» un texte engagé, selon les circonstances historiques dans lesquelles il a été écrit; Higgins 1986 y repère très précisément les éléments d'un discours «terroriste» (communiste) qui subvertit le discours officiel pétainiste : la circonstance fait du révolutionnaire (membre du Parti communiste français) le chantre paradoxal de la permanence, contre la «révolution nationale» prônée par Vichy. Dans le même ordre d'idées, le platane («Tu borderas toujours notre avenue *française*», je souligne) s'oppose aux célèbres tilleuls berlinois d'Unter den Linden. Cependant, les propos de l'auteur lui-même invitent à comprendre aussi la pièce comme mise en cause de la poésie officiellement reconnue à cette époque (celle de Valéry), et comme manifeste d'une nouvelle écriture.

FORMES

Un premier contraste, tout formel, s'impose au lecteur des deux textes : Le poème de Valéry élève sur la page, entre deux espaces de blanc symétriquement répartis, une enfilade de dix-huit strophes où alternent régulièrement mètres courts (hexasyllabes) et longs (alexandrins), dans la lignée des modèles séculaires de la poésie française. Valéry lui-même déclare, au cours d'*Entretiens* (*œuvres*, I, p. 1646), qu'il

---

109. Cf. Gleize-Veck 1984, p. 80, et p. 92, note 46. Francis Ponge a tenu les propos rapportés au cours d'un entretien avec B. Veck, le 6 mars 1981.

110. Dans l'édition préoriginale (*Poésie 42*), le texte s'accompagnait d'un surtitre («La permanence») et d'une dédicace «A Louis Aragon». Il a été repris, sans surtitre ni dédicace, dans *Liasse* (1948), puis dans GR, P, en 1961. A propos des effets de sens que tire «Le platane» des places successives qu'il occupe dans des publications différentes, je me permets de renvoyer à mon étude : «L'exemple de *Liasse*» (Gleize-Veck 1984, pp. 73-89).

111. Ponge a lu *Charmes* (et «Au platane») dans l'édition originale de 1922, «dont la réalisation typographique par l'imprimeur Coulouma m'enthousiasma» écrit-il dans le texte qu'il a consacré à Valéry (NNR III, p. 157). L'édition originale de DPE, en 1926, a été composée par le même imprimeur.

«tient ce type (...) de Victor Hugo. Il y a dans *Les contemplations* et dans *Toute la lyre* des pièces en forme d'odes de ce type qui a d'ailleurs été utilisé par Racine comme par Lamartine sans compter les autres (...)».

Ces réflexions concernent «La Pythie», «Aurore» et «Palme», mais peuvent, me semble-t-il, être étendues à «Au platane», dont la thématique renvoie par ailleurs à une possible filiation hugolienne. En revanche, le texte pongien se présente prosaïquement tassé sur toute la largeur de la justification en six paragraphes assez sensiblement inégaux à l'œil. Tout se passe comme si l'«écriture contre» évoquée par Ponge avait travaillé le poème de *Charmes* au point de le compresser, de le réduire «au tiers», de dix-huit strophes à six paragraphes qui les parodient en rappelant les débuts de vers par leurs majuscules initiales, le blanc poétique et le découpage en strophes par les alinéas récurrents et par les espaces irrégulièrement ménagés à la fin de chaque paragraphe. La prose en quelque sorte désigne les vers qu'elle remplace, par delà la transformation qu'elle leur a fait subir. La «belle» ordonnance se trouve défaite par une activité qui met en pratique une formule présente dès le second texte des *Douze petits écrits* :

«(...) que j'aie pu seulement quelquefois retourné d'un coup de style le défigurer un peu ce beau langage (...)».

Mais là ne s'arrête pas la défiguration : au produit de cette découpe se superpose un effet de rupture prosodique, déceptive pour des oreilles habituées aux mètres de la poésie française; chacun des trois premiers paragraphes débute par un alexandrin blanc, suivi de mètres rognés ou excessifs (de huit à dix-neuf syllabes)[112], et présente ainsi chaque fois comme l'envol d'une strophe (semblable à celles de Valéry) qui tourne court. De fait, il faudrait parler ici d'une dégradation systématique de groupements métriques réguliers en voie de constitution. Cependant, avec le quatrième paragraphe s'opère une première régularisation, puis-

---

112. Le premier paragraphe présente un alexandrin initial («Tu borderas toujours notre avenue française») auquel un second semble devoir succéder («pour ta simple membrure et ce tronc clair»); l'arrêt après la dixième syllabe, clairement manifesté par la virgule, ne peut faire considérer simplement ce segment comme un décasyllabe, mais bien comme un alexandrin coupé, «tronqué», précédant un «vers» de dix-sept syllabes. Le second paragraphe propose un autre traitement : après un premier alexandrin («Pour la trémulation virile de tes feuilles»), le second se distend du fait d'une impossibilité à lui assigner une limite après la douzième syllabe : la syntaxe du comparatif («plus larges») attache fortement l'adjectif à son complément, et amène le segment à dix-neuf syllabes. Le troisième paragraphe, après un alexandrin à l'hémistiche fortement marqué par la ponctuation («Pour ces pompons aussi, ô de très vieille race»), se dilue en quelque sorte également en un segment de quinze syllabes.

qu'il se compose de deux alexandrins embrassant un octosyllabe, et les cinquième et sixième paragraphes achèvent en trois alexandrins la régularisation amorcée. Au plan syntaxique peut s'observer une distorsion analogue : la strophe valéryenne constitue une unité, qui se clôt le plus souvent sur une ponctuation forte[113] (point, point d'exclamation, points de suspension), alors que les paragraphes pongiens, scandés par les anaphores et les virgules, opèrent dans un premier temps des relances successives de l'un à l'autre, au fil d'un discours continu, jusqu'à la coupure qui s'opère au milieu du quatrième paragraphe. Les points de suspension y marquent un changement de régime métrique : aux déséquilibres qui s'enchaînent et disloquent en la précipitant l'allure du poème, succède la régularité de quatre alexandrins blancs qui s'épanouissent dans la formule finale. Le texte de Ponge, si on le compare à celui de Valéry, produit un brouillage des correspondances entre mètre, strophe et syntaxe qui se superposaient pour concourir à un objet d'art. La progression n'est plus prévisible selon l'observance de règles convenues, partagées par le poète et le lecteur. Ce qui permet d'énoncer un enjeu du dialogue Ponge-Valéry : à une prosodie classique mise en œuvre d'emblée, et développant une harmonie attendue, s'oppose une mise en scène de la conquête de son équilibre par le texte. La strophe, la rime, l'alexandrin et les mètres reçus ne sont plus, dans l'expérience pongienne, des données immédiates de l'écriture poétique; leur légitimité ne s'établit plus à partir du privilège que leur accorde la tradition, mais selon l'adéquation à son projet que leur reconnaît l'écrivain.

POÉTIQUES

On peut ainsi mesurer précisément ce qui sépare la pratique pongienne de celle de Valéry, qui accepte, du moins dans l'élaboration de poèmes voulus tels, comme ceux de *Charmes*, les techniques de l'écriture poétique classique comme naturelles et indispensables, sans les questionner, au risque de leur faire jouer un rôle purement signalétique : «Attention ! Poésie». Pour autant, le refus pongien n'est pas de pure négation : à la différence de celui de certains surréalistes, dont la radicalité a pu, à l'époque où s'écrit «Le platane», s'inverser en adhésion sans recul dans

---

113. Toutefois, les cinquième et sixième quatrains, séparés par une virgule, élargissent l'unité de base; il en va de même des groupes que constituent les onzième, douzième et treizième quatrains, d'une part, les quinzième et seizième, de l'autre. Déploiement et repli, organisés symétriquement, redoublent l'alternance métrique de chaque strophe.

la poésie de la Résistance, celui de Ponge n'a pas pour objet de régler son compte, par-delà l'auteur de *Charmes*, à l'ensemble de l'héritage poétique : la confrontation avec Valéry, par le biais d'une contre-performance, met en regard, concrètement, deux usages inconciliables du legs du passé. Là où Valéry sacrifie à une musicalité qu'il tient pour fondamentale de la recherche poétique[114], Ponge se soumet à une exigence qu'il reconnaît à l'objet même du texte, selon la règle qu'il s'est donnée d'«une forme rhétorique par objet (c.-à-d. par poème)»[115]. La composition du «Platane» mime donc une qualité que Ponge décerne explicitement à l'arbre[116] : la faculté de fortifier la poussée de ses branches et de ses feuilles à la faveur de l'élagage. Au début du texte, chaque paragraphe ébauche une expansion, soutenue par la régularité métrique des alexandrins, qui subit une retombée dans la prose, platement[117], avant d'avoir pu atteindre à la plénitude que l'on rencontre dès le début et tout au long du poème de Valéry. C'est seulement après plusieurs «élagages» de ce genre, suivis chaque fois d'une poussée nouvelle, que le texte arbre pourra aller au bout de ses développements et atteindre l'expression qui lui est propre.

Deux modes de figuration[118] se trouvent ici confrontés : Valéry ajuste l'objet platane à un schéma prédéterminé (celui de l'ode ou des stances,

---

114. «Cette parole extraordinaire (la poésie) se fait connaître et reconnaître par le rythme et les harmonies qui la soutiennent et qui doivent être si intimement, et même si mystérieusement liés à sa génération, que le son et le sens ne se puissent plus séparer et se répondent indéfiniment dans la mémoire.» («Situation de Baudelaire», *Variété*, *Œuvres*, I, p. 611). La souffrance même en devient harmonieuse, et «Au platane» peut être compris comme une plainte sublimée dans la forme : «Le contraste entre l'alexandrin et le vers de six pieds traduit l'élan brisé, l'effort pénible et sa douloureuse retombée.» («Classiques Larousse», Paris, 1975, p. 41).

115. GR, M, p. 36. Ponge développe : «Si l'on ne peut prétendre que l'objet prenne nettement la parole (prosopopée), ce qui ferait d'ailleurs une forme rhétorique trop commode et deviendrait monotone, toutefois chaque objet doit imposer au poème une forme rhétorique particulière. Plus de sonnets, d'odes, d'épigrammes : la forme même du poème soit en quelque sorte déterminée par son sujet.»

116. «(...) tes feuilles en haute lutte au ciel à mains plates plus larges d'autant que tu fus tronqué (...)».

117. C'est une interprétation possible de la «platitude» attribuée aux «écorces» dans le texte de Ponge. «Plat» est aussi contenu dans le nom du platane. «Plates» et «larges» jouent avec l'étymologie (grecque) du nom de l'arbre; l'adjectif «platys» signifie : «large».

118. Ponge s'est expliqué très précisément et clairement sur ce qu'on entend ici par «figuration», (terme emprunté à Gleize 1983) notamment dans «La pratique de la littérature» (GR, M, p. 276 sqq) : «Il faut que les compositions que vous ne pouvez faire qu'à l'aide

des strophes, de l'agencement des mètres et des rimes) qui a pu servir à Malherbe, à Hugo, ou à d'autres, à dire tout autre chose qu'un platane en tant que «complexe de qualités». Ce n'est pas l'objet qui se dit, pour parler en termes pongiens, mais la convention poétique. Selon la même visée, le «propre» du platane doit notamment prendre en compte une temporalité dont il est fait abstraction dans le poème valéryen. C'est pourquoi le texte de Ponge figure, dans sa progression, les aventures de son référent, devient platane à travers le traitement auquel il est soumis, faisant ainsi des mutilations (élagages successifs) une condition de la perfection à atteindre dans une formule qui se donne comme un résultat. La complexité du réel concret, son opacité, ne peuvent être rendues par une forme passe-partout : c'est l'exigence et la particularité de chaque objet, au coup par coup, qui dictent des formes, sans que soit permise aucune compromission entre le texte et l'objet[119]. Par opposition à Valéry, Ponge est celui qui se refuse à «arranger les choses» sous prétexte d'harmonie (autrement baptisée : «ronron poétique»), et la mise en regard des deux «Platanes» vérifie l'accusation de facilité lancée dans tel des *Proêmes* contre les poètes (au nombre desquels est cité Valéry)[120]. Les moyens de la tradition ne doivent pas être promus au rang d'adjuvants permettant d'obtenir une perfection à plus bas prix, mais être choisis avec discernement et travaillés sans relâche pour se subordonner à l'expression du monde muet. Leur mise en œuvre non systématique, variable d'un texte à l'autre, est ce qui permet, concrètement, de «sortir du manège». Les conséquences qu'implique une telle modification du régime figuratif ne sont pas négligeables : le lien de causalité qui unissait l'auteur à son œuvre s'inverse, l'unicité du sujet écrivant se fragmente et se pluralise. Le texte, comme l'objet qui est à son origine, ne s'inscrit

---

de ces sons significatifs, de ces mots, de ces verbes, soient arrangées de telle façon qu'elles imitent la vie des objets du monde extérieur. Imitent, c'est-à-dire qu'elles aient au moins une complexité et une présence égales. Une épaisseur égale.»

119. «Ne jamais essayer d'arranger les choses. Les choses et les poèmes sont inconciliables./ Il s'agit de savoir si l'on veut faire un poème ou rendre compte d'une chose (...)./ C'est le second terme de l'alternative que mon goût (...) sans hésitation me fait choisir. (...) Quant à moi, le moindre soupçon de ronron poétique m'avertit seulement que je rentre dans le manège, et provoque mon coup de reins pour en sortir.» (TP, RE, pp. 257-258).

120. «Certains poètes (...) n'ont qu'à moitié compris : ils ont compris combien les paroles sont redoutables, autonomes, et (comme dit Valéry : "Il faut vouloir... et ne pas excessivement vouloir...") ils les laissent faire, se bornant à donner le coup de pouce pour obtenir l'arrondissement de la sphère ou de la bulle de savon (...). Ils obtiennent ainsi un poème parfait, qui dit ce qu'il veut dire, ce qu'il a envie de dire, ce qu'il se trouve qu'il dit. Eux, ils s'en moquent. Ils n'ont ou du moins s'en vantent, rien de plus à dire.» (TP, PR, p. 217).

plus dans un cosmos (œuvre ou monde harmonieusement et définitivement agencé par un démiurge ou un art poétique unificateur), mais se révèle élément d'une multiplicité changeante et contradictoire, qui devient l'auteur de l'auteur : «La variété des choses est en réalité ce qui me construit»[121], écrit Ponge. L'auteur est aboli chaque fois que «son» objet se dit en texte, et avant que chaque nouvel objet le (res)suscite en nouveau sujet, en nouvel écrivain. La maîtrise passe donc par le renoncement (à la virtuosité «poétique») et par l'attente des sollicitations :

> «Goûtant un vif plaisir à ne rien faire que provoquer, par ma seule présence (chargée d'une sorte d'aimantation à l'être des choses ; — cette présence étant en quelque façon exemplaire : par l'intensité de son calme (souriant, bienveillant), par la force de son attente) que provoquer une intensification de la nature, vraie, authentique, sans fard, des êtres et des choses, qu'à l'attendre, qu'à attendre ce moment-là,/ A ne rien faire qu'à attendre leur déclaration particulière (...)»[122].

La poétique est aussi, indissociablement, une éthique.

COMMENT PARLER AUX/DES ARBRES

Le titre «Au platane» de Valéry devient «Le platane» dans *Pièces*. L'adresse de *Charmes* se transforme en annonce de description, et s'inscrit dans la longue série des objets proposés par Ponge. Cependant, les deux textes mettent en scène une interpellation de l'arbre, et cette fois, Ponge semble ne pas tenir la promesse de son titre. «Tu borderas toujours notre avenue française» fait précisément écho à «Tu penches, grand platane, et te proposes nu (...)». Mais, ici et là, le dialogue n'a pas la même teneur : le je valéryen, maître du langage et de ses actes («je t'ai choisi», v. 61), constitue le platane en un interlocuteur quasi humain qui va jusqu'à répondre, dans la dernière strophe, pour refuser le rôle qui lui est proposé. L'anthropomorphisation s'établit à partir de l'ambiguïté de certains termes : «pied», «front», «membres», «bras», etc., et s'accentue à travers le jeu des comparaisons et des métaphores : «Blanc comme un jeune Scythe», «Parais l'impatient martyr», «tes harpes»,

---

121. GR, M, p. 12. Cf. aussi TP, PR, p. 132 : «(...) (pour moi, la forme du monde, ce serait) d'une façon tout arbitraire et tour à tour, la forme des choses les plus particulières, les plus asymétriques et de réputation contingentes (...)». Répondant à ce texte de 1928, on pourra lire un développement de 1962 : «(...) Notre âme est transitive. Il lui faut un objet, qui l'affecte, comme son complément direct, aussitôt. (...)/Par bonheur, pourtant, qu'est-ce l'être ? — Il n'est que des façons d'être, successives. Il en est autant que d'objets. Autant que de battements de paupières. (...)» (NR, pp. 145-148).
122. FDP, p. 267.

assignent plus ou moins directement des rôles humains au «puissant personnage d'un parc», celui de l'étranger, celui du pénitent, celui du poète... Il n'est pas jusqu'à la sexualité qui ne lui advienne grâce aux «spermes ailés», et à l'analogie qui lui fait partager le sort de ses «pareils», autres vivants féminisés («ce hêtre formé/ De quatre jeunes femmes»; «leurs membres d'argent (...) fendus / A leur douce naissance») et rapprochés de la «vierge» humaine, complémentaire du «jeune Scythe». Par opposition aux pleurs qui leur sont attribués en réponse à la fatalité de l'immobilité et de la séparation, le platane est sollicité pour assumer (virilement?) un langage :

> «Mais toi (...) Ose gémir! (...) Il faut (...) Te plaindre (...) et rendre aux vents la voix/ Qu'ils cherchent en désordre».

Il ne lui manque que la parole, et la dernière strophe la lui accorde : «Non, dit l'arbre (...)», même s'il s'agit en fait d'une interprétation des mouvements du feuillage par son interlocuteur humain («Il dit : Non!/ Par l'étincellement de sa tête superbe, (...)»). D'une manière générale, le platane est présenté par le poème de Valéry comme victime d'un sort dont il souffre : réduit qu'il est à l'immobilité, exclu du voyage aérien par les vents et du déplacement terrestre par son enracinement, voué à la perte de sa semence et à la séparation d'avec les autres, il devient prétexte à projection des sentiments et des états d'âme du je lyrique, théâtre de la lutte entre l'esprit et la matière, la pesanteur et le désir d'arrachement, l'isolement et le besoin de communiquer. L'objet du poème n'est pas l'arbre en tant que tel, mais l'allégorie psychologisante de la pensée malheureuse, dans un discours où le tu ne désigne qu'un simulacre de l'intellect, un miroir du je organisateur de cette mise en scène. Parodiant Valéry lui-même, pour qui «Quia nominor leo» ne disait pas autre chose que «Je suis un exemple de grammaire»[123], on pourrait dire que «Au platane» ne dit rien, sinon : «Je suis une ode lyrique». Poème, au sens classique, qui ne cherche pas à rendre compte d'une chose, selon la formule pongienne, mais la vide de sa qualité propre et la transforme en stratagème littéraire pour se produire encore selon les habitudes séculaires de la littérature que dénonce ainsi Ponge :

> «Tous les livres de la bibliothèque universelle depuis des siècles traitent de l'homme, de la femme, des rapports entre les hommes et les femmes (...). Dans tous les grands poètes il y a par-ci, par-là, des indications de la sensibilité aux choses, bien sûr, mais c'est toujours noyé dans un flot humain, lyrique, où on vous dit : "Les choses, on y est sensible, mais comme moyen de se parler d'homme à homme" (...)»[124].

---

123. Œuvres, II, p. 696.
124. GR, M, pp. 269-270.

En ce qui concerne les « images », la pratique de Valéry illustre bien ce que dit Ponge : les désirs attribués au platane (envol, déplacement...) suscitent, tout réalisme écarté, des images d'arbre marchant ou volant : « Plante, système de forces, fusée », écrit Valéry dans le *Cahier* XI. P. Laurette commente

> « L'interprétation de l'image de l'arbre-fusée est malaisée, car Valéry avait un faible pour toute comparaison tirée du domaine de la mécanique, mais il est clair que cette image exprimant une idée de force et même d'impulsion violente échappant à la volonté s'accorde mal à la nature végétale de l'arbre. » (*Le thème de l'arbre chez Paul Valéry*, Paris, Klincksieck, 1967).

A cette imagination proliférante répond, chez Ponge, une description dont les traits, encyclopédiquement vérifiables, ne disent que ce qui est, ainsi qu'il l'énonce dans *Tentative orale* :

> « Vous voulez une maxime ? La voici : il s'agit de ne prétendre qu'à ce qui se trouve objectivement réalisé. »

Dans « Le platane », la chose n'est plus moyen pour se parler (le verbe étant entendu dans ses diverses acceptions) mais bien fin du poème, et le tu qui la désigne ne l'engage à aucune prise de parole, qui ne pourrait que trahir le monde muet en lui assignant un rôle dans le dialogue humain. Quant au je, il apparaît compris dans une collectivité, fugacement (« notre avenue française »), et c'est ce nous à peine évoqué (et non plus un je souverain) qui assigne au platane son futur, ou plutôt, comme le soulignait le sous-titre de la préoriginale, sa permanence, l'avenir étant déjà pour ainsi dire « avenu(e) ». Ainsi se trouve mimée et défaite à la fois l'exaltation prophétique : Ponge annonce la permanence (nom laïcisé de l'éternité) du platane. L'usage répété de « pour » qui joue sur les deux sens de la préposition (causal et final) contribue à l'effacement des catégories chronologiques. D'autre part — et c'est encore une manifestation de la reconnaissance des choses comme radicalement distinctes de l'humain —, alors que le platane de Valéry n'était qu'un détour permettant de dédoubler le je, celui de Ponge est maintenu à distance par le tu dont use l'adresse : l'altérité de la chose est préservée, le jeu métaphorique réduit, le lyrisme évacué au profit d'une poésie impersonnelle qui culmine dans le slogan de l'alexandrin final :

> « A perpétuité l'ombrage du platane. »

Aucune injonction ne se dissimule dans l'emploi du futur verbal en vertu d'une quelconque magie (ou « charme ») poétique qui ferait de l'arbre une personne (ou son simulacre) susceptible de recevoir le message : le futur ne prévoit rien qui ne soit dans l'ordre des choses. L'arbre persévérera seulement dans sa façon d'être, celle du platane, qui ne s'affuble ni en Scythe, ni en martyr : aucune trouvaille à la faveur de la blancheur, ou des écorces appelant l'écorchure. Il n'est question que de « simple membrure » et de « tronc clair », les deux adjectifs sonnant comme un rappel de la sobriété classique en regard de la profusion d'images précieuses développées par Valéry, et la chute des écorces ne se donne pas pour un dépouillement (auto)mutilant, mais pour l'étape d'un processus naturel qui laisse intacte la permanence du tronc sous un superficiel transitoire. Plus généralement, on peut lire le texte comme personnification suggérée plutôt qu'accomplie (au sens où elle peut paraître telle chez Valéry). L'« l'humanité » du platane se fonde sur un lexique qui ne renvoie pas simplement à l'humain (par exemple : « membrure », « tronc »), la comparaison entre les feuilles et les mains est médiatisée par l'emploi d'un stéréotype modifié (« A mains nues » devenant « A mains plates »), et l'adjectif « virile » s'applique à la « trémulation », et non directement à l'arbre. Si enfin le platane a un devoir (« Tranquille à ton devoir tu ne t'en émeus point »), c'est celui qui se déduit de son comportement de végétal particulier, et non celui que pourrait lui assigner un poème.

Couvert de périphrases, de comparaisons et de métaphores, le platane que propose Valéry risque de n'être qu'un accessoire supplémentaire à faire figurer dans la panoplie allégorique où finit par se dissoudre la tradition poétique classicisante au début du XXe siècle, comme c'est le cas pour Pégase : Le « Cheval » à « l'ambitieuse cuisse » apparaît dans la dix-septième strophe de « Au platane »; il n'est pas impossible qu'il fasse signe vers les deux poèmes hugoliens qui encadrent les *Chansons des rues et des bois*, où Pégase symbolise l'inspiration. Le titre de Valéry serait alors une reprise de celui du second poème (« Au Cheval ») qui clôt le recueil sur une adresse au monstrueux animal, et le platane serait à la mythologie de Valéry ce que le cheval est à celle de Hugo. Mais là où Hugo, retravaillant le matériel fatigué de la tradition, le subvertit et lui donne une vigueur qui lui est toute personnelle, Valéry œuvre sans aucune fantaisie (et même avec pathétique) dans un néo-académisme laborieusement allégorique. Si le poème de Valéry débouche sur un constat d'échec, celui de Hugo signe la réussite d'un de ses recueils les plus accomplis. On mesure d'autant mieux le mouvement opéré par Ponge, quand il décide de placer l'objet au centre de sa poétique.

SYSTÈME DE L'ARBRE I : VALÉRY

Chez Valéry, comme chez Ponge, la thématique de l'arbre occupe une place importante. Dans les deux cas, la compréhension du texte particulier ne peut faire l'économie des relations qu'il entretient avec un ensemble situé à l'échelle de l'œuvre. On peut ainsi opérer une distinction, dans l'œuvre pongienne, entre l'arbre générique du *Parti pris des choses* et de *Proêmes*, mode d'être différentiel, susceptible d'un symbolisme réglé («Le jeune arbre»), et des individus adjoignant des qualités spécifiques à celles du genre; le platane appartient à cette veine, comme le mimosa et le bois de pins, l'eucalyptus, les poiriers de *Nioque*, le bouleau de «Pour étrenner ma droite», le lilas, auxquels s'ajoutent, à la faveur de leurs fruits, l'abricotier et le figuier. Sans prétendre décrire en détail le développement d'images et d'idées auquel il donne lieu, on tentera, à propos du platane, de cerner quelques différences caractérisant des conceptions antagonistes de l'écriture poétique dans son rapport au monde.

Deux exemples, empruntés à la prose d'*Eupalinos* et du *Dialogue de l'arbre*[125], permettront de préciser le statut accordé à l'arbre par Valéry. Dans le premier dialogue, le platane est planté par Phèdre comme élément de décor; dans le second, le hêtre est au centre de la conversation entre Tityre et Lucrèce : aucun hasard dans le choix de ces essences; le platane fait allusion au *Phèdre* de Platon, dont les interlocuteurs sont, post mortem, ceux d'*Eupalinos*, le hêtre renvoie à l'illustre premier vers de la première *Bucolique* de Virgile, dont Valéry (traducteur du recueil) confronte le berger (Tityre) à Lucrèce. Les deux arbres, quelle que soit l'importance qui est la leur dans chaque dialogue, sont avant tout des citations, des clins d'œil permettant au lecteur cultivé de mettre en jeu tout un fonds d'humanités classiques. Phèdre ne laisse aucun doute, d'ailleurs, sur la place accordée à l'arbre par les méditations de Socrate :

> «Je sais bien que tu ne dédaignais pas la douceur des campagnes, la splendeur de la ville, et ni les eaux vives, ni l'ombre délicate du platane; mais ce n'étaient pour toi que les ornements lointains de tes méditations, les environs délicieux de tes doutes, le site favorable à tes pas intérieurs. Ce qu'il y avait de plus beau te conduisait bien loin de soi, (...)»

Confirmant ce que dégageait l'analyse formelle de «Au platane», Phèdre fait du platane (avec d'autres objets) un pur prétexte matériel au développement de la pensée, et de Socrate quelqu'un pour qui le monde extérieur n'existe pas, en contradiction avec la formule de Gautier que Ponge avait faite sienne. Le platane, comme le reste, appartient aux «ornements», «environs», «site» de la vie de l'esprit. Il n'a de consistance

---

125. Œuvres, II, pp. 79-147 et 177-194.

que celle d'un élément décoratif, derrière quoi se trouve toujours l'essentiel : «tu voyais toujours autre chose», dit Phèdre à Socrate, pour indiquer la part de divinité qu'il lui attribue, et qui sait dépasser l'obstacle matériel des choses. Plus précisément encore, dans *Dialogue de l'arbre*, le hêtre est révélateur de la visée valéryenne à l'égard des choses. Tout d'abord, plusieurs échos dans l'écriture autorisent à penser l'arbre du dialogue comme un double de celui de *Charmes* : «L'or de l'air tissu de feuilles» renvoie aux vers 46-48 de «Au platane». Les «jeunes femmes» du poème (dont fait partie le hêtre), participent, le latin aidant, de la même féminité que le hêtre :

«son être en plein désir, qui est certainement d'essence féminine, me demande de lui chanter son nom (...)».

«Cent mille feuilles mues font ce que le rêveur murmure aux puissances du songe» traduit en prose «Toi qui formes au jour le fantôme des maux/ que le sommeil fait songes». «La noire mère» de *Charmes* se redit «la terre épaisse et maternelle», et «l'hydre vénérable» annonce «une hydre (...) aux prises avec la roche (...)». La parenté du platane et du hêtre dans le travail poétique de Valéry est en outre confirmée par l'écriture, avant l'ode de *Charmes*, du poème «Pour votre hêtre suprême», qui lui lègue certaines de ses rimes (*écorche/torche* et *langage/tangage*). Enfin, le dialogue, thématiquement proche du poème, expose la théorie que celui-ci met en pratique. Le hêtre, comme on l'a remarqué à propos du devenir humain du platane, mais de façon différente, a perdu son identité, dès le titre du dialogue : s'il est évoqué sous son nom au début du texte, il ne tarde pas à être désigné comme «l'Arbre», forme idéalisée qui peut valoir pour n'importe quel arbre, et à la limite pour n'importe quelle chose au monde (par exemple la féminité), et dont la fonction essentielle est de permettre aux interlocuteurs de définir leurs approches respectives de la réalité, celle du poète et celle du philosophe. Au premier, Tityre, le désir de «chanter», de «donner figure musicale» à l'arbre et au vent qui l'agite, mais aussi de lui «parler», de lui dire ses «secrètes pensées», quand il le transforme suivant son humeur en Galatée ou en dieu. C'est bien la posture que prend le je lyrique dans l'ode de *Charmes*. Provocation à l'épanchement («Il me dit ce qu'il veut que je veuille sentir»), par le biais de l'identification («je t'aime, l'Arbre vaste, et suis fou de tes membres») qui fait d'elle un simulacre de l'humain, un double des désirs du poète, la chose s'abolit dans la jouissance subjective du poème :

«Je change ce que j'aime en délices secondes, et j'abandonne à l'air ce qui me vient des Cieux.»

Le poète est cet homme qui s'ouvre aux sensations du monde et les fait servir à une pure consumation hédoniste :

> « Va, je n'espère pas que mon plaisir épuise autre chose que moi, simple comme je suis. »

En ce qui concerne le philosophe — et Lucrèce ne saurait être un choix indifférent pour le lecteur pongien —, sa « profession » consiste à « comprendre les choses », à « penser » l'arbre, quand le poète ne fait que s'y projeter (« Ce grand arbre pour toi n'est que ta fantaisie. Tu crois l'aimer, Tityre, et ne fais que d'y voir ton caprice charmant que tu revêts de feuilles. ») Et, quand le chanteur s'y abîme sensuellement, à le « posséder » intellectuellement :

> « Tu te fais tout esprit, dit Tityre à Lucrèce, et clos à la lumière, tes yeux cherchent en toi l'être de ce qui est. Ce qui paraît au jour n'est rien pour ta raison (...) que t'importe ? Tu veux la nature des choses... »

Dépassant les « apparences », le Lucrèce de Valéry se situe dans une lignée cartésienne, et incarne l'homme « maître et possesseur de la nature » : il comprend, comme le dit Tityre, mais afin de dicter sa loi à un monde privé de raison, et dont le recours ne réside qu'en celle de l'homme qui peut le penser :

> « (...) tu rêves sur ce hêtre d'en savoir beaucoup plus qu'il n'en pourrait savoir lui-même, s'il eût une pensée qui l'induisît à croire se saisir (...). Dicte à la nature (...); donne des lois à l'onde et des formes aux fleurs ! Pense pour l'univers, monstre privé de tête, qui se cherche dans l'homme un songe de raison (...) »

Le dialogue aboutit ainsi à définir le monde alternativement comme objet de pensée ou comme objet de jouissance, et à un clivage entre spécialistes : le poète jouit sans comprendre, et le philosophe comprend sans jouir, non sans quelque sentiment de supériorité de la part du second, quand il profère :

> « Ne va pas t'égarer sous mes treilles abstraites. Laisse-moi l'aphorisme et les raisonnements. »

A quoi correspond la modestie du poète dont la parole est frappée d'impuissance par le chant :

> « Mais pour toi, grand Lucrèce, et ta secrète soif, qu'est-ce que la parole, une fois qu'elle chante ? Elle y perd le pouvoir de poursuivre le vrai... »

L'alternative propose une parole de vérité et de maîtrise, celle du philosophe sujet, ou bien le chant dévalué de l'abandon voluptueux (celui du poète objet), chaque position, hiérarchisée, excluant l'autre et ne faisant qu'inverser la place du monde dans un rapport de force. Pour Valéry, la chose, fût-elle privilégiée dans son œuvre, comme c'est ici le cas de l'arbre, se présente exclusivement comme obstacle (à franchir) pour la réflexion, ou comme surface de projection pour le flux lyrique et sentimental, produisant d'un texte à l'autre au mieux un symbole élaboré à partir d'une abstraction générique étiquetée indifféremment «platane» ou «hêtre» selon les besoins de la cause (trait méditerranéen, rappel de la tradition antique, ou facilité du calembour). C'est ainsi que peut se justifier le reproche d'être «n'importe quel arbre» adressé par Ponge au «Platane» de *Charmes*; tout au plus pouvons-nous lire dans de telles formes quelques constantes de l'imaginaire de l'auteur, plus proche des surréalistes, en ce qui concerne le lyrisme, qu'il ne l'aurait sans doute reconnu, si «Le surréalisme est un lyrisme. Il n'exalte "que ce qui de l'esprit aspire à quitter le sol". La "poésie" reste le cheval Pégase (...)»[126].

SYSTÈME DE L'ARBRE II : PONGE

La réponse pongienne à de telles conceptions est claire : elle refuse le lyrisme qui ne dit que l'humain, (et l'humain s'exaltant) même de façon détournée; d'autre part, dès 1928, se met en place, avec «La forme du monde», une idée du monde comme absence d'unité, qui aboutira, en 1933, et en référence à un Lucrèce qui n'est pas celui de Valéry, au projet d'une cosmogonie non unifiée, eu égard à l'impossibilité de maîtriser, pour un seul homme, la somme des connaissances contemporaines[127]. Ainsi Ponge passera-t-il, à la suggestion de B. Grœthuysen, d'un «De natura» à un «De varietate rerum»[128]. «Poète» ou «philosophe»? Ni l'un, ni l'autre :

> «Le meilleur parti à prendre est donc de considérer toutes choses comme inconnues, et de se promener ou de s'étendre sous bois ou sur l'herbe, et de reprendre tout du début.»[129].

A d'autres la vérité gisant dans un ailleurs mythique de la raison ou des sentiments; une telle visée suppose résolus les problèmes que soulève la saisie des choses dans le langage. C'est à les poser, et à tenter d'y répondre — sans prendre la tangente du poète penseur habillant les mêmes idées de prose mesurée ou de vers musicaux, selon la cir-

---

126. Gleize 1988, p. 77. On a vu comment le platane pouvait se comprendre comme avatar de la bête mythologique, et servir à dire l'arrachement impossible.
127. «(...) ce ne sont pas des poèmes que je veux composer, mais une seule cosmogonie./Mais comment rendre ce dessein possible? (...) Au milieu de l'énorme étendue et quantité des connaissances acquises par chaque science, du nombre accru de sciences, nous sommes perdus.» (TP, PR, pp. 200-201).
128. «Pages bis, VII», TP, PR, p. 225.
129. TP, PR, p. 201.

constance — que Ponge consacre ses efforts d'écrivain, pour inscrire inlassablement la contingence du monde dans un discours qui ne coïncide en rien avec elle, mais qu'il voudrait rendre susceptible de la communiquer. C'est pourquoi son «Platane» apparaît, dans sa pratique désaffublante, comme critique des variations décoratives dont l'arbre est le prétexte chez Valéry. Il reste à voir comment, à l'encontre d'une thématique qui dilue l'objet particulier dans les traits communs de l'espèce (feuillage, tronc, racines), l'individu platane se particularise — différentiellement — dans l'ensemble des arbres pongiens. A l'époque où s'écrit le texte, l'œuvre a déjà réalisé une approche diversifiée du règne végétal. Un premier groupe de textes (1925-26/1928), consacré à l'arbre, et publié dans *Proêmes*[130], se situe encore dans une tradition allégorisante où l'arbre (jeune ou non) représente le poète, le jeune homme dont la Parole s'oppose orgueilleusement au vent des paroles, et prophétise sa croissance à venir. Les formes traditionnelles ne sont pas totalement exclues, et «Caprices de la parole» accompagne «Poésie du jeune arbre» d'une réflexion métatechnique sur le travail qui transforme une note initiale et marquée de spontanéité («Voici d'abord ce que j'eus soudain de noté») en une «poésie» signalée classiquement par son mètre (octosyllabes) et sa typographie (italiques). A ce stade, l'arbre est utilisé comme moyen. Ponge n'est pas très loin alors des pratiques valéryennes prenant l'objet comme prétexte à expression, et jouant dans les poèmes d'un ésotérisme explicable. Il pourra lui-même, beaucoup plus tard, «expliquer» (Comme Valéry ou Alain, *Charmes*) l'allégorie du «Tronc d'arbre»[131]. Une thématique proprement pongienne, appelée à se développer par la suite, se met cependant en place; celle de la séparation de l'arbre d'avec ses produits (écorces, fruits, fleurs...) :

> «Fais de toi-même agitateur/ Déchoir le fruit comme la fleur» («Le jeune arbre»); «Et s'il semble agité par de nouveaux tourments/ C'est qu'il voudra plutôt se débarrasser de son trop de science» («Mon arbre»); «Détache-toi de moi ma trop sincère écorce/ Va rejoindre à mes pieds celle des autres siècles» («Le tronc d'arbre»).

---

130. «Le jeune arbre» (hiver 1925-26); «Caprices de la parole», «Poésie du jeune arbre» (1928); «Mon arbre» (1926). Cet ensemble trouve son aboutissement dans la quatrième partie de *Proêmes* : «Le tronc d'arbre» (non daté). Respectivement : TP, PR, pp.160, 161, 162, 172, 251-52.

131. «(...) ce qui est le plus particulier, si c'est exprimé de la façon la plus (...) non vergogneuse, c'est-à-dire sans honte du caractère absolument subjectif, particulier (...) et tout de même avec rigueur (...) c'est ça qui fait ensuite proverbe et qui tombe aux lieux communs. (...) "Bien que de mes vertus je te croie la plus proche/ Décède aux lieux communs, tu es faite pour eux" (...)» (*Cahiers Critiques de la Littérature*, n° 2, décembre 1976).

Un second groupe végétal est assignable à la production des années trente, et se trouve recueilli surtout dans *Le parti pris des choses*[132]. Une conversion du regard s'est opérée, et place les choses au centre et comme fin de l'écriture et des préoccupations de Ponge. La rupture avec la tradition s'affirme : formellement, les textes en prose (composés en romain) deviennent plus nombreux que les poèmes en vers plus ou moins libres; un système des objets se dessine, et supplante les tendances allégoriques, en rapport avec l'ambition cosmogonique : les règnes (minéral, végétal, animal) donnent lieu à des textes définitionnels, susceptibles de servir, en toute cohérence, de cadres de référence et d'interprétants aux textes consacrés à des objets particuliers. Il est possible, en fonction de cet ensemble, de situer «Le platane» par rapport à «Faune et flore», texte dans lequel les qualités des végétaux (en général) sont cernées différentiellement, par opposition à celles des animaux, au nombre desquels il faut compter l'homme. Dans la fin de ce long texte, Ponge dégage (en capitales) la caractéristique des végétaux :

> «D'OÙ LA QUALITÉ ESSENTIELLE DE CET ÊTRE, LIBÉRÉ À LA FOIS DE TOUS SOUCIS DOMICILIAIRES ET ALIMENTAIRES PAR LA PRÉSENCE À SON ENTOUR D'UNE RESSOURCE INFINIE D'ALIMENTS : L'IMMOBILITÉ.»

Le texte fournit les lignes de force d'une lecture politique du «Platane» : celui-ci, au moment de la guerre et de l'occupation (allemande), dit le bon droit à occuper le sol, à partir de ce que disait du végétal le texte du *Parti pris* :

> «Différents en ceci de leurs frères vagabonds, ils ne sont pas surajoutés au monde, importuns au sol (...)»; «Dès leur apparition au jour, ils ont pignon sur rue, ou sur route.»

On reconnaît dans cette seconde citation un premier état du début du «Platane», qui le situe, au bord de son «avenue», comme témoin du mouvement des «animaux». De la même façon, la réflexion sur le végétal se situe à l'arrière-plan du texte de *Pièces*, implicitement, avec cette mise à distance du comportement animal :

> «Chez eux, pas de soucis alimentaires ou domiciliaires, pas d'entre-dévoration (...)».

Ce n'est pas le végétal qui peut inventer la guerre.

La leçon du «Platane» («La permanence») résulte directement de cette qualité fondamentale, ou plutôt de la façon singulière dont l'individu platane s'accommode de sa condition de végétal, selon plusieurs

---

132. «Les arbres se défont à l'intérieur d'une sphère de brouillard» (1931-33); «Le cycle des saisons» (1928); «Faune et flore» (1936-37); «Végétation» (1931-32). Respectivement, TP, PPC, pp. 50, 53, 90, 101.

points de vue, introduits à tour de rôle par les «pour» causaux/ finaux. La permanence, en tant qu'enjeu du débat esthétique et poétique, peut être comprise comme une reprise de la fameuse affirmation rimbaldienne, interprétée positivement : pour Ponge, «On ne part pas» égale «On ne doit pas partir» ou «Rien ne sert de vouloir partir», étant donné qu'on prend acte, de façon réaliste, de l'impossibilité de partir. Le parti pris des choses peut alors s'entendre comme acceptation de ce qu'on ne peut éviter, mais poussée à bout, au point d'en tirer, toute dramatisation cessant, le meilleur pour le but qu'on s'est assigné, pour le devoir qu'on doit assumer. Pas de gémissements, donc, ni aucun dolorisme à propos de l'envol interdit, comme chez Valéry (qui réaliserait en quelque sorte, avec «Au platane», un commentaire pessimiste de la formule de Rimbaud) : l'immobilité est une qualité qui justifie l'arbre, et, dans ces conditions, le désir d'espace trouvera sa solution, compte tenu de l'impossibilité du déplacement, non pas dans un rêve d'arrachement vers «l'azur», débouchant inévitablement sur le regret de n'y pouvoir parvenir, mais dans l'occupation du sol grâce à l'émission en nombre de pompons destinés au vent, dont l'inconstance sera finalement vaincue par la quantité. Ainsi continuera à s'accomplir le devoir : l'arbre (sa descendance) ayant «décédé aux lieux communs» nationaux (l'«avenue française»), pourra continuer à les «border» en tant que jalon d'une direction, et que marque des limites : «Le platane» redit à sa manière l'injonction du «Tronc d'arbre»; il y a certes substitution des pompons à la «trop sincère écorce», mais l'avenue est un lieu commun par excellence, et le «décès» (mort et descente) s'applique bien au mouvement des pompons de l'arbre, à la fois perte pour l'émetteur et course hasardeuse sanctionnée par l'échec ou le succès. Le platane, comparé à d'autres arbres pongiens (le pin par exemple, dont les pommes, étant donné leur poids, ne peuvent s'éloigner du «père») apporte une réponse originale au problème de l'immobilité, en confiant le plus précieux (l'avenir) au hasard du vent, compris comme un risque à courir, et non, comme dans le poème de Valéry, comme la fatalité d'une perte de substance irréversible et sans résultat. De façon analogue, les feuilles de l'arbre évoquent, chez Ponge, par le biais d'une action, des «mains» qui luttent contre l'oppression du ciel (peut-être celui des idées, qui, on le sait «ne sont pas le fort» de l'auteur) alors que, «front voyageur» chez Valéry, elles ne peuvent que regretter le refus des vents qui «ne veulent pas» d'elles. Là encore, il faut replacer «Le platane» dans l'intertexte de l'œuvre de Ponge pour apprécier l'intérêt de la métaphore; dans «Faune et flore», nous pouvons lire que si, pour les végétaux, l'immobilité est qualité, «leur enfer est d'une autre sorte» : «Ils n'ont pas de voix». La suite, sur le même mode que d'autres textes de Ponge[133], développe le thème de la feuillaison comme leurre d'expression :

> «(...) Ils ne parviennent jamais qu'à répéter un million de fois la même expression, la même feuille.»

La réponse du platane, encore une fois, n'appartient qu'à lui : il n'a pas besoin de la parole, que «Le tronc d'arbre» tient pour dérisoire[134], et dont Valéry cherche (en pure perte) à gratifier le platane de *Charmes*. Chez Ponge, le platane a opéré une conversion de son feuillage, de la parole à l'acte («en haute lutte»), rejetant tout le reste, comme l'avait fait Verlaine, à la «littérature»; mais ce n'est plus de musique, ici, qu'il s'agit, ni de l'affirmation des valeurs symbolistes, encore bien présentes chez Valéry. Car c'est en vue de l'action que la mutilation même (l'élagage) peut être prise en bonne part, («plus larges d'autant que tu fus tronqué»), et l'intervention extérieure comprise positivement comme remède à la «damnation» des végétaux :

> «L'on ne peut sortir de l'arbre par des moyens d'arbre.»

Les paroles superflues (ce «vomissement de vert») font place à l'efficacité, dût-on pour cela renoncer à une illusoire abondance. Au platane de Valéry, qui refuse de parler, tout en souffrant de l'incommunicabilité, celui de Ponge répond par l'action sans phrases, tout le travail du texte étant orienté par la nécessité de mettre au jour une parole mobilisatrice, un slogan actif qui surgit in fine. C'est la même volonté d'essentiel qu'accomplissent les branches et le tronc : la «simple membrure» est méritoire de la part d'un être soumis à l'expression par accroissement irréversible[135]. Quant au «tronc clair», la perte des écorces successives n'est pas pour lui occasion d'une souffrance ou d'une plainte, mais bien moyen de durer dans l'affirmation de soi. Ainsi, ce qui différencie le platane et le bois de pins de *La rage de l'expression*, bien que tous deux se débarrassent (du moins partiellement) de la substance qu'ils produisent, c'est que les pins abandonnent leurs «basses branches», et le platane ses écorces, et que, dans le premier cas, la finalité de l'opération est de ménager un espace aisé («cathédrale», «halle», «salon de musique»...) aux évolutions d'éventuels promeneurs, alors que dans le se-

---

133. Cf. par exemple, «Le cycle des saisons» (TP, PPC, pp. 53-54) et «Tentative orale» (GR, M, notamment pp. 233-235, 248-252).
134. «Grelots par moins que rien émus à la folie/Effusions à nos dépens cessez ô feuilles/Dont un change d'humeur nous couvre ou nous dépouille (...)». TP, PR, p. 251.
135. «(...) Infernale multiplication de substance à l'occasion de chaque idée! Chaque désir de fuite m'alourdit d'un nouveau chaînon!» (TP, PPC, p. 94).

cond, il s'agit d'une permanence vitale en expansion (grâce aux pompons), transcendant les pertes (les morts) successives qui sont cependant nécessaires à son affirmation. Au lieu de recourir à l'arsenal de la rhétorique traditionnelle, qui étouffe le texte de *Charmes* et en fait un objet d'histoire littéraire, Ponge travaille le langage commun, la recherche de la signifiance ayant lieu selon un écart minimal[136], et se fondant sur une description du platane somme toute conforme aux observations les plus courantes. Tout le monde peut reconnaître dans le texte de Ponge les traits distinctifs de l'arbre, mais, dans le même temps, l'apparente platitude permet à plusieurs lectures de se développer sans contradiction, selon la description encyclopédique, selon une symbolique de la résistance liée aux circonstances historiques, selon une symbolique prenant en charge les débats de l'esthétique poétique, sans qu'il soit possible de préjuger de celles qui peuvent encore surgir. En cela le texte réalise un des buts principaux que lui assigne Ponge : «objecter aux générations» selon les mêmes ressources que les choses; évidence, opacité, cohérence têtues.

SYNTAGME DE *PIÈCES*

De Valéry à Ponge, on passe d'un arrachement désiré à un attachement consenti et assumé. Mais la réponse d'un platane à l'autre s'avère plus décisive, si l'on examine la place occupée dans *Pièces*, syntaxiquement, par «Le platane». Sans revenir ici sur les différences qui séparent ce dernier lieu de publication de ceux qui avaient antérieurement accueilli le texte, on remarquera que «Le platane» fait suite au «Gui» et précède l'«Ode inachevée à la boue»[137].

Aucun de ces deux derniers textes ne figurait dans *Liasse* avec «Le platane», situé dans la troisième partie du recueil, datée elle-même 1941-1945, et clairement consacrée aux textes et à la thématique de la guerre. Il est seulement possible d'identifier le septième paragraphe de l'«Ode» de *Pièces* avec «Sombre période», qui accompagnait «Le platane» dans la préoriginale et dans *Liasse*. Mais il est remarquable que ce dernier texte se soit fondu dans un système plus vaste, au sein duquel se perdent les allusions à la guerre et à l'occupation allemande. Si on poursuit la

---

136. Sur ce problème du plus petit écart, rapproché du clinamen lucrétien, cf. Veck 1986.
137. «Le gui», «Le platane», «Ode inachevée à la boue», respectivement GR, P, pp. 65, 66, 67-70.

lecture entreprise sous le signe d'une réponse à Valéry, il est cependant possible de soutenir qu'entre « Les poêles » et « L'anthracite » se constitue autour du « Platane » un microsystème dans lequel l'« Ode » prolonge la réflexion en actes sur la poésie, alors que « Le gui » permet de préciser la thématique végétale, deux orientations d'écriture que l'on a pu voir à l'œuvre dans « Le platane ».

Avec l'« Ode inachevée à la boue », Ponge propose à son lecteur l'ironisation d'un modèle traditionnel, qu'illustre notamment « Au platane ». Là où Valéry consacrait, d'un coup d'inversion rhétorique, le type même du poème triomphal (l'épinicie pindarique) à magnifier l'échec, Ponge pousse à bout la logique de l'inversion parodique : le héros, encore perceptible dans « Au platane », devient chose, et, hyperboliquement, la plus décriée, la plus ignoble, le symbole même de l'informe : la boue. La recherche de musicalité, essentielle à l'ode, et respectée par Valéry, fait place à un prosaïsme compact, où le lyrisme (déplacé) s'entremêle de considérations métatechniques et culturelles. Enfin, l'« ode » pongienne est qualifiée d'« inachevée », voire, à la fin du texte (pour que ne subsiste aucun doute sur le caractère délibéré de l'abandon), de « diligemment inachevée »; le fini de l'objet d'art lui est retiré : pourquoi alors ce titre d'« ode », si ce n'est pour attirer l'attention sur le statut critique du texte ? Parti pris des choses, certes... Mais aussi, très précisément, exaltation de ce à quoi, sous le nom noble de « fange »[138], tente d'échapper le lyrisme valéryen par l'intermédiaire du platane et de son arrachement rêvé. Or, pour le poète pongien, que ses ailes de géant n'empêchent pas de marcher, et qui ne rêve d'aucun envol vers l'idéal, c'est justement d'appartenir à la trivialité qui le fait exister :

« J'aime mieux marcher dans la boue qu'au milieu de l'indifférence, et mieux rentrer crotté que grosjean comme devant; comme si je n'existais pas pour les terrains que je foule... ».

L'activité poétique commence avec la transformation (« l'azur » une fois « ragenouillé ») du vol idéal en marche au sol, acceptée jusqu'au bout (jusqu'à la boue), dans la réciprocité :

« Si vous l'avez empreinte de votre pas, elle vous a cacheté de son sceau. La marque réciproque... »

---

138. « La noire mère astreint ce pied natal et pur/A qui la fange pèse » (« Au platane », v. 7-8).

La poésie la plus formelle, celle de l'ode, sera donc altérée par son objet, et par la boue, en l'occurrence. C'est ce que confirme la décision du poète, préférant, à la fin du texte, l'objet au poème :

> «(...) comme je tiens à elle beaucoup plus qu'à mon poème, eh bien, je veux lui laisser sa chance, et ne pas trop la transférer aux mots.»

Tant pis pour l'achèvement de l'ode. «Si ce n'est un sonnet, c'est une sonnette», disait déjà Malherbe selon Ponge. L'«Ode inachevée à la boue» redit qu'il faut choisir entre une poésie qui trahit les choses et celle qui leur est fidèle, entre la convention et l'émotion de la rencontre; la rhétorique, fugitivement convoquée, sera congédiée :

> «Assurément, si j'étais poète, je pourrais (on l'a vu) parler des lassos, du lierre, des lutteurs couchés de la boue.»

Car la boue doit rester vivace, n'est pas faite pour sécher dans un livre

> «comme elle sèche sur le chemin, en l'état plastique où le dernier embourbé la laisse...»

Il est clair que la complaisance aux figures impose seulement à l'objet la forme de l'«embourbé», et peut parfois entraîner des conséquences redoutables et durables : ainsi la métaphore (biblique) a-t-elle fortement contribué, en toute confusion idéaliste, à rabaisser l'homme pendant des millénaires; c'est contre quoi s'élève la pratique pongienne :

> «(...) nous ne parlons ici que pour rendre à toute chose sa prétention (comme d'ailleurs à l'homme lui-même). Quand nous parlerons de l'homme, nous parlerons de l'homme. Et quand de la boue, de la boue.»

Le glissement métaphorique n'est jamais purement gratuit : il révèle le sens qu'accordent au monde un écrivain et sa culture. La référence à l'exemple religieux (et, plus largement, idéologique) souligne que le débat à propos de la poésie ne saurait être limité à une querelle d'esthètes. La poétique qu'explicite l'«Ode», aisément transposable au «Platane», leste la réponse à Valéry d'un poids supplémentaire : celui de la vigilance que doit exercer le poète à l'égard des vocables qu'il utilise. La «platitude» s'oppose comme un choix stylistique, et, indissociablement, comme un choix éthique, à la surcharge rhétorique, de même qu'au désir d'évasion subjectif qui accompagne cette dernière s'oppose thématiquement le devoir de continuer à «border l'avenue française» où s'avance la collectivité.

«Le gui» permet d'affiner selon un autre axe la position pongienne : après la disparition du sous-titre («La permanence») qui accompagnait «Le platane», tout se passe comme si le soin de définir cette valeur était dévolu aux relations différentielles établies d'un texte à l'autre. Tout, en effet, oppose le gui au platane, dans le système végétal pongien. Chacun interprète «personnellement» la façon d'être immobile, qualité fondamentale des végétaux : le platane est clairement situé (bord de l'avenue, Languedoc, France) et illustre la théorie de «Faune et flore» :

> «Toute une sorte d'êtres animés est directement assumée par le sol. Ils ont au monde leur place assurée (...). Ils ne sont pas surajoutés au monde, importuns au sol.»

En revanche, le gui n'a pas de place au sol : sans pays, sans région, sans site, il est seulement «nordique», quelque peu apatride, et non justifié; le «mimosa des brouillards»[139] peut aussi laisser entendre «débrouillard» (et le «système D.», qui fleurit au moment où s'écrit le texte), et rappelle que cette plante est parasite; à son propos, il faut parler non de «lieu», mais de «milieu» («brouillards», «eau atmosphérique») sans exclure aucune acception du terme, qui désigne aussi bien la société des truands, l'environnement biologique, ou l'entre-deux (sol et atmosphère, air et eau) constitutif d'une identité douteuse. Car le gui a du mal à se définir : «la glu», qui lui est mimétiquement apposée, révèle de sa part une transposition de l'«immobilité» en attachement collant; pour le reste, «sorte de» le rapproche du mimosa, mais le tient à distance; «plante d'eau» se corrige immédiatement en «eau atmosphérique», «végétal amphibie» redouble l'équivoque en lui conférant un qualificatif de la duplicité (aquatique, atmosphérique) appliqué le plus souvent aux animaux, non aux végétaux. A son propos seront encore essayées des «algues» impossibles («au niveau des écharpes de brume»), avant que la fin du texte, prenant acte, en quelque sorte, de la difficulté du classement, ne l'exclue du règne auquel il est censé appartenir, pour le reléguer, déchu, au rang des «épaves». Le gui est un petit monstre dont la damnation résulte de la façon particulière qu'il a de traiter l'inévitable immobilité : ses feuilles «en pales d'hélice» lui confèrent une détermination ascensionnelle qui demeure sans effet, dans la mesure où l'envol signifié ne lui permet ni de dépasser, ni de quitter les branches auxquelles il s'accroche. A la différence du platane, dont les feuilles manifestent l'activité «en haute lutte au ciel», le gui, malgré l'ostentation d'un dispositif propulseur, n'est animé d'aucun dynamisme. C'est ce que confirment ses fruits «en perles gluantes» : la formule, oxymorique, porte à son comble l'absence de rigueur, de tenue, qui spécifie la plante; l'apparence formelle de la perle (sa perfection sphérique, sa particularité close) se dissout en une (in)consistance où elle se perd, réduite, comme la boue, à une seule fin : s'attacher. Au lieu, comme le platane, d'utiliser la part

---

139. La mise en rapport du «Gui» et du «Mimosa» ferait sans doute apparaître d'autres valeurs différentielles de la plante.

aérienne de l'atmosphère, le vent, sa violence, pour émettre ses fruits au loin (les «pompons» du platane participent du laineux, du sec), les boules du gui en absorbent la part aqueuse pour gonfler sur place («tapioca») et se déformer, se défaire en un liquide épais («colle d'amidon») auquel les «grumeaux» interdisent toute fusion réussie, toute homogénéité. La juxtaposition, dans *Pièces*, du «Gui» et du «Platane», lève l'ambiguïté que pourrait comporter la leçon, éthique et poétique, des végétaux : l'acceptation de l'ancrage, selon qu'on en prend son parti (platane) ou qu'on cherche à la compenser par une élévation empruntée (gui) n'entraîne pas les mêmes conséquences. Dans le premier cas, le «devoir» fera sortir l'arbre de lui-même et assurera sa présence par dissémination, par multiplication, métamorphosant l'absence de déplacement en permanence intemporelle; dans le second cas, le gui «reste accroché», assurément sans rien perdre de son être, mais pour se diluer en un tapioca solipsiste dont le volume est tributaire, sans risque mais sans espoir, du retour des «brouillards de décembre», hors desquels la plante, soumise à son sort spatial et temporel, tourne à l'épave. Il est à cet égard capital pour la signification du poème (et du système qu'il forme avec «Le platane») qu'aucun développement ne soit consacré par Ponge à la reproduction du gui : dans *Pièces*, le gui textuel est stérile, se bornant à laisser proliférer saisonnièrement ses fruits agglutinés.

Ainsi se précise la doctrine pongienne du parti pris, qui ne se confond pas avec la résignation à une pure et simple expansion individuelle gonflée par les circonstances; la position est réaliste et de conquête (celle du platane), non de repli (celle du gui), parce qu'elle repose sur une conscience de la nécessaire occupation du terrain (de la parole, aussi bien), contre toute passivité réduite au silence ou à une expression narcissique et sans conséquence : l'écrivain, qu'il le veuille ou non, est investi d'une responsabilité civique pour la part qui le concerne, et qui concerne tous les hommes, dont le langage est, pour Ponge, la «sécrétion» spécifique. En quoi le dialogue avec Valéry dépasse de loin une simple et nouvelle querelle des anciens et des modernes. «Le platane» n'est pas seulement écrit dans un rapport parodique au «Platane» de *Charmes* : il établit concrètement une tension entre deux pratiques aux visées inconciliables.

PONGE, VALÉRY, ARAGON : ESTHÉTIQUE ET POLITIQUE

Le jeu intertextuel, pourtant, ne se limite pas à Valéry : l'indice paratextuel d'un autre dialogue se trouve dans la dédicace de la préoriginale, gommée des éditions postérieures, «à Louis Aragon». Simple signe d'amitié adressé à un camarade de la lutte clandestine, ce que pourrait laisser supposer sa suppression après que Ponge se sera éloigné du Parti communiste ? Il semble que non : un ensemble d'indices confère au «Platane» une signification seconde, également révélatrice de la position de Ponge dans le paysage littéraire du XXe siècle. Aragon fait partie, un an et demi avant la publication du «Platane» dans *Poésie 42*, du débat mis en scène dans le texte de «La Mounine» en cours de rédaction ; il a été entamé épistolairement dès le «Carnet du bois de pins»[140], avec Audisio, à propos de la nouvelle écriture qui s'y cherche (celle de *La rage*) et suscite une réponse de Ponge aux objections de son correspondant, qui trouve trop scientifique, et trop éloignée de la poésie, la démarche révélée par la nouvelle prose. L'accusation de marqueterie portée contre «Le carnet» est réfutée à partir du projet pongien («je désire moins aboutir à un poème qu'à une formule, à un éclaircissement d'impressions») qui se réclame à la fois d'une détermination ancienne dans l'œuvre (Ponge cite l'«Introduction au galet», écrite «il y a quinze ans») et de la caution de La Fontaine, modèle d'«une perfection quasi scientifique» dans les «proverbes» auxquels aboutissent ses fables, genre que Ponge souhaite prolonger, abstraction faite de son caractère narratif («Une fable qui donnât la qualité du lion. Ainsi Théophraste et ses *Caractères*»).

Plus fondamentalement, la réflexion et le travail de Ponge s'inscrivent sur fond d'une lutte indissociablement esthétique et politique, ainsi qu'il a été précisé auparavant, ce même 19 juillet : ne pas s'en tenir au «sanglot esthétique», chercher à l'expliquer, à en dégager la loi pour le «faire devenir un outil moral, logique, (...) faire, à son propos, faire un pas à l'esprit», c'est «cueillir (à l'arbre de science) le fruit défendu, n'en déplaise aux puissances d'ombre qui nous dominent, à M. Dieu en particulier», et c'est aussi

> «militer activement (modestement mais efficacement) pour les "lumières" et contre l'obscurantisme — cet obscurantisme qui risque à nouveau de nous submerger au XXe siècle du fait du retour à la barbarie voulu par la bourgeoisie comme le seul moyen de sauver ses privilèges.»

L'écriture est une arme du combat mené par le résistant communiste dans ce moment particulier de la lutte des classes que constitue la guerre, son pire avatar. Le 22 juillet, dans une lettre adressée à Audisio et reprise

---

140. Le n° 5 de *Poésie 42* est daté de novembre-décembre 1942. Les textes de «La Mounine» auxquels je me réfère sont écrits le 19 juillet 1941 (TP, RE, pp. 404-408).

dans l'«Appendice au "Carnet du bois de pins"»[141], Ponge n'hésite pas à associer le «magma poétique» à l'obscurantisme qu'il découvre aussi bien chez Kierkegaard, Bergson, que chez l'idéologue officiel du nazisme, Rosenberg. Le pathos poétique, religieux, idéologique ou philosophique n'a qu'une raison d'être : masquer un conservatisme protégeant le statu quo économique et social, et corollairement faire obstacle à la réalisation de l'humanité dans la clarté des lumières (celles du «grand siècle : le XVIIIe»), situées du côté de la rationalité scientifique, dont Ponge s'attache à découvrir un équivalent dans la littérature. Le poids de la poésie dans le combat n'est pas négligeable. C'est dans ce contexte que surviennent des lectures déterminées par la pénurie due à la guerre et à l'occupation, mais surtout par la convergence de leur contenu avec les réflexions de Ponge, au point qu'il juge bon d'en prendre note :

> «Trois lectures importantes depuis quelques jours m'ont paru répondre d'une façon étonnante à mes préoccupations : a) *L'Obscurantisme du XXe siècle*, article anonyme d'une revue sous le manteau — à propos du discours de Rosenberg au Palais-Bourbon; b) *La Leçon de Ribérac* par Aragon dans *Fontaine*, n° 14; c) *Vigilantes narrare somnia* de Caillois dans les *Cahiers du Sud*, numéro de juin 1941.»[142]

Entre l'adhésion à la «lutte pour les lumières», pour laquelle milite le premier texte, et la condamnation du troisième, «assez faux dans son éloquence, assez conventionnel malgré sa prétention», c'est le jugement porté sur «La leçon de Ribérac» dont on essaiera de saisir la portée. A son propos, Ponge écrit :

> «Le second (texte) m'apporte aussi plusieurs confirmations : le langage fermé préparant l'acquiescement vulgaire (ce n'est pas tout à fait cela).»

On remarquera que, des «confirmations» annoncées, une seule est énoncée, et que la parenthèse relativise l'assertion, sans que pour autant le correctif qu'elle apporte soit explicité. Ponge n'a fait qu'évoquer la critique du texte d'Aragon. L'examen de ce dernier peut permettre de la préciser[143].

---

141. «Beaucoup à dire sur l'obscurantisme dont nous sommes menacés, de Kierkegaard à Bergson et à Rosenberg.../Ce n'est pas pour rien que la bourgeoisie dans SON COMBAT au XXe siècle nous prône le retour au moyen âge./Je n'ai pas assez de *religiöses Gemüt* pour accepter passivement cela. Toi non plus? — Bon...» (TP, RE, pp. 381-382).
142. TP, RE, pp. 407-408, à la date du 19 juillet 1941.
143. «La leçon de Ribérac, ou l'Europe française», publiée dans *Fontaine* n° 14, juin 1941, a été reprise en appendice aux *Yeux d'Elsa*, Paris, Seghers, 1942 (1971, 1975). Je me réfère à la dernière édition.

VALÉRY-DELILLE D'APRÈS ARAGON-STENDHAL

« La leçon de Ribérac » met à profit les circonstances de l'exode («nous venions de rouler, à peine sortis des flammes de Flandres, à peine échappés à Dunkerque, de la Basse-Seine à la Dronne») pour remettre à l'ordre du jour les arguments, repris du *Racine et Shakespeare* de Stendhal, en faveur de la nécessité d'une adéquation des œuvres au public contemporain et à son expérience historique; de même que «les Français de 1785» étaient différents des

> « enfants de la Révolution (...) qui, au lieu de lire Quinte-Curce et d'étudier Tacite, ont fait la campagne de Moscou et vu de près les étranges transactions de 1814 »,

de même les Français de 1940, acteurs et témoins de la «drôle de guerre», de la débâcle et de l'armistice, ne sont-ils plus ceux de l'avant-guerre. Dans les deux cas, un changement radical s'impose dans la littérature, si elle veut être de son temps, du point de vue «romanticiste» qui est celui de Stendhal, adopté par Aragon. Au premier, qui oppose le style de l'abbé Delille («arrangé, compassé, plein de chutes piquantes, précieux») au sien propre (destiné «aux gens qui cherchent la pensée plus que la beauté des mots»), fait écho le second, qui propose, pour le présent, de remplacer Delille par Valéry («(...) l'idée me vint qu'on pouvait substituer son nom à celui de Delille») :

> « les hommes qui ont vu certaines choses rompent nécessairement avec ceux qui ont si bien vécu sans les voir, et (...) ils ne peuvent se contenter d'un art qui ne tiendrait pas compte de ces choses-là. »[144]

Le parallèle n'est pas poussé jusqu'au bout, et Aragon ne se donne pas explicitement comme un nouveau Stendhal face à Valéry-Delille. C'est Ponge qui, avec son «Platane», met à exécution la rupture en question : en 1941, on ne peut plus voir le platane comme le voyait Valéry, et la révolution métaphorique opérée dans le texte de *Pièces* (l'arrachement utopique remplacé par l'enracinement réaliste, l'envol des pompons dont la perte s'inverse en investissement du territoire, la positivité de l'élagage mutilant...) peut, on l'a vu, être lue comme description d'une lutte sans grandiloquence et d'une résistance obstinée. La dédicace du texte, la transposition de Valéry font signe vers «La leçon de Ribérac», tout en anticipant sur les conclusions demeurées implicites de l'analyse d'Aragon. Celui-ci, en effet, après avoir qualifié Valéry comme un moderne Delille, s'empresse d'engager, à la faveur du lieu qu'il est en train

---

144. Op. cit., pp. 115-116.

d'évoquer, un développement sur le troubadour Arnaud Daniel, « gentilhomme de Ribérac », et placé par Dante, dans la *Divine Comédie*, à l'origine du « dolce stil nuovo ». Il tire de cette observation une

> « étrange leçon : que la langue de la *Divine Comédie*, généralement opposée à l'artificiel, au pédantesque langage de ses contemporains, que cette langue italienne, substituée au latin, cette langue compréhensible pour tous, fût née précisément du grand souci des mots qu'apportait à chanter, à "trouver", comme on dit, maître Arnaud Daniel, qui pratiquait l'art fermé. »

Le trobar cluz d'Arnaud Daniel donnant naissance à la lisibilité dantesque sert alors d'argument, dans « La leçon de Ribérac », pour réfuter la thèse qu'Audisio (interlocuteur déjà rencontré de Ponge à ce moment-là) vient de soutenir dans *Le Figaro*, selon laquelle l'« audience universelle » de Dante doit inspirer l'écriture des poètes contemporains, sommés de renoncer à la « langue des initiés », si l'on veut que « la poésie pour tous » ne soit pas une utopie. Mais, là encore, la démonstration d'Aragon tourne court, et, au lieu de justifier ce qu'il avance d'un point de vue littéraire, il passe du paradoxe qu'il vient de signaler à un autre argument, de type sociologique et marxiste, cette fois :

> « (...) il faut changer la société pour changer les poètes, et non s'en prendre aux poètes dans le naïf désir d'améliorer la société. »

Ce qui, par ailleurs, contredit la critique émise auparavant à l'encontre de Valéry ; sauf à considérer qu'il n'est pas poète, pourquoi s'en prendre à son art, inadapté aux circonstances, si la priorité est à la lutte sociale ? A moins que ne soient dissociés, pour Aragon, le fond (bon ou mauvais, selon ce que « voit » ou non l'écrivain), et sur quoi porterait la condamnation de Valéry, et la forme, dans laquelle se concentrerait la question de « l'hermétisme de la poésie contemporaine », qui conserve, dans le texte aragonien, par analogie avec le devenir de l'art fermé d'Arnaud Daniel (à l'origine de la *Divine Comédie*), une positivité potentielle, sans que rien soit dit des modalités selon lesquelles elle peut s'effectuer. C'est sur ce point précisément qu'intervient Ponge, lorsqu'il dénonce « le langage fermé préparant l'acquiescement vulgaire ». Il traduit ainsi ce qu'écrit Aragon concernant la filiation, donnée en exemple, de Daniel à Dante, ce dernier étant compris comme l'expression de l'italianité la plus vaste et la plus commune. L'élitisme d'une poésie savante, que laisse intacte l'analyse de « La leçon », peut dès lors apparaître comme le premier temps (« préparant ») d'une stratégie visant à promouvoir une poésie en quelque sorte « ouvriériste », d'autant mieux acceptée qu'elle s'opposerait, par sa facilité d'accès, à l'« hermétisme » antérieur, abandonné à son sort.

RÉPONSES DU «PLATANE» I : LANGUEDOC ET FRANCE

«Le platane», qui se lit comme un texte où se met concrètement en crise une poétique, et comme symbole de la Résistance, peut être lu aussi comme simple description d'un arbre particulier ; la question de l'hermétisme opposé à (Audisio) ou préparant (Aragon) la poésie pour tous, est dépassée dans la réalisation pongienne, qui joint à l'évidence (prétendûment dantesque)

> «cette incroyable invention de règles nouvelles, de disciplines que le poète s'impose et fait varier à chaque poème»

reconnue par Aragon au trobar cluz, formule que Ponge pourrait faire sienne, à la différence près que chez lui c'est l'objet du poème qui commande chaque rhétorique particulière, soigneusement dissimulée[145]. Ce que signifie «Le platane», c'est qu'il ne faut pas choisir entre Dante et Arnaud Daniel, ni subordonner l'un à l'autre sous prétexte que les circonstances l'imposent. Le texte est aussi prise de position dans le débat mené autour des relations entre poésie d'oc et poésie française, et ainsi présenté par Aragon :

> «(...) il me paraît impossible, quelle que soit la priorité des poètes et des penseurs du Midi en cette matière (la morale courtoise et les inventions poétiques), de les opposer à leurs imitateurs ou mieux à leurs continuateurs du Nord, comme on tend à le faire».

«Le platane», en effet, s'établit textuellement entre l'«avenue française» et le «fier Languedoc», qui l'encadrent, distincts, mais voués au même arbre. Ponge, suivant Aragon sur ce point, ne choisit pas entre la France du nord et celle du midi (que la ligne de démarcation a rétablies comme deux entités sous l'occupation), la seconde ne devant aucune «grandeur» à son accomplissement dans la première, pour laquelle elle constitue une ressource inépuisable («à perpétuité l'ombrage du platane») essaimant en dépit de tous les élagages, de toutes les déperditions, de toutes les frontières.

RÉPONSES DU «PLATANE» II : CONTRE PERCEVAL

Il est enfin un dernier point sur lequel, par «Platane» interposé, Ponge se confronte à la doctrine aragonienne. «La leçon de Ribérac», après

---

145. «(...) chaque objet doit imposer au poème une forme rhétorique particulière. (...) Tout cela doit rester caché, être très dans le squelette, jamais apparent (...).» (GR, M, pp. 36-37).

avoir évoqué les inventions formelles d'Arnaud Daniel, en vient, par le biais de la thématique courtoise, à évoquer les héros mythiques du Graal, et particulièrement Perceval, figure qui parcourt l'art européen de Dante à Wagner. Rendu à ses origines (françaises), le personnage devient un condensé des vertus nationales, qui comportent une « mission de justice et de vérité » :

> « (...) tout Français conscient de l'histoire de son pays ne reconnaîtra-t-il pas ses héros préfigurés en Perceval ? Perceval nous fait mieux comprendre notre passé, mais aussi il est une leçon pour le présent et pour l'avenir. »

Il semble que « Le platane » réponde de façon complexe aux propositions d'Aragon, qui s'achèvent en exhortations aux « poètes français d'aujourd'hui » (poètes de laboratoire au nombre desquels Ponge a pu se compter)[146], et qui donneront lieu à toute une veine médiévale et celtique dans ses propres poésies de Résistance. Au héros humain exemplaire s'oppose (selon le parti pris des choses) le héros végétal qui ne lui cède en rien sur le plan des qualités. Plus fondamentalement, le choix de l'arbre apporte une solution ironique à un Aragon préoccupé de retrouver des racines (nationales); enfin le texte, tel qu'il est publié dans *Poésie 42*, annonce dès son sous-titre une surenchère à la volonté exprimée par « La leçon » de comprendre, par recours au personnage de Perceval, l'histoire de France selon une totalité temporelle (présent, passé et avenir). « La permanence » détruit la successivité chronologique pour faire accéder à un temps sans histoire, celui d'une chose qui ne s'inscrit dans aucun mythe, et qui dépasse donc l'affrontement idéologique dans lequel Aragon, qui cherche à opposer aux mythes de la race les images de la Nation[147], reste enfermé. Le « retour au moyen âge », dénoncé par Ponge dans sa correspondance avec Audisio comme manœuvre de la bourgeoisie, ne vise sans doute pas directement la démarche d'Aragon, mais le danger qu'elle peut présenter du côté d'une dérive nationaliste. Avec « Le

---

146. « Puissent les poètes français d'aujourd'hui (...) se préparer pour les jours où surgira un nouveau Chevalier vermeil. Alors leur langage, préparé dans les laboratoires de l'art fermé, *"en donnant à chaque mot une importance exagérée"*, deviendra clair pour tout le monde et pour eux-mêmes (...) ». On rapprochera la citation en italiques des propos de Ponge, écrits quelques années plus tard, mais qui ont fort bien pu être tenus auparavant en présence d'Aragon : « Chaque mot s'impose à moi (et au poème) dans toute son épaisseur, avec toutes les associations d'idées qu'il comporte (qu'il comporterait s'il était seul, sur fond sombre). Et cependant, il faut le franchir... » (GR, M, p. 33, à la date du 31 janvier 1948).

147. « De l'exactitude historique en poésie » (*En étrange pays dans mon pays lui-même*, Paris, Seghers, 1946, pp. 94-95), où Aragon expose ce qui l'a guidé dans la composition de « La leçon de Ribérac ».

platane» est révélé le moyen de couper court à toute éventuelle compromission inscrite potentiellement dans une thématique (représentée par le personnage de Perceval) qui n'a cessé de nourrir pendant des siècles les œuvres les plus diverses, idéologiquement parlant; ambiguïté dont témoigne Aragon, qui, dans «La leçon» même, est amené à rétablir le «vrai» Perceval (français) contre son avatar germanique et wagnérien.

Deux conduites se dessinent face aux exigences de la lutte : celle d'Aragon, qui réactualise la tradition pour rassembler ses lecteurs en un consensus historique et national, et celle de Ponge, qui penche vers le futur en s'opposant à l'héritage littéraire et en sollicitant l'observation des contingences les plus quotidiennes, les moins réfutables, et dont la «leçon» fait sens immédiatement pour tous.

Du fait de la complexité des relations qui s'y nouent, «Le platane» propose un bon exemple du dialogisme pongien : Valéry, placé au centre du dispositif, et dont la poétique est directement prise à parti par Ponge dans son écriture, constitue du même coup un élément de la réponse qu'il apporte à l'urgence d'une poésie de résistance; la signification du texte, au-delà de ce qu'indiquent les propos de l'auteur lui-même, devient la somme (ou la composition) de ses interprétants intertextuels. Et la qualité différentielle de Ponge se lit dans les distances prises vis-à-vis de ses interlocuteurs simultanés : le refus de l'académisme est aussi celui de l'art déduit d'une cause à défendre. C'est l'évidence même du «platane», contresignant au plus près celle de l'arbre, et faisant écho aux ensembles discursifs mis en jeu, qui lui confère son volume et sa polysémie.

A travers la réaction textuelle de Ponge aux performances lyriques de Valéry (soigneusement distinguées par lui de ses textes en prose) peut se saisir sans la moindre réserve (ce qui n'est pas le cas de l'attitude qu'il adopte pour d'autres, Rimbaud ou Claudel par exemple) une position clairement tranchée, en l'occurrence le refus d'une parole poétique conventionnellement surévaluée, alors qu'elle n'est que ressassement d'une tradition dont les catégories, non critiquées, continuent à la dominer. Versification et métrique prétendant mettre en musique une pensée pré-élaborée, résorption des choses du monde en abstractions servant à dire une transcendance improbable ou à accueillir les élans surannés d'un «inspiré» voulu tragique et rhétoriquement délaissé par l'enthousiasme, l'activité poétique de Valéry, subordonnée aux règles et aux canons d'un néo-classicisme, évite sans cesse les questions posées à l'écriture par les relations qui s'y jouent entre le monde, la langue, le sujet et la collectivité humaine.

La damnation de Valéry, pour Ponge, réside en ce qu'il n'a pas pu, su, ou voulu agir sur et dans la langue en tenant compte des réflexions qu'il avait menées à l'orée de sa carrière littéraire dans *La soirée avec M. Teste*, ou l'*Introduction à la méthode de Léonard de Vinci*, réserve de préceptes essentiels de l'*Ars poetica* aux dires de Ponge lui-même, qui dialogue par ailleurs longuement avec cette dernière œuvre[148]. Très précisément, à Valéry distinguant dans l'activité langagière ce qui relève de la clarté théorique et ce qui poursuit la séduction musicale, Ponge oppose une conception qui dépasse la pure spéculation :

> «Pourquoi préférons-nous finalement Malherbe à Descartes? Parce qu'au "je pense donc je suis", à la réflexion de l'être sur l'être et au prône de la raison, nous préférons la Raison en Acte, le "Je parle et tu m'entends, donc nous sommes" : le Faire ce que l'on Dit»[149].

Cette page du *Malherbe* qui conjoint Descartes et Valéry refuse le clivage entre pensée et action, entre tenue d'un discours rationnel et écriture d'un texte, entre moments de réflexion et moments de création. Ponge peut définir son œuvre contrastivement :

> «Plutôt qu'une œuvre devant s'intituler comme celle de Valéry : *Charmes ou Poèmes*, nous tentons une œuvre dont le titre puisse être : *Actes ou Textes*.»

Contre la ségrégation qui confine une «poésie» exténuée dans la recherche (restrictive) de la délectation lettrée et de sa propre «réussite» formelle et esthétiquement reconnue, s'affirme la nécessité et le risque d'une parole assumée dans son intégrité et restituée à son statut d'activité humaine, où s'exerce, avec la raison, un mode d'intervention sur la «tribu» par le biais de ses «mots».

---

148. Cf. à ce sujet Veck 1991, «Méthode/Méthodes», pp. 260-288.
149. PM, p. 204.

La formule : Rimbaud

Ponge parle beaucoup de Rimbaud. Le cite, le commente; le remâche pendant des décennies. L'intègre à ses textes; l'exhibe ou l'occulte, fait jouer à son propos exaltation ou détestation, selon qu'il se confronte à l'individu mythique édifié par les (hagio)biographes, ou à l'écriture — à certaines modalités de l'écriture rimbaldienne, qui hantent longuement son propre travail. La période récente illustre bien ce débat complexe, et révèle l'actualité permanente de ses enjeux à travers la façon dont s'opère la reconnaissance institutionnelle de Rimbaud : si le centenaire de la première publication d'*Illuminations* (1986) a été pratiquement passé sous silence, l'anniversaire de la mort du poète donnait lieu à une «année Rimbaud» (1991), vaste entreprise de célébration d'un destin identifié à la poésie même :

> «(...) le retournement de l'échec "pour soi" en légende recueillant tout, égalant la vie à l'œuvre, en gloire générant toujours plus de gloire, about les ruptures, les palinodies; conforte trop de bavardage sur la supériorité du silence sur les œuvres, de l'aventurier sur le sédentaire, de l'exil nomade sur le casanier, de la foudre sur le crachin.»[150]

Où se trouve «Rimbaud» aujourd'hui? Dans la «vie» qu'il n'a jamais écrite, ou dans l'œuvre qui seule demeure? Plus largement, la poésie, dont Rimbaud est communément considéré comme un évident symbole,

---

150. M. Deguy, *Globe* n° 56, avril 1991.

est-elle réductible au lieu de son avoir lieu, qui lui serait substituable, comme une cause souveraine expliquant, épuisant, résorbant l'effet qu'elle a produit dans un modèle éthique suffisant à établir l'équation «poésie» égale transgression plus fuite (fulguration plus silence)? Le privilège accordé par la postérité rimbaldienne au lieu sur la formule rencontre incessamment la pratique adverse de Ponge à la recherche de sa propre écriture, compte tenu du fait Rimbaud.

C'est avec un des tout premiers écrits du jeune homme de vingt ans, «La promenade dans nos serres»[151], que s'affirme intertextuellement l'importance des conceptions rimbaldiennes dans l'élaboration d'une théorie pongienne de l'écriture : si Ponge lui-même prend soin de préciser les circonstances et le décor dans lesquels le texte a été écrit[152], sans doute est-ce pour mieux souligner la conversion qui s'y opère, de la prééminence des objets du monde «réel» à celle des signes du monde verbal, et qui hérite sans le dire de Rimbaud, particulièrement du sonnet des *Voyelles*, d'où proviennent directement, dans son texte, les «parterres de voyelles colorées». La métaphore, prenant prétexte de la couleur des voyelles pour en faire implicitement des fleurs arrangées en parterres, entraîne toutes celles qui transfigurent les «mots», les «pluriels», les «lignes», la «muette», les «consonnes», les «points» et les «signes brefs».

Ponge, commentant «La promenade» dans ses *Entretiens* avec Sollers, et à partir de la même amorce rimbaldienne, insiste sur le détournement lyrique dont s'accompagne la subversion descriptive :

> «(...) mes formes proprement lyriques, c'est-à-dire commençant par l'exclamation "ô", (...) ne s'adressent généralement chez moi, justement, qu'aux choses du monde verbal. Enfin je ne dis pas : "Ô que vous êtes belle!", mais je dis : "Ô que les mots sont intéressants." Ceci est assez significatif, il me semble.»

Ce qui est donné ici comme particularité de l'écriture pongienne est déjà présent dans le sonnet des *Voyelles*, où se voit précisément bouleversé un dispositif caractéristique du lyrisme amoureux traditionnel : le dialogue s'établit entre le sujet et les voyelles («Je dirai quelque jour vos naissances latentes»), cependant que l'habituel(le) destinataire du poème,

---

151. TP, PR, pp. 145-146.
152. «J'ai écrit cela alors que j'avais été mobilisé, encore pendant la guerre, et que j'étais malade, et que j'étais soigné dans un hôpital auxiliaire, installé dans une villa (...). C'était à Saint-Firmin, en Ile-de-France, (...) et il y avait là une serre. Et c'est probablement pour ça, sûrement pour ça, que j'ai intitulé ce texte : "La promenade dans nos serres"» (EPS, p. 49).

au sexe ici indécidable, n'apparaît qu'au dernier vers, en position référentielle, extérieure à l'échange (« — O l'Oméga, rayon violet de Ses Yeux »)[153]. Cette exaltation de la matérialité signifiante — du monde muet, aux dépens des sentiments confinés aux relations interhumaines, préfigure une direction majeure de l'écriture pongienne, par rapport à laquelle « La promenade dans nos serres » joue un rôle programmatique. Ponge prend au sérieux, sans l'identifier explicitement, le recours indiqué par l'expérience rimbaldienne, qui relève de la même sensibilité que la sienne, et qu'il interprète en fonction de ses propres préoccupations. « Son » Rimbaud est celui qui cherche à « trouver une langue », dont la trajectoire abandonne les formes successives qu'il a éprouvées sans se satisfaire d'aucune, en proie à une rage de l'expression avant la lettre. Sa seule faiblesse, pour Ponge, est d'avoir renoncé à cet acharnement sous prétexte de mettre « le silence aux paroles »[154] comme le feu aux poudres, alors qu'il ne faisait que renoncer à la maîtrise (du sens) d'une œuvre, livrée par défaut aux excès bavards d'un discours interprétatif devenu lieu commun de toutes les idéologies : grand initié inversé en traître (les surréalistes), auteur absurde (Camus) ou individualiste petit-bourgeois (Aragon et les communistes), Ponge dénoncera tour à tour ces hypothétiques incarnations de « l'homme aux semelles de vent »[155], avec lesquelles il n'éprouve, bien qu'il se situe dans la descendance de Rimbaud, aucune affinité ; poésie n'est pas pose, et c'est dans les formulations « obscènes » (tracées avec de l'encre sur du papier)[156] qu'il faut chercher le secret du « génie » rimbaldien.

LE TRAVAIL DE LA FORMULE : « DES CRISTAUX NATURELS »

« Des cristaux naturels » est à compter au nombre des rares textes de Ponge que surplombe une épigraphe[157]. La citation d'auteur — mainte-

---

153. Œuvres, I, p. 191.
154. « Notes d'un poème (sur Mallarmé) », TP, PR, p. 154.
155. Sur cet aspect de la négociation pongienne avec Rimbaud, cf. Veck 1991, pp. 92-100 et 175-190.
156. NNR, p. 49.
157. On peut relever l'épigraphe, empruntée à Fontenelle, qui ouvre « Le Mimosa » : « Le génie et la gaieté produisent assez souvent ces petits enthousiasmes soudains », et qui constitue une rupture dans la série des dédicaces amicales de *La rage de l'expression*. *Le grand recueil* comporte seulement quatre textes sommés d'une épigraphe : une citation de

nue à cette place — semble d'abord introduire une médiation superfétatoire (ou parasitaire), contradictoire avec la détermination d'affronter le lexique en tant que tel : et, en effet, que Fontenelle ou Voltaire apparaissent dans l'espace qui sépare le titre du texte, ils doivent d'abord cette ostentation aux exemples fournis par eux au dictionnaire pour illustrer l'emploi de tel ou tel mot («enthousiasme», «funambule»), et rencontrés par Ponge lors de ses consultations lexicographiques. Les classiques apportent au premier chef une caution à la valeur du mot, même si elle n'est pas exempte de tout soupçon[158], et quel que soit d'ailleurs le traitement subi par le fragment pour prendre sens dans un nouveau contexte[159]. Les épigraphes retenues par Ponge n'obéissent cependant pas à cette seule logique : si tel emprunt à B. Grœthuysen s'explique à la fois par la volonté d'hommage à un ami et par l'affirmation d'une communauté de vues théorique, manifeste dans la citation choisie, les épigraphes tirées de Malherbe et de Rimbaud, figures tutélaires de l'œuvre pongienne, sont à comprendre comme traces d'un dialogue fondamental.

DÉFAIRE LES MÉTAPHORES

La signification d'une pratique excédant largement la simple recherche d'un effet décoratif ou cautionnant peut être examinée à propos de la citation d'*Illuminations* qui ouvre «Des cristaux naturels»[160].

B. Grœthuysen en tête de la «Note hâtive à la gloire de Grœthuysen» (*Lyres*), la citation de Rimbaud précédant «Des cristaux naturels» (*Méthodes*), celles qui placent «La nouvelle araignée» et «La chèvre» respectivement sous le signe de Voltaire et de Malherbe (*Pièces*).

158. «(le mot SOUVENIR) me montra des certificats signés de plusieurs personnes connues : Boileau, Voltaire, Paul-Louis Courier. / Mais je l'interrompis avec impatience : / Après tout, lui dis-je, vous semblez bien fier de vos références! D'avoir servi "à quelque chose"; il ne faut pas croire que je vous choisisse pour cela (...)». (GR, M, p. 169).

159. La citation de Fontenelle, par exemple, illustrant dans Littré le sens n° 2 d'«enthousiasme», est originellement plus étendue que l'épigraphe du «Mimosa» : «*Les impromptus lui étaient assez familiers, et il a beaucoup contribué à établir cette langue à Sceaux, où le génie et la gaieté produisent assez souvent ces petits enthousiasmes soudains.*» *Ponge fait subir à la citation un retranchement qui élimine le personnage et les circonstances (historiquement datés); en ne retenant que le contenu de la proposition relative, il «dénarrativise» la formulation et la fait tendre au proverbe, n'était le démonstratif («ces») qui lui permet de jouer avec son nouveau contexte.*

160. «Des cristaux naturels», composé en 1946, a été repris dans GR, M, pp. 200-202. L'épigraphe provient d'*Illuminations* : «Oh! les pierres précieuses qui se cachaient, — les fleurs qui regardaient déjà». (*Œuvres*, III, p. 53).

Le titre du texte devrait à première vue le faire figurer plutôt dans *Pièces* que dans *Méthodes*. Il pose bien un objet, dont on attend la description. Or, le premier paragraphe convoque Littré, Fontenelle et son éloge académique de Tournefort, ainsi que Haÿ, pour dénoncer un lieu commun : il s'agit en l'occurrence d'une métaphore, datée par Ponge («vers la même époque») du XVIIIe siècle, qui fait de la pierre une fleur et dont l'origine est située par lui dans les domaines savants (Il rappelle que Tournefort était botaniste et Haÿ cristallographe). Par le biais d'un discours officiel, Fontenelle, écrivain patenté, Académicien français et secrétaire perpétuel de l'Académie des Sciences, ouvre à la figure une carrière à laquelle Ponge se propose, symétriquement, de mettre un terme :

«(...) notre raison d'être (...) est évidemment de (...) dégoûter (les minéralogistes), comme avec eux tout le public (de ce lieu commun)».

C'est donc de langage qu'il est question dans le texte, et la «méthode» qui s'y déploie a pour but de défaire un ordre institué par la rhétorique ancienne[161]. «Des cristaux naturels», texte dans lequel Ponge cherche à libérer une notion (et avec elle les représentations qu'elle détermine) des figures et tournures qui l'expriment dans un état académique du discours, pourrait donc s'appeler «L'opinion changée quant aux pierres», parallèlement au dossier de *L'opinion changée quant aux fleurs*, défini de façon semblable comme «une tentative de réinitiation» à partir d'un constat où la rhétorique joue un rôle déterminant[162]. Dans ce contexte, où il s'agit de défaire les mots de leurs connotations les mieux reçues, comment prend place la citation choisie comme épigraphe? Si Ponge a pu compter Rimbaud au nombre des auteurs qui ont négligé la pierre[163], il ne pouvait

---

161. La place que veut occuper Ponge est analogue à celle qu'il assigne à Lautréamont dans l'histoire littéraire française : «(...) Ouvrez Lautréamont ! Et voilà toute la littérature retournée comme un parapluie !/ Fermez Lautréamont ! Et tout, aussitôt, se remet en place...» (GR, M, p. 204). «(...) Malherbe ne peut vraiment être compris que depuis Lautréamont» (PM, p. 76). Dans les deux cas, un écrivain (Malherbe ou Fontenelle) ouvre une ère (littéraire, rhétorique) que ferme un autre écrivain (Lautréamont, Ponge).
162. «La fleur est une des passions typiques de l'esprit humain. L'une des roues de son manège. L'une de ses *métaphores de routine* (je souligne). (...) Rendons-la, sauve de toute définition, à ce qu'elle est./ — Mais quoi donc ?/ — Bien évidemment : un conceptacle» (NNR, II, pp.101-102).
163. «Exemple du peu d'épaisseur des choses dans l'esprit des hommes jusqu'à moi : du galet, ou de la pierre, voici ce que j'ai trouvé qu'on pense, ou qu'on a pensé de plus original : (...) *Si j'ai du goût ce n'est guère / Que pour la terre et les pierres* (Rimbaud)» (TP, PR, p. 201).

lui échapper qu'avec «Ce qu'on dit au poète à propos de fleurs»[164], le brillant élève avait en son temps quelque peu secoué l'opinion poétique en étouffant les fleurs de rhétorique sous l'excès des figures les plus incongrues, avant de tenter une restitution des «Fleurs» d'*Illuminations* à un fonctionnement indépendant du sujet humain. Placer «Des cristaux naturels» sous l'invocation de Rimbaud, c'est donc se référer au travail de qui a essayé de «parler contre les paroles», de se défaire du «magma analogique». D'autre part, si l'on met en regard la métaphorique «végétation des pierres» de Fontenelle et la formule rimbaldienne, il est certain que celle-ci, en opérant une disjonction entre les deux termes de la figure, concrétise déjà les vues théoriques de Ponge, telles qu'il les expose, par exemple, à la fin de «My creative method» :

> «Il faut, à travers les analogies, saisir la qualité différentielle. Quand je dis que l'intérieur d'une noix ressemble à une praline, c'est intéressant. Mais ce qui est plus intéressant encore, c'est leur différence. Faire éprouver les analogies, c'est quelque chose. Nommer la qualité différentielle de la noix, voilà le but, voilà le progrès.»

Rimbaud, qui distingue la fleur et la pierre en leur prêtant des comportements nettement différenciés, voire opposés («se cacher», «regarder»), leur confère par là un statut d'individus autonomes soustraits à l'habituelle servitude qui pèse sur les choses dans le langage. En cela, sans aller jusqu'à «nommer la qualité différentielle», il annonce l'entreprise pongienne, au regard de laquelle il se situe comme un moment historique dans l'évolution des pratiques poétiques.

DES PIERRES PRÉCIEUSES AUX CRISTAUX

Mais, élevée au-dessus du texte comme une sorte de pavillon de la modernité, la citation d'«Après le Déluge» offre aussi un espace matriciel d'où le travail d'écriture va tirer les lignes de force du texte. C'est ainsi que le titre joue avec «les pierres précieuses» de l'épigraphe et avec les «expressions anciennes» du premier paragraphe. Dans le titre, Ponge substitue tout d'abord à l'expression figée de l'épigraphe, dont l'adjectif met l'accent sur le prix des pierres, un syntagme dans lequel le nom, employé au pluriel, exclut la connotation de «poésie» qui risque de

---

164. *Œuvres*, I, pp. 171-177. Le poème est parcouru par une thématique scatologique (ex. : «incague la *mer de* Sorrente», v. 96, je souligne). «Fleurs» (*Œuvres*, III, p. 86) voit passer la fleur d'un statut d'objet spectaculaire («je vois la digitale») à celui d'acteur cosmologique («Tels qu'un dieu aux énormes yeux bleus et aux formes de neige, la mer et le ciel attirent (...) la foule des jeunes et fortes roses»).

s'attacher au singulier « cristal » (métaphore habituelle de l'onde pure), tout en conservant les sèmes de la transparence et ceux qui résultent de propriétés physiques (développées ultérieurement dans le texte) grâce auxquelles les cristaux se spécifient dans le monde des pierres, alors que l'adjectif « naturels » retire les minéraux en question du commerce humain, du domaine de la valeur marchande et de l'échange. Une seconde relation, établie entre « pierres précieuses » et « expressions anciennes » à partir de la métaphore du Littré comme « coffre », contribue à placer le texte à un niveau de signification allégorique. Ponge, dans « La pratique de la littérature », évoque, parmi les dictionnaires de la bibliothèque paternelle, le Littré comme « une malle avec des trésors, des colliers, des bijoux, comme la malle du maharajah, le coffre à bijoux, plein de bijoux ». Dans « Des cristaux naturels », les « expressions anciennes » (équivalents des « pierres précieuses ») ont pris dans le « coffre » la place des « bijoux », en conservant leur valeur patrimoniale. Le titre, alors, peut se lire comme référence à des pierres (des expressions) dont l'existence et les qualités ne dépendent d'aucun héritage ou prix convenu. Ce que « l'on découvre au LITTRE », outre la beauté des « expressions anciennes », c'est la confusion analogique pratiquée dans leurs discours par botanistes, cristallographes et autres scientifiques à propos des objets que distinguent pourtant soigneusement leurs disciplines respectives. La phrase de Rimbaud manifeste, à l'appui des propos de Ponge, un effort de discernement en rupture avec un état passé de la langue et de la rhétorique, quelque révérence que l'on doive par ailleurs à cette perfection datée.

CONTEXTE ET INTERTEXTE

La citation ne se limite cependant pas à illustrer une opération de la modernité : il faut la lire en rapport avec la référence qui la replace dans son contexte d'origine (très rares sont les cas où Ponge précise de quels textes sont tirées les citations qu'il produit); c'est « Après le Déluge », cataclysme et moment de confusion qui noie et brouille tout, que peut avoir lieu la « minute d'éveil » où s'exerce la lucidité discriminante. Instant qu'il faut tenir, comme « le pas gagné » d'« Adieu » dans *Une saison en enfer*, contre Rimbaud lui-même, dont le texte, à la fin, rappelle, non sans grandiloquence, les Déluges, pour chasser « l'ennui » qui leur a succédé. La lecture de Ponge ne se limite pas, on le voit, à la seule phrase de l'épigraphe, mais parcourt le poème d'*Illuminations* d'où elle provient; c'est ce que confirme la parodie qui s'exerce dans le deuxième paragraphe des « Cristaux naturels » à l'égard d'une autre formule rimbaldienne; quand Ponge écrit, avec humour : «(...) nous prierons d'abord l'idée de la fleur d'aller honnêtement se rasseoir», il ne fait que reprendre en le transformant l'incipit d'«Après le Déluge» («Aussitôt que l'idée du Déluge se fut rassise (...)»); il élève par là la fleur à la hauteur du cataclysme, et dépouille l'action poétique du pouvoir magique (démiurgique et cosmogonique) que lui conférait le texte d'*Illuminations*, pour la ramener à un travail technique et rhétorique. La remise en question du langage littéraire opérée par Rimbaud doit aussi concerner son œuvre, qui perd son statut de nec plus ultra de la modernité : Ponge pousse à bout la logique de dissociation amorcée dans l'épigraphe qu'il a choisie (pierre et fleur y subsistent encore côte-à-côte) pour congédier «l'idée de la fleur» et ne considérer que la pierre, déterminant ainsi deux versants dans son propre travail (au moins provisoirement) : celui du galet (et de sa descendance), et celui de la fleur, dont la violence, pour être moins grandiose que celle du Déluge, se situe, dès 1926, à l'origine du long dossier de *L'opinion changée quant aux fleurs* :

> «Si l'une de ces fleurs (...) venait en droite ligne à me toucher, / Quel hurlement elle tirerait de moi, quelle impression de fer rouge! J'en mourrais! Comme une balle explosive, je ne pourrais plus l'extirper de mon corps!»[165]

L'isolement de l'objet, préalable à la «conjecture» pongienne, recouvre en fait celui de l'émotion qu'il suscite, et qu'il s'agit de considérer en tant que telle, dans sa particularité, afin de situer la place (unique) de l'objet dans la sensibilité du sujet.

L'OBJET COMME ÉMOTION

On peut avancer que le texte pongien, d'une façon générale, fonctionne comme accomplissement, amplification ou explication (au sens étymologique de «dépliement») de la citation de Rimbaud : c'est ce qui se passe pour le «oh!» exclamatif par lequel elle débute, interprété comme signe d'une émotion (découverte, surprise), comme intuition à développer par la nomination de ce qui s'y exprime.

Dans un premier temps, Ponge, traduisant dans sa pratique le reniement de la fleur, reporte sur les seuls «cristaux naturels» la sensation référée par l'exclamation de Rimbaud à la fois aux minéraux et aux végétaux. A ce moment, le défi consiste à dire ce pour quoi la langue n'offre aucun mot, si ce n'est une interjection : «ce tout le contraire d'un

---

165. NNR, II, p. 102.

trouble mais fort violent qui nous saisit » à la vue des cristaux naturels. L'objet ne peut susciter chez le sujet qu'un affect homologue à ses qualités : s'agissant du caractère cristallin de certaines pierres, s'il « saisit » son contemplateur (ce dont témoignait l'exclamation rimbaldienne), ce n'est pas sur le mode d'un flot émotionnel qui le bouleverserait, qui l'offusquerait, au sens étymologique, et provoquerait une effusion incontrôlée, mais, c'est ce que précise Ponge en prolongeant la formulation de Rimbaud dont il lève l'ambiguïté en niant le « trouble » qu'elle pourrait laisser entendre selon une interprétation convenue de l'enthousiasme poétique, à la façon d'un facteur d'affermissement de la pensée lucide. Le contraire du trouble, alors, ce pourrait être l'illumination, si le terme justement ne relevait aussi d'un registre religieux, suffisamment en tout cas pour identifier Rimbaud à un grand initié ou à un mystique à l'état sauvage. Le souci d'éviter un lexique qui ramènerait l'expérience des cristaux à quelque extase fait refuser à Ponge toute positivité de la nomination. Mais ici le « je ne sais quoi » (ou plutôt l'innommable contraire du trouble) se définit par son résultat : la pleine possession par le sujet d'un « sang-froid » lui aussi accordé aux qualités de la pierre, qui permet, en opposition avec les exaltations de la tradition poétique, de mettre un terme aux images (« fleur », « oiseau-qui-se-pose »), vecteurs privilégiés d'un échange généralisé et injustifié des significations. Les seuls critères retenus pour élaborer une « conjecture » des cristaux naturels seront le refus des stéréotypes désuets compte tenu de « l'état actuel des sciences », et celui des paroles non réévaluées par l'exigence de l'« authentique ».

NOUVEL « OBJET », NOUVEAU GENRE

Une fois dégagée des poncifs l'émotion suscitée par la vue des cristaux, Ponge, dans le troisième paragraphe de son texte, revient sur la nature de cette émotion, et interroge à nouveau le brusque saisissement qui s'empare du sujet : là où Rimbaud ne disposait que d'une exclamation, Ponge risque une réponse, comme il l'annonçait à la fin du paragraphe précédent, sous forme de conjecture :

« C'est peut-être parce qu'il s'agit là de quelque chose comme (...) ».

Les modalisations précautionneuses derrière lesquelles s'avance la formulation indiquent la prudence, le « sang-froid » devant une découverte qui ne veut relever d'aucune précipitation enthousiaste. On ne profite pas du « saisissement » pour gagner les hauteurs du lyrisme subjectif, on cherche seulement à l'éclairer par les qualités de l'objet considéré. Ponge s'est souvent expliqué sur ce qu'il fallait entendre lorsqu'il parlait d'objet; il écrit par exemple dans «My creative method» :

> «(...) ce n'est pas tellement l'objet (il ne doit pas nécessairement être présent) que l'idée de l'objet, y compris le mot qui le désigne. Il s'agit de l'objet comme notion.»[166]

On ne s'attendra pas à rencontrer l'idée ou la notion en question définie dans un article de dictionnaire. C'est l'objet même (recherché dans l'émotion même dont son «idée» affecte le contemplateur) qui la dicte, le plus souvent négativement, par élimination des formulations successives jugées non adéquates. Une telle détermination exile Ponge de la corporation poétique telle qu'elle se définit habituellement, vouée à l'expression mélodieuse d'une émotion où le sujet (non l'objet) s'exhibe. En 1941 déjà, écrivant «La Mounine», et reprenant peut-être le terme à Rimbaud, il se présentait comme «savant»[167]. Cette «science», comme telle, ne peut être que généralisante, ce qui explique l'emploi des mots «idée» ou «notion» pour rendre compte de l'objet, et la volonté de dépasser subjectivité et circonstances pour en arriver à la qualité essentielle et différentielle[168]. C'est ce modèle que présentent de façon saisissante les cristaux naturels en tant qu'objet :

> «(...) les meilleures approximations concrètes de la réalité pure, c'est-à-dire de l'idée pure : qu'on le mette dans l'ordre qu'on veut! (...)».

Il faut prendre «idée» au sens que lui donne Ponge dans «My creative method» (et qu'il a rencontré dans Rimbaud avec «l'idée du Déluge»), c'est-à-dire celui de complexe notionnel (l'idée qu'on se fait de...), ensemble de représentations ou de conceptions sur lequel s'exerce le travail poétique pour le rendre le plus pur (ou adéquat) possible, et non au sens platonicien d'archétype transcendant et préexistant qu'il s'agirait d'at-

---

166. GR, M, p. 33.
167. «Oui, je me veux moins poète que "savant". — Je désire moins aboutir à un poème qu'à une formule, qu'à un éclaircissement d'impressions. S'il est possible de fonder une science dont la matière serait les impressions esthétiques, je veux être l'homme de cette science.» (TP, RE, p. 406). Le «savant» renverrait moins, dans l'œuvre de Rimbaud, au «suprême savant» de la *Lettre du Voyant*, imbu de romantisme et de révolution, qu'à la figure dont le lieu se situe à la rencontre du monde et de la littérature : «Je suis le savant au fauteuil sombre. Les branches et la pluie se jettent à la croisée de la bibliothèque.» (*Œuvres*, III, p. 56).
168. Dans «La Mounine», une telle conception amène Ponge à se situer par rapport à La Fontaine : «(...) On a souvent besoin d'un plus petit que soi. — C'est à de pareils proverbes que j'aimerais aboutir. Ma chimère serait plutôt de l'autre sujet que le lion lui-même. Comme si La Fontaine (...) n'avait fait qu'une fable sur Le Lion. Ç'aurait été bien plus difficile. Une fable qui donnât la qualité du lion.». Non plus des narrations, donc, mais l'objet appréhendé en soi, hors contextes. La fable sans la fabulation.

teindre ou de reproduire. D'ailleurs les cristaux naturels, mais la formule (le proverbe) aussi bien, à quoi tend l'écriture, et dont ils figurent l'aboutissement, sont présentés comme «approximations concrètes» (au pluriel), et non comme perfection (au singulier) oublieuse des réalités du monde ou de la langue. Les cristaux, par le seul fait d'exister, disent au mieux l'objet en tant que tel, réalisent dans le monde physique la formule la plus proche de l'objet. Mais c'était là, Ponge nous en prévenait, une «propre authentique conjecture» émise par le sujet en proie à l'émotion, fût-elle toute de sang-froid. C'est pourquoi la suite du troisième paragraphe quitte les sommets gagnés par l'intuition et menacés du ridicule qui s'attache aux spéculations pour revenir aux jeux et aux enjeux textuels, selon une évolution analogue à celle de la chèvre de *Pièces*.

LE SUJET COMME OBJET

L'activité qui accompagne la redescente fait intervenir une fois de plus la citation de Rimbaud; «rendu au sol» comme le poète à l'issue d'*Une saison en enfer*, le sujet s'identifie, par l'intermédiaire des interjections («Allons» référant à un mouvement, «Voilà» à un regard) aux «pierres précieuses qui se cachaient» («Allons! Il faut nous cacher à notre tour»), puis aux «fleurs qui regardaient déjà» («Mais voyons à nouveau... VOILÀ!»); ce qui revient à rendre leur dignité et leur valeur aux objets les moins élevés, et à accomplir, avec chacun d'eux tour à tour, la résolution de solidarité affirmée dès l'«Introduction au galet»[169]. Les deux actions («se cacher», «regarder») sont rapportées à deux «phases et positions successives du je», selon l'expression du «Soleil placé en abîme» (c'est ce que signifie le recours au «nous») et non plus à deux objets, comme dans le texte de Rimbaud[170]. Le premier «je», après avoir conjecturé, disparaît pour laisser la place à une autre phase, celle de la considération en seconde approche («voyons à nouveau») de l'objet; celle-ci permet de reformuler «les approximations concrètes de la réalité pure, c'est-à-dire de l'idée pure» :

«(...) voilà donc enfin avec les qualités de la pierre celles du fluide coordonnées!».

---

169. «(...) en dehors de toutes les qualités que je possède en commun avec le rat, le lion et le filet, je prétends à celles du diamant, et je me solidarise d'ailleurs entièrement aussi bien avec la mer qu'avec la falaise qu'elle attaque et avec le galet qui s'en trouve par la suite créé (...)» (TP, PR, p. 197).
170. Rimbaud marque lui-même une avancée par rapport au discours de Fontenelle, cité dans le premier paragraphe, et dans lequel c'est une entité abstraite (la nature) qui se cache pour «travailler à la végétation des pierres».

Le travail effectué sur la formule rimbaldienne ramène Ponge à une de ses obsessions propres : la rencontre, dans le même objet concret (qui sert de modèle textuel), de deux qualités opposées — dureté et fluidité, immobilité et fuite, résistance et effacement — le plus souvent spécifiées par la pierre et l'eau, cette dernière ici remplacée par le fluide. Les cristaux concentrent intensivement un cosmos compris en extension, dès la composition du *Parti pris*, entre «Pluie» et «Galet», et, par «le développement de leur détermination particulière» (à l'exclusion de tout ce qui n'est pas elle), ainsi que l'exposera le sixième paragraphe, définissent en compréhension la chose (et son texte) selon leur nécessité individuelle. C'est une façon de dépasser, ou plutôt, encore une fois, de pousser à bout Rimbaud, qui juxtaposait le propre des pierres (se cacher) et celui des fleurs (regarder) : le même objet — mais on en pourrait dire autant du sujet ou de son œuvre, qui s'identifient aux choses — comporte des qualités apparemment contradictoires; c'est un comble tentant de retrouver sans métaphore (donc sans revenir à la rhétorique classique, défaite dans un premier temps, on l'a vu, par Rimbaud) l'unité tout en conservant la diversité.

STRUCTURATION DE L'ŒUVRE

Conjoncturellement, cette activité de déconstruction/reconstruction est aussi à comprendre comme une réaction (consécutive à la publication du *Parti pris*) à l'image univoque qu'avaient donnée du système pongien ses premiers critiques, Sartre notamment, qui voyait l'œuvre sous le signe d'une pétrification généralisée[171]. A suivre cette voie, l'œuvre — mais Ponge se soucie-t-il de produire quelque chose qui ressemble à ce qu'on nomme ainsi? — aurait atteint son point d'achèvement (ou de perfection) et le travail d'écriture se contenterait d'un champ restreint. A l'époque où s'écrit «Des cristaux naturels», Ponge tente d'échapper à une telle caractérisation, éprouvée comme partielle, et de toute façon insuffisante pour rendre compte d'une ambition attachée à écrire un monde qui s'avère irréductible à une minéralité. L'écriture elle-même, tendue vers des réalisations lapidaires durant la première partie de la carrière pongienne, se figure de plus en plus (et très nettement à partir

---

171. «Et sans doute les aime-t-il (fleurs, bêtes, hommes). Beaucoup. Mais c'est à condition de les pétrifier. Il a la passion, le vice de la chose inanimée, matérielle. Du solide. Tout est solide chez lui : depuis sa phrase jusqu'aux assises profondes de son univers.» J.-P. Sartre, «L'homme et les choses» in *Critiques littéraires*, Paris, Gallimard, 1975 (1re édition 1947), p. 350.

des textes rassemblés dans *La rage de l'expression*) comme courant ou flux, et non plus comme stèle. Pour autant, le premier parti n'est pas abandonné : si « Le galet » solide (écrit en 1928) s'oppose de loin à *La Seine* liquide et courante (1947, publié en 1950), une troisième voie expérimente, dans un entre-deux chronologique et thématique, avec « Des cristaux naturels » (1946) et « Le verre d'eau » (1948), des solutions présentant la conjonction des inconciliables à partir d'objets qui l'accomplissent chacun selon sa particularité ; ce dernier point est souligné, dans « Le verre d'eau », par la vigilance de Ponge, qui distingue soigneusement pierres précieuses, cristaux, verre d'eau : les trois objets sont soumis à un classement qui les rassemble sous l'angle de la transparence ou de l'éclat, tout en les distinguant du point de vue des « deux ordres de qualités » reconnues comme partagées (quoique combinées de façon différente) par les cristaux et le verre d'eau, alors que les pierres précieuses, situées du côté du bois, sont réservées à d'autres développements, notamment dans *L'opinion changée quant aux fleurs*. « Des cristaux naturels » se situe donc au cœur de l'organisation de l'œuvre pongienne : un certain nombre des grands thèmes que l'on y repère sont à comprendre, certes, comme témoignages de sensibilité au monde extérieur des choses, mais peuvent aussi s'interpréter comme résultat d'une opération de discernement-classement qui joue déjà dans l'épigraphe de Rimbaud ; celle-ci agit donc à la fois — pour employer les mots de la rhétorique — au plan de l'elocutio, lorsqu'elle amorce la déconstruction de la métaphore, et au plan de la dispositio, par le geste de rapprochement et d'exclusion qu'elle opère et que Ponge généralise à l'échelle de son œuvre. Mais la découverte pongienne, soulignée par «VOILÀ !» en capitales, et symétrique de celle de Rimbaud, lui répond comme celle d'une conjonction (pierre et fluide coordonnés dans un objet unique) à celle d'une disjonction (pierre et fleur) : d'un point de vue macrostructurel, il est possible de comprendre une partie de l'œuvre de Ponge comme une tentative de mise en texte de ces deux moments, mais de façon non systématiquement ordonnée (ou non rhétorique), car c'est l'existence concrète des objets qui accomplit chaque figure, et leur rencontre contingente avec le sujet qui commande l'écriture, et non un projet ou un programme calculé. C'est pourquoi le sujet, après avoir émis sa conjecture, laisse place à l'objet modèle, et « se cache » pour que puisse s'énoncer un constat duquel, cependant, il n'est pas totalement absent. En effet, la définition du cristal varie légèrement dans la formulation qu'en donnent « Le verre d'eau » (« les qualités coordonnées du liquide et du solide »), et « Des cristaux naturels » (« avec les qualités de la pierre celles du fluide coordonnées ! »). « Pierre » et « fluide », équivalents de « solide » et « liquide », sont à lire en rapport avec les pierres (précieuses) et les fleurs de l'épigraphe; «pierres» est repris (sans son adjectif), «fleurs» se transforme en «fluide», qui conserve ses consonnes initiales et lui fait ainsi écho. Plus secrètement, ce sont les initiales de chaque mot (P et F) qui sont conservées, celles de Francis Ponge lui-même. Affinité et distance de qui s'est découvert inscrit dans le texte d'*Illuminations* dont il transforme en les déplaçant ou en les amplifiant les traits qu'il reprend à son compte, pour «signer à l'intérieur» et s'exprimer dans la lettre même de l'expression qu'accorde l'écriture à l'objet. Il n'est sans doute pas hasardeux que la signature cachée de Ponge figure à cet endroit; le sujet, qui s'est fait successivement pierre et fleur (qui s'incarne dans «pierre» et «fleur»), apparaît comme un moment décisif dans le déplacement des significations opéré de l'épigraphe au texte : après s'être incorporé le comportement des pierres précieuses et des fleurs, Ponge peut le restituer à l'écriture pour l'attribuer à de nouveaux objets, apparentés mais opposables : les pierres et les cristaux. Le propre pongien se lit à la fois dans l'intertexte et dans le texte qui le transforme. Non pas la manifestation originale d'un être stable et séparé ou autonome, mais le résultat d'un travail.

L'OPINION CHANGÉE QUANT AUX PIERRES

Avec les quatrième et cinquième paragraphes a lieu la dernière mise en jeu des significations empruntées à Rimbaud. Au terme de leur métamorphose, les deux éléments de départ, devenus «minéral» et «cristaux», se succèdent en s'opposant, pour s'inscrire dans l'ensemble thématique et sensible qui organise l'œuvre pongienne, et du même coup le travailler. Ainsi peut-on constater, du «Galet» aux «Cristaux naturels», une évolution dans l'interprétation des phénomènes qui accompagnent ce que l'on pourrait appeler la vie des pierres :

> «(...) contrairement à l'opinion commune qui fait d'elle aux yeux des hommes un symbole de la durée et de l'impassibilité, l'on peut dire qu'en fait la pierre ne se reformant pas dans la nature, elle est en réalité la seule chose qui y meure constamment.»[172]

A cette première approche s'oppose celle des «Cristaux naturels», dont le discours, décrivant la particularité minérale, met l'accent sur la solidité, à l'origine d'une sorte de conscience de sa quasi éternité («elle se sait à peu de chose près, éternelle»), et du désintérêt manifesté par la pierre à l'égard «des processus de reproduction», et «même (générale-

---

172. TP, PPC, pp. 109-110.

ment) à ceux de son extension». La désagrégation continuelle qui travaille la pierre depuis «l'agonie» du «corps fabuleux» de l'«aïeul énorme», comprise sur le mode tragique dans «Le galet», fait place à un jugement moral porté sur la persévérance de la pierre à subir sans réagir les «assauts physiques les plus intenses et renouvelés», du moment qu'elle subsiste («sans disparaître du tout, et cela seul lui importe»); ce qui entraîne une négligence de «tout souci de son apparence ou de sa forme», et la fait qualifier par Ponge de «chaos amorphe», avant que lui soit assenée sa vérité :

> «Ainsi le règne minéral ne règne-t-il qu'à la façon dont on dit que règnent indifférence ou veulerie».

Le jeu de mots sur «règne» et «régner» vide de toute grandeur la terminologie empruntée aux taxinomies de l'histoire naturelle classique et retire à la pierre la noblesse qu'elle conservait encore lors de la catastrophe décrite par «Le galet». La mise en regard, pour désigner la pierre, de deux expressions («règne minéral» et «état solide de la matière») indique non seulement la nécessaire évolution du vocabulaire suivant celle des sciences, à laquelle doit obéir également la création littéraire, mais aussi, plus radicalement, avec l'abandon de la métaphore politique, un changement de point de vue : le règne comporte, avec sa référence fondamentale à un pouvoir, des significations qui renvoient à une activité et à une temporalité; dans «Le galet», la pierre connaissait des aventures, une histoire, perdues de vue dans «Des cristaux naturels», lorsque Ponge la désigne comme état solide de la matière : le drame de la pierre n'est plus au centre de l'écriture (dans la mesure même où son «règne» se situe à une sorte de degré zéro), mais bien la force que recèle l'objet; c'est ce qui est spécifié quand «l'état solide» est décrit comme «celui où l'énergie est la plus basse». On retrouvera plus loin, avec l'étude des «Illuminations à l'Opéra-Comique», le lien qui unit modernité (scientifique, esthétique) et énergie. Là aussi, Rimbaud occupe une place centrale, et ses citations travaillent l'écriture de Ponge, comme ici l'épigraphe, disséminée à travers l'ensemble du texte, joue un rôle de générateur à partir de quoi se réoriente la conception de la pierre. La fin du quatrième paragraphe relance en effet la lecture de Rimbaud :

> «Il y a dans les pierres une non-résistance passive et boudeuse à l'égard du reste du monde, à quoi elles paraissent tourner le dos».

La phrase traduit en l'explicitant le verbe («se cachaient») utilisé dans la formule d'*Illuminations* : alors que Rimbaud fait allusion aux seuls filons enterrés de pierres précieuses (nobles et rares), Ponge généralise la proposition aux pierres vulgaires, et lève l'ambiguïté («se cacher» peut recevoir le sens d'un verbe d'état ou d'un verbe d'action, cette seconde acception étant confortée par la variante : «les pierres précieuses s'enfouissant», à la fin d'«Après le Déluge») en présentant des pierres qui «tournent le dos» : communément offertes à tous les regards, elles diffèrent des pierres précieuses par leur façon de se cacher, qui refuse ouvertement la réciprocité et la communication. Par opposition, les cristaux, dont la découverte est redite dans le cinquième paragraphe, sont salués comme «des pierres tournées vers nous», dotées d'yeux et de facultés communicatives — sinon de langage. A partir du regard des «fleurs» rimbaldiennes, conservé et rapporté aux «cristaux», s'organise une nouvelle cohérence autour de la relation entre l'homme et le monde ; le sujet d'«Après le Déluge» assistait au spectacle des choses, réduit à invoquer un cataclysme mythologique pour leur échapper ou agir sur elles. Ponge, pour sa part, amplifie et déplace, une fois de plus, le donné rimbaldien : de «regarder», il tire le désir pour les cristaux (et corollairement le refus, pour les pierres) de communiquer. Comme il l'écrira dans «Parade pour Jacques Hérold»[173] :

> «Voici trop longtemps qu'elles (les choses) nous tournaient le dos, tassées dans le fond de la cage où notre œil, levé comme un fouet, les avait fait reculer! (...) les choses se sont redressées, et les voici aujourd'hui qui nous font face : leurs yeux sont la lumière de ce temps».

Moins féroces que les fauves évoqués dans ce texte, les cristaux s'apparentent aux pierreries d'une autre «Illumination», «Aube» :

> «J'ai marché, réveillant les haleines vives et tièdes, et les pierreries regardèrent, et les ailes se levèrent sans bruit.»

La métaphore, chez Rimbaud, hésite entre les fleurs et les pierreries ; à la limite, dans le contexte d'*Illuminations*, n'importe quel élément naturel peut s'animer ponctuellement d'un regard, suscité par une présence magique. Contre cette généralisation mystificatrice, Ponge établit et justifie la métaphore dans un réseau organisé par le thème de la communication et du langage :

> «(...) des pierres qui disent OUI! Et quels signes d'intelligence, quels clins d'œil!».

Les cristaux condensent certes toutes les valeurs traditionnelles de l'œil poétique (éclat, limpidité, etc.), mais c'est le scintillement de la lumière («clins d'œil») qu'exalte le texte, ce qui fait signe («d'intelligence») différentiellement, entre deux occultations, et doit provoquer en retour une parole ou une écriture. A la position («tournées vers nous») qui pouvait se déduire du regard des fleurs ou des pierreries dans les

---

173. GR, L, p. 93.

textes d'*Illuminations*, s'ajoute la volonté (ou le désir) des choses sollicitant l'expression. Par ailleurs, la métaphore de l'œil à propos des cristaux, qui pourrait relever, à elle seule, du «magma poétique», est équilibrée (concurrencée et relativisée) par celle des «rares exceptions» que présente leur «croissance» à la «règle» générale de la pierre «boudeuse», et par celle du «ciel pur momentanément avec des étoiles» prenant la place des «sempiternels nuages». L'accumulation métaphorique déjoue ce qu'une trouvaille unique comporterait de prétentieusement réducteur, en arrêtant l'expression à la réussite stylistique : seule la superposition des figures, par succession rapide, a des chances de rendre compte de l'irréductibilité de l'objet, même si sa qualité différentielle (et singulière) demeure idéalement le but à atteindre par une seule formule. A la disjonction entre comparant et comparé (pierre et fleur), au transfert sémantique qui l'accompagne, s'ajoute l'accumulation des comparants, qui accomplit le programme de la «Justification nihiliste de l'art» prescrivant, dès 1926, «l'abus simple des paroles»[174]. Partant de l'amorce rimbaldienne, Ponge radicalise et diversifie son intervention technique sur l'héritage poétique; d'un point de vue plus général, «Des cristaux naturels» exécute la prescription de «My creative method» :

> «Il faut travailler à partir de la découverte faite par Rimbaud et Lautréamont (de la nécessité d'une nouvelle rhétorique)./ Et non à partir de la question que pose la première partie de leurs œuvres./ Jusqu'à présent on n'a travaillé qu'à partir de la question (ou plutôt à reposer plus faiblement la question).»[175]

La suspicion portée sur la littérature, sur la poésie, et l'interrogation sur la possibilité même de leur avenir et de leur existence (C'est ainsi que peut s'interpréter la «question» que lit Ponge dans la première partie des œuvres de Rimbaud et de Lautréamont), reprises par Dada et le surréalisme, doivent être dépassées positivement par l'élaboration d'une nouvelle écriture, inaugurée théoriquement et pratiquement par *Une saison en enfer* et *Illuminations* d'une part, et par les *Poésies*, de l'autre. La postérité rimbaldienne, souvent perçue comme limitée à une exaspération réitérée de la révolte, trouve avec Ponge un continuateur qui poursuit pour son propre compte le travail entrepris, en le (re)prenant au mot.

---

174. TP, PR, p. 141-142 : «(...) Entrer benoîtement aux pompiers. Et, sous prétexte de les aider à éteindre quelque feu destructeur, tout détruire sous une catastrophe des eaux. Tout inonder.»
175. GR, M, p. 42. Ponge ajoute en note : «Rimbaud : "Je sais maintenant saluer la beauté." Lautréamont : les Poésies (passim)». La citation d'*Une saison en enfer* (*Œuvres*, II, p. 132) conclut «Alchimie du verbe» et met un terme à l'expérience de la «folie» qu'elle oppose à celle de la beauté, située du côté des proses d'*Illuminations*.

ART POÉTIQUE I : LES LIMITES

Après avoir apporté à la question de la métaphore les solutions que l'on a vues, le texte, dans son dernier paragraphe, peut définir les cristaux en termes scientifiques dépourvus de tout coefficient poétique[176]. L'accent est mis sur la rigueur qui préside à l'organisation de la matière, dont les constituants eux-mêmes, «parfaitement définis», obéissent à des lois strictes. Contrairement à la pierre courante, «chaos terne et amorphe», la tenue des cristaux aboutit (après plusieurs tentatives figurées) à une formulation qui se passe de toute métaphore. Le propre des cristaux réside dans une forme de perfection atteinte par l'expansion d'un agencement premier d'éléments qui en détermine la formule (au sens des mathématiques ou de la physique, aussi bien). C'est là un modèle pour les «ouvrages de l'esprit», qui, «tout comme ceux de la nature, croissent à la façon des cristaux»[177]. Le parallèle, établi dix ans après l'écriture des «Cristaux naturels», autorise à voir dans le texte de 1946 un art poétique, dont il faut cependant relativiser la portée, car la similitude entre cristaux et ouvrages de l'esprit, aussitôt posée, est contredite par les différences qui défendent de réduire un univers à l'autre :

> «(...) comme ils n'ont pas (les ouvrages de l'esprit) de bornes physiques, leurs limites ne sont pas assurées, aussi bien la surprise non plus. D'où vient que l'ennui nous y guette : psalmodie ou réitération. Ils ne vivent que de l'humeur et dépendent enfin de la nôtre.»

La «croissance par juxtaposition», reconnue aux cristaux comme aux ouvrages de l'esprit, n'aboutit pas au même résultat dans les deux cas : la «prétendue liberté offerte» aux cristaux «par les failles de leur société environnante» comporte des «bornes physiques» aux vertus positives; elles les contraignent à déployer «leur détermination particulière, dans sa plus grande pureté et rigueur». L'espace que présentent les «failles ou cavités» du «terne chaos» n'est pas, pour l'objet, occasion d'expansion proliférante et démesurée. Il se réalise au mieux, jusqu'à sa perfection, mais non pas au delà : son développement s'arrête à son accomplissement; les «merveilleuses limites» des cristaux doivent leur caractère exceptionnel à la coïncidence entre leurs limites spécifiques, imposées par la plénitude de la forme, et la limitation physique externe qui contient

---

176. «Il s'agit ici d'espèces homogènes, aux éléments parfaitement définis, qui croissent par juxtaposition des mêmes atomes unis entre eux par les mêmes rapports, pour apparaître enfin selon leurs contours géométriques propres.»
177. GR, M, p. 210.

leur croissance. Dans ces conditions, l'élan de la genèse n'a de raison d'être que s'il permet d'atteindre les limites ainsi définies, non de les dépasser. La violence, ou la fougue, ne se comprend pour Ponge que maîtrisée ou bornée en fonction d'une double nécessité, interne et externe. L'absence d'une telle « inspiration à rênes courtes » fait courir aux ouvrages de l'esprit un danger de « psalmodie » ou de « réitération ».

ART POÉTIQUE II : L'ÉVIDENCE

Contre les risques de dilution guettant la poésie sous couvert d'une « prétendue liberté » qui n'est qu'un vrai renoncement, c'est un éloge de la rigueur qui s'écrit dans « Des cristaux naturels », sous le paradoxal patronage de Rimbaud, dont le mythe fait une figure de l'excès, alors que la citation d'Illuminations choisie ici comme épigraphe pourrait servir d'illustration à ce qui est dit des cristaux :

> « Il ne s'agit plus d'arguments, mais d'ÉVIDENCES concrètes et, par ces évidences (LIMITÉES), de quels pouvoirs ! »

Le fragment rimbaldien, en effet, n'a rien à voir avec une argumentation. Il se contente d'asserter, de poser, dans une syntaxe aux parallélismes accentués (« juxtaposition des mêmes atomes unis entre eux par les mêmes rapports »), deux « faits » sans aucune justification autre que leur existence textuelle, ce qui fait de la formule une énigme répondant à la définition d'une des deux sortes d'évidences envisagées par Ponge[178]. « Étrange évidence » qui s'ouvre sur une exclamation de surprise à l'origine des développements du texte relatifs au « saisissement » dont le sujet est la proie non seulement à la vue des cristaux, mais aussi, si l'on songe à l'équivalence posée dès le début entre pierres précieuses et expressions anciennes, à la lecture de cet « oracle » ou « proverbe » vers quoi tend toute écriture selon Ponge. Rimbaud (sa Parole) serait alors aux paroles ce que les cristaux sont à la pierre amorphe, et la fascination qu'il exerce relèverait d'une ambiguïté supérieure[179]. Les *Illuminations*,

---

178. « Il me faudrait donc conclure à deux sortes d'évidences : la commune, qui ne donne lieu à aucune question, et l'étrange (qui surprend en même temps qu'elle convainc). » (GR, M, p. 40).

179. « Je crois que si l'on écrit (...) on tend au proverbe (...). On veut que cela serve plusieurs fois et (...) pour tous les publics, en toutes circonstances, que cela gagne le coup quand ce sera bien placé dans une discussion. (...)/ Ainsi tend-on à une espèce de qualité oraculaire./ Mais alors, quels sont les véritables oracles (...) qui demeurent éternellement disponibles pour l'interprétation ? (...) Ne seraient-ce pas les objets ? (...) Donc, désirer

comme les lit (et les utilise) Ponge, indiquent une direction à suivre : l'épigraphe a été adoptée en raison de son évidence, comparable à celle des choses, suscitatrice comme elles de développements inédits, parce qu'objectable indéfiniment aux lectures, aux interprétations les plus subjectives, ce que vérifie «Des cristaux naturels», tirant de la citation un art poétique propre à Ponge. Comme les choses, encore, la Parole rimbaldienne, occultée par les exégèses diversement mystifiantes qui la subordonnent au destin individuel de Jean-Nicolas-Arthur Rimbaud, demande à être rendue à elle-même, et à son efficacité. Son silence (autre nom de l'illisibilité), compris comme tel à partir des valeurs de la tradition poétique réduisant à une é-normité (folie ou sainteté, peu importe) ce qui lui échappe pour ouvrir l'avenir, prend sens avec les développements qu'il provoque dans cet avenir même. De ce point de vue, la poésie se trouve bien «en avant», selon le vœu du Voyant lui-même. L'œuvre de Rimbaud, en ce qu'elle a d'actif, est un point de départ, et non un aboutissement ou un absolu. La lettre du Voyant, toute mythologie satanique mise à part, ne disait pas autre chose[180], et Ponge, à condition de débarrasser les «travailleurs» évoqués de l'épithète («horribles») que leur décerne le jeune rhétoricien, peut se compter au nombre de ceux qui poursuivent l'entreprise et confèrent (en actes) une communicabilité aux formulations rimbaldiennes. L'évidence de l'épigraphe, cependant, se situe, par rapport à celle des cristaux, d'un autre point de vue. Les limites physiques, déterminantes pour la forme des cristaux, n'ont aucun équivalent dans le cas des ouvrages de l'esprit, qui de ce fait courent le risque de se diluer dans la répétition : la rigueur, agissant seule, peut tourner au procédé abolissant toute différence et toute surprise. Il faut donc, pour pallier l'absence de limites inhérentes à l'univers discursif,

> «étudier la nature pour y faire un choix de couleurs et de nuances... surprenantes avec rigueur. (...) être savant pour distinguer et varier, et pour (...) justifier l'audace de ses intuitions»[181].

---

créer quelque chose qui ait les qualités de l'objet, rien ne me semble plus normal.» (GR, M, pp. 238-239). On retrouve le même genre de développements dans le *Malherbe* : «Quelques esprits absolus (...) tendent aux proverbes, c'est-à-dire à des formules si frappantes (autoritaires) et évidentes, qu'elles puissent se passer d'être signées.» (PM, p. 41 et p. 76, note 3).

180. «(...) Qu'il crève dans son bondissement par les choses inouïes et innommables : viendront d'autres horribles travailleurs; ils commenceront par les horizons où l'autre s'est affaissé!» (*Œuvres*, I, p. 143).

181. GR, M, p. 210.

Par «étudier la nature», il faut entendre faire porter l'attention sur les choses et sur les mots (pour Ponge, ils sont aussi des choses) et réinventer au coup par coup un langage adéquat (qui «distingue» et «varie»). Outre le fait que distinction et variation sont à l'œuvre dans l'épigraphe de Rimbaud, la leçon de celle-ci réside dans le caractère concret, technique, de l'intervention : l'idée de la pierre ou de la fleur dans la langue, si elle doit être changée, l'est par une intervention sur les mots et leurs agencements, non par un discours de plus enrobant ces objets d'idées forcément datées[182]. C'est cette action restreinte à la langue et à l'écriture qui, avec la condensation d'allure gnomique, assignerait de «merveilleuses limites» et tout son pouvoir à la formule. Un tel point de vue est confirmé par le jeu phonique qui s'établit à la fin du texte entre «évidence» et «vide». La formule est évidente parce qu'elle est en quelque sorte évidée, débarrassée, par le travail d'écriture, de «toutes nuées», de «toute ombre», surcharges idéologiques ou «poétiques» dénaturant les éléments verbaux, et, par contre-coup, les objets auxquels ils se réfèrent. Pour comprendre pleinement l'enjeu de telles propositions, il faut lire la fin des «Cristaux naturels» en la rapportant à celle d'«Après le Déluge» :

> «(...) la Reine, la Sorcière qui allume sa braise dans le pot de terre, ne voudra jamais nous raconter ce qu'elle sait, et que nous ignorons.»

La lumière évoquée par la «braise» (équivalent des «pierres précieuses» cachées ou enfouies dans la terre) est ici présentée à l'état naissant, enclose (et isolée de l'extérieur) dans un «pot de terre», sous contrôle enfin d'une entité transcendante, «Reine» ou «Sorcière», dont le savoir s'oppose à l'ignorance de l'humanité, dans laquelle se compte le locuteur. Le renoncement rimbaldien, à l'origine du rappel des Déluges, s'ancre dans l'impossibilité d'un accès au savoir et à la lumière (du feu). Le sens est forclos, interdit, par l'instance qui le maîtrise, au poète dont le seul recours se présente comme une incantation adressée à l'anéantissement d'une eau superlative. Pour Ponge, en revanche, il n'y a pas d'au-delà du sens à découvrir, pas de secret à percer : la chose (le texte qui en a les caractéristiques) s'offre d'emblée entièrement, dans son évidence qui ne demande qu'à être comblée par «la moindre lumière»,

---

182. On rapprochera cette position du refus qui s'exprime dans «De la nature morte et de Chardin» : «Je crois que de plus en plus de reconnaissance sera vouée aux artistes qui auront fait preuve, par abstention pure et simple des thèmes imposés par l'idéologie de l'époque — d'une bonne communion avec les non-artistes de leur temps./ Parce qu'ils auront été dans le fonds réellement vivant de ce temps, dans son état d'esprit officieux — compte non-tenu de ses superstructures idéologiques.» (NR, pp. 171-172).

dès lors multipliée par le piège et les feux des cristaux — jusqu'à l'incendie. La métaphore finale reprend et amplifie la «braise» d'«Après le Déluge» en inversant les données du problème du sens : au lieu d'une diffusion s'opérant (chez Rimbaud) à partir d'une plénitude qu'il faut atteindre sous peine d'échec, Ponge propose une captation par appel du vide (comme on dit appel d'air) dans une formule susceptible non d'imposer, mais d'accueillir et de disséminer, sans qu'aucune interprétation puisse prétendre à l'exhaustion d'un objet aussi inépuisable que le sont ceux du monde, parmi lesquels il prend place. Cette dernière opération peut se comprendre comme une modification de la notion même qui titre le recueil rimbaldien : à une «illumination» comprise communément comme éblouissement du sujet par les choses ou le spectacle du monde révélant un ailleurs accessible aux seuls initiés, succède la conception d'une illumination comme (produit d'une) élimination, évidence résultant d'un évidement. L'objet source (de lumière ou de sens) fait place à l'objet capteur et condensateur : c'est dire que le lieu de l'origine (plus ou moins sacrée) devient celui de la consumation jubilante des significations qui s'y prennent. L'image de l'incendie se retrouvera ainsi pour caractériser l'œuvre exemplaire de Malherbe :

> «Il ne s'agit plus ici de baroquisme, ni de romantisme, ni de classicisme (ni de préclassicisme). Surtout, il ne s'agit plus d'opinions ni d'idées. Il ne s'agit que du Verbe (le Verbe français) et de sa rigueur et force ascensionnelle (...). C'est le dictionnaire français, dans toute son épaisseur, qui flambe. C'est le dictionnaire français mis en ordre de fonctionnement, saisi par le feu, par l'esprit. Qui fonctionne autant, au moins autant, qu'il signifie.»[183]

La formule réussie, efficace, a donc, sous ses dehors limités, des ambitions qui dépassent de loin le simple travail technique. Plutôt que d'ajouter les idées aux idées (contradictoires ou non les unes par rapport aux autres), il s'agit de les anéantir, de tuer le vieil homme (celui des rapports de force, des massacres, religieux ou autres, justifiés par des «idées» exprimées par des mots, des lieux communs, etc.) pour que se produise, entre l'Homme et les Choses «leur prochaine étreinte — qui sera bien autre chose que la dérisoire alliance de l'arche, et plus qu'une réconciliation»[184]. Le texte selon Ponge doit sa nécessité au rôle qu'il est appelé à jouer dans la naissance de ce nouvel ordre, «l'œuvre d'art étant l'objet d'origine humaine où se détruisent les idées.»[185]

---

183. PM, p. 180.
184. AC, p. 101.
185. GR, M, p. 192.

L'œuvre de Rimbaud, on le sait, est féconde en formules, dont certaines, comme «Changer la vie», par exemple, ont fait fortune loin de leur contexte d'origine[186]. C'est contre la teneur idéologique potentielle de formulations de ce genre qu'a été choisie par Ponge l'épigraphe, apparemment bénigne, des «Cristaux naturels», dont il fait, par son travail, l'amorce d'une réévaluation qui change, non la vie, mais la place des choses dans la langue, et, par suite, celle de l'homme vis-à-vis des choses par l'intermédiaire de l'œuvre d'art. Cependant, un soupçon pèse sur un art formulaire dont la réussite s'arrête à l'ambiguïté, même si, à partir de celle-ci, peut se déployer l'avenir le plus positif. Avec «Des cristaux naturels», la preuve est faite que l'écriture d'*Illuminations* n'est pas l'ultime avancée d'une aventure poétique parvenue à une expression indépassable, et après laquelle seuls le silence ou le pastiche répétitif seraient encore possibles. Mais la formule, bien que comprise comme relevant d'une tendance générale de l'écriture, risque de se présenter comme manifestation mystifiante d'un «langage absolu», oraculaire et coupé des erreurs de l'activité sublunaire. A peine élaboré, le modèle cristallin est contesté par d'autres formes dans l'œuvre même de Ponge.

LE TEMPS ET L'ÉCRITURE :
L'OPINION CHANGÉE QUANT AUX FLEURS

Le doute actif, toujours sous le signe de Rimbaud, peut s'observer dans l'important dossier que Ponge a intitulé *L'opinion changée quant aux fleurs*[187]. Dans l'état actuel de nos connaissances, il regroupe vingt-deux textes dont l'écriture s'échelonne des années vingt à 1954, moment d'intense activité (en vue d'un livre qui ne sera pas publié)[188], puisque de juin à octobre de cette dernière année sont produits huit des textes recensés. Outre le titre d'ensemble (vraisemblablement trouvé en 1954 et des-

---

186. Dans «Délires», I, d'*Une saison en enfer* (*Œuvres*, II, p. 121), c'est la Vierge Folle qui attribue, d'ailleurs dubitativement, ce programme à l'Epoux Infernal : «Il a peut-être des secrets pour changer la vie? Non, il ne fait qu'en chercher, me répliquais-je». On voit le chemin parcouru pour aboutir à un slogan positif.
187. La partie du dossier parue initialement dans *L'Ephémère* (n° 5, printemps 1968) a été reprise dans NNR, II, pp.99-132. «Le bouquet» figure sous forme de fac-simile hors-texte dans le numéro de *l'Herne* (1986). Un dernier ensemble, également sous forme de fac-simile, «illustre» l'entretien accordé par Ponge aux *Cahiers critiques de la littérature* (n° 2, 1976).
188. C'est ainsi que débute le texte du 1er septembre 1954 : «Plus qu'un mois pour mettre sur pieds ce livre, pour faire éclore ma fleur.» (NNR, II, p. 107).

tiné au livre en gestation) qui se présente comme une possible variation sur «Ce qu'on dit au poète à propos de fleurs», un texte, écrit durant la même période pour une exposition de peinture[189], exhibe un véritable montage de citations de Rimbaud, et désigne également 1954 comme un moment où Ponge est particulièrement (et fortement) occupé par l'écriture rimbaldienne, avant d'en faire le principal objet des «Illuminations à l'Opéra-Comique» en 1956. Enfin, c'est autour de citations de Rimbaud, et en écho complémentaire aux «Cristaux naturels», que tente de s'élaborer la «fleur» pongienne, dont «l'idée» avait été priée «d'aller honnêtement se rasseoir» dans le texte de 1946. Au plus près de celui-ci, dans la chronologie, s'écrivent deux textes du dossier qui relativisent la portée du modèle cristallin.

ECHAPPER À LA FORME

Le premier[190], daté du 6 août 1945, recense les objets dans la forme desquels peuvent s'observer «spirales», «volutes», «boucles mal conclues», «loopings imparfaits», «étirements», etc. L'instabilité lexicale tente de transcrire celle des formes elles-mêmes, affectant les choses les plus diverses énumérées par le texte en listes indéfinies où voisinent «les fumées», «la coupe de certains bois», «des joues flasques», «des pneus sortis de leurs jantes», jusqu'au signe de l'infini («Comme le zéro sorti de sa jante et qui, se détendant, passe par le huit couché»), pour en arriver «à une écriture de plus en plus lâchée». Par-delà l'effet esthétique, Ponge vise ici à dire le mouvement dont est saisi, à la limite, l'univers entier :

> «une certaine hâte, accélération fatale vers les abîmes, les gouffres aspirants», incessante défaite d'un ordre, sans rien de tragique pour autant; «(...) aspirées par l'insondable, certaines formes se relâchent, s'abandonnent, démissionnent/(Et cela peut bien être le signe de la recherche d'un équilibre nouveau)».

Vision non seulement lucrétienne et conforme à la plus profonde «imprégnation» de Ponge[191], selon laquelle les objets les plus stables tendent à se défaire dans un flux, avant que leurs atomes constitutifs ne se rassemblent ailleurs et autrement, mais aussi remise en cause d'une concep-

---

189. «Pour la même raison, à Stéphane Faniel», Paris, Galerie Diderot, du 26 novembre au 11 décembre 1954, repris sous le titre «Exposition Faniel» in GR, L, p. 92.
190. NNR, II, pp. 125-127.
191. Cf. Veck 1986, pp. 387-393.

tion de la poésie comme collection de calmes blocs aux formes géométriquement définies et focalisant le sens à la façon dont les cristaux captent et concentrent la lumière : ceux-ci, moments d'équilibre, ne seraient plus désormais la règle (rêvée), mais l'exception, rare, aléatoire. De plus, l'équilibre qu'ils sont censés présenter n'est plus le seul possible : le «relâchement» des formes, «démission» par rapport à une certaine tenue, est aussi (et surtout) «signe de la recherche d'un équilibre nouveau», et, en ce qui concerne l'œuvre de Ponge, moment où entreprend de se penser une écriture à venir comme relève du poème en prose et opération consciente d'elle-même : les textes de *La rage*, ceux des *Proêmes*, sont encore à ce moment-là publiés au mieux comme des compléments aux produits aboutis du *Parti pris*, tels que les a reçus la critique. D'autre part, si la poésie, en tout état de cause, doit susciter la naissance et la mise en circulation d'une parole inconfondable, aussi révélatrice de son auteur que ses particularités physiques («(...) spirales des paumes, des lignes de vie ou de chance, — ou du gras du bout des doigts sur les fiches anthropométriques»), à la tenue (volontariste, architecturale) du texte s'opposerait l'écriture comme épanchement continu dont les développements incessamment changeants sont irréductibles à une forme stable :

> «Et rien de plus inimitable, paraît-il; rien de plus signalétique, authentique, différentiel, identifiant.».

Le renoncement au monumental aurait alors lieu au profit d'une authenticité individuelle mais plurielle, inassignable à une forme arrêtée (style, genre ou auteur), et incessamment évolutive et ouverte au hasard et à la variété des possibles.

LE VÉGÉTAL COMME ÉCRITURE

Une seconde mise en cause de la perfection cristalline a lieu dans l'«Abrégé de l'aventure organique suivi du développement d'un détail de celle-ci», de 1947[192]. Après les spirales, ce sont les végétaux qui proposent un modèle à l'expansion de l'écriture : les «merveilleuses limites» spatiales propres aux cristaux (et dont l'équivalent faisait problème pour les «ouvrages de l'esprit») sont mises en doute par la «perfection analytique»[193]. Alors que les tourbillons du texte de 1945

---

192. NNR, II, pp. 127-132.
193. «Il semble que la matière organique, sous cette espèce, s'essaie à une sorte de

n'étaient conditionnés que par leur propre dissolution, le déploiement des végétaux obéit à un projet qu'oriente une finalité cosmogonique : « prendre le monde dans son filet », tout en « cachant le ciel », symbole d'infini, de transcendance, et peut-être d'une perfection, telle que l'approchaient concrètement les cristaux naturels : ici-bas devient « ici-haut », ce qui s'inscrit dans le prolongement des ambitions du *Parti pris des choses*. De plus, au lieu que ce soit l'écriture qui emprunte les qualités des objets (spirales, volutes ou cristaux), ce sont les végétaux qui se comportent de façon scripturale; le fonctionnement métaphorique s'en trouve inversé, et d'autant plus motivée l'homologie perçue entre le végétal et l'écriture. L'un et l'autre s'accomplissent selon leur propre expansion, et rien ne vient limiter l'occupation de l'espace (de la page), si ce n'est un renoncement périodique, un coup d'arrêt temporel et contingent, qui se substitue ainsi à la détermination spatiale a priori propre à l'apparition des cristaux. Mais, tout informés qu'ils sont par le modèle scriptural, les végétaux, comme les fumées, et malgré le caractère répétitif de leur action, ou à cause des « découragements » successifs à quoi elle donne lieu, finissent par disparaître sans avoir réalisé durablement leur projet :

« Ils s'affaissent définitivement ou s'abattent, puis allongés sur le sol, ils attendent la prochaine péripétie. »

L'aventure, cependant, ne s'arrête pas à la mort végétale; l'échec dans la recherche de la perfection analytique aboutit à une « nouvelle péripétie », qui est aussi conversion (géologique) du végétal en minéral[194]. Deux régimes d'activité (d'écriture) sont ainsi métaphoriquement mis en relation, bien qu'ils soient symétriquement opposés : celui que motive la « perfection analytique » (du côté des végétaux), et celui qui tend à la « perfection synthétique » (du côté des minéraux provenant de la transformation des premiers après leur mort). Aux nombreux résultats provisoires relevant du premier type de perfection succèdent les très rares

---

perfection analytique, s'exprimant de façon scripturale, par déploiement et division, notes, appendices, extension de son réseau, invasion, innervation, articulation et vascularisation de l'espace, broderie jusqu'à l'extrême bord du canevas, pour cacher autant que possible tout ciel, occuper entièrement toute page, prendre le monde dans son filet, l'embrasser ou ficeler tout entier en se développant (et tissant) à sa mesure. » (Ibid, p. 128).

194. « (...) une nouvelle énergie leur vient et un nouveau cœur à l'ouvrage en vue d'une nouvelle sorte de perfection, symétriquement opposée, il faut le dire, à celle en faveur de quoi, voici moins de quelques millénaires, ils se déployèrent en vain./ Dès lors, c'est, en effet, à la perfection synthétique qu'ils tendent : au carbone tout pur, au diamant. » (Ibid, p. 129).

résultats durables obtenus à la poursuite du second; mais il s'agit de la même histoire, de la même aventure, et des mêmes «illusions». Ainsi les cristaux, par l'intermédiaire du «diamant», sont-ils tirés de leur splendide isolement, et rendus à une genèse, en conformité, là encore, avec les lois physiques énoncées par l'épicurisme lucrétien[195]. La surprise qui accompagnait leur découverte dans «Des cristaux naturels» fait place au constat du prix payé pour qu'ils se produisent. Car la réussite synthétique n'est pas plus assurée, statistiquement, que la réussite analytique : pour un seul diamant, «quelle patience», «quelles contractures», «quelles pressions souhaitées et subies au sein des géosynclinaux», combien de tonnes de houille? Ponge, d'ailleurs, ne cache pas la sympathie que lui inspirent «ces épais gisements de houilles, en deuil de leurs deux illusions et prétentions successives.»[196] Et l'on peut considérer le texte de 1947 comme un développement reprenant le propos de «L'anthracite»[197] de 1941 et précisant l'enjeu des «Cristaux naturels» de 1946.

Les charbons (en général) adoptent, dès le premier texte, «tous s'étant vainement essayés au diamant», une attitude qui est celle des minéraux vulgaires tels que les présentera «Des cristaux naturels», «ignobles en quelque sorte. Tournant obstinément le dos. Point de réponse en eux au monde extérieur», avec toutefois une différence qui les caractérise : «S'ils répondent, ce n'est qu'aux attouchements» (et non aux regards). Et Ponge d'insister sur l'«empressement», la «vilenie» qui se révèlent ainsi, et sur les taches qui s'ensuivent. Par opposition, l'anthracite se situe du côté des cristaux, et ce sont les mêmes métaphores qui disent le scintillement dans l'un et l'autre cas :

«(...) il vous multiplie les signes d'intelligence. Avec la même inquiétude, la même noble timidité que les étoiles.»

Les charbons se trouvent donc à la croisée des possibles : vers la matité/mutité de la pierre, avec les houilles les plus courantes, vers la perfection signifiante des cristaux, avec l'anthracite; ces dernières es-

---

195. En 1970, à propos de «création», Ponge écrivait : «je n'aime pas trop ce mot, car selon Démocrite et Epicure, rien ne se crée de rien dans la nature (c. a. d. rien n'est créé). Rien ne se crée de rien, et il est bien évident que les *opera litteraria* le sont à partir des lettres et des mots et des signes de ponctuation, etc. (par simple permutation de ce que Lucrèce appelle *elementaria*)./ C'est du latin *creationem*, de *creare*, du sanscrit *kri, faire*.» (FDP, p. 13). Ponge, entraîné par l'expression lucrétienne («opera litteraria») écrit «elementaria», qui n'existe pas chez Lucrèce.
196. NNR, II, p. 130.
197. GR, P, pp. 71-73.

pèces possèdent en commun, et à des degrés différents, l'«éclat», qui subsiste dans l'anthracite même après le concassage :

> «(...) ce n'est pas pour si peu, pour la ruine de sa forme (ou sa prise de formes), qu'on l'en fera démordre : ses morceaux brillent, ils brillent de plus belle!».

Mais l'anthracite demande une intervention extérieure pour être révélé à lui-même et à ses qualités, alors que les cristaux ne doivent de briller qu'à un développement spécifique. De même, «le pouvoir de flamber durablement enfoui au sous-sol», une fois mis à jour, ne brillera-t-il (en produisant chaleur et force) que de façon éphémère, quand la capture de la lumière et le déclenchement de l'«incendie» demeurent en permanence le fait des cristaux; le feu du combustible constitue un ultime avatar, alors que les feux des pierres subsistent comme une propriété inaltérable. A un éclat retardé (qui renvoie au modèle de la bombe choisi par Ponge, dans un premier temps, pour conformer son écriture) s'oppose celui qui impose immédiatement l'autorité exhibée (et inépuisable) de sa formule, et qui caractériserait les réussites rimbaldiennes, telle l'épigraphe à partir de laquelle s'est écrit «Des cristaux naturels», texte où s'éprouvent à la fois la force de signifier, intacte après la fragmentation citationnelle, et le pouvoir (gnomique) d'accueillir les lectures successives, et prévues par l'écriture même, de la postérité[198].

LE COMPROMIS DE LA FLEUR

C'est dans ce contexte, où est mise en question la quête plus ou moins réussie de l'éclat dur et durable de la formule, que surgit la fleur, dans le même ensemble daté de novembre et décembre 1947[199]. Considérée comme un épisode de l'histoire des végétaux à la coûteuse recherche de leur éternité, la fleur se présente comme «solution de pis-aller», «renoncement à la perfection individuelle absolue», cette seconde expression commentée par une citation de Rimbaud : «*la vérité dans une âme et un*

---

198. Le travail pongien semble proche des analyses de Paulhan, qu'il vérifie à travers son activité : «(...) si le sens était épars dans tout le poème, il me semblait déjà que l'autorité, elle, avait sa place marquée, facile à reconnaître, frappante du premier abord.»; «tout se passait comme s'il y eût eu, à l'intérieur de la langue commune, et perçant par instants cette langue, un second langage, ésotérique, à la pratique duquel une convention tacite attachât toute influence.»; «Je n'étais pas loin de penser qu'il devait son pouvoir à sa seule obscurité» (J. Paulhan, *Œuvres complètes*, II, Paris, Cercle du Livre Précieux, 1966, pp. 80, 101, 102).
199. NNR, II, pp. 127-132.

corps»[200]. A l'expérience d'*Une saison en enfer*, qui s'achève sur l'affirmation totalitaire de l'accès à l'absolu (ou de ce qui peut s'entendre comme tel), correspond chez Ponge la mise en doute de cette prétention, du bien-fondé d'une réalisation close sur elle-même et autosuffisante, âme et corps pouvant figurer les deux faces du signe; la fleur, en revanche, parce qu'elle inscrit les végétaux dans un enchaînement sexué, vital et mortel, lié à la reproduction, désespère d'atteindre à l'intemporel et propose dans le même temps une solution, en déléguant «à quelque descendant le soin (et d'abord l'espoir) d'un accomplissement auquel ils (les individus végétaux) ont renoncé pour eux-mêmes.» Une autre forme d'inscription de l'œuvre dans la culture se fait jour en s'opposant au modèle solitaire des cristaux ou des pierres précieuses; à la référence (maximes, proverbes) qui fait autorité, isolée, dans n'importe quel contexte, peut être préférée la graine solidaire de son espèce et confiante dans l'avenir qui la fera éclore; le «désespoir métaphysique que chaque fleur signifie» est alors récompensé: «La graine est inventée; y est mise: merveilleuse fève, inestimable cadeau!», avec le risque que cela comporte:

> «A jamais il ne va plus y avoir que reproduction, répétition; répétition des mêmes espoirs, élans, désirs, soifs, enthousiasmes — et des mêmes défauts, manques, faiblesses, insuffisances, désillusions — et enfin de la même sublime et pitoyable échappatoire.»

Mais l'important, c'est qu'à l'absolu de la réussite individuelle poursuivant l'éternité succède une relativité inscrite dans l'aventure spécifique à laquelle elle participe. Quelques années plus tard[201], en 1953,

---

200. C'est sur cette formule, composée en italiques, que s'achève «Adieu» et que se clôt *Une saison en enfer* (*Œuvres*, II, p. 143). Ponge ne tient pas compte du contexte et interprète en termes de poétique ce qui se donne dans le texte rimbaldien d'abord comme conclusion éthique.

201. «Vous me direz (...) qu'(...) il doit bien m'arriver parfois d'être content d'une expression et de la proférer comme définitive, infaillible, bien trouvée, irrécusable, comme une sorte d'oracle./ Oui, certes, c'est à cela chaque fois que je tends (...). Une telle expression — sorte d'oracle, de maxime, ou de proverbe — peut être dite de n'importe quelle façon: hurlée, murmurée, accélérée, ralentie, affirmée, posée interrogativement, voire même (Lautréamont l'a montré) retournée: elle n'y perd rien. C'est qu'en effet elle signifie tout et rien; c'est une lapalissade et c'est une énigme./ Il s'agit d'une sorte de langage absolu, parfaitement stupéfiant, imposant, détestable!/ On est très content, certes, de s'être prouvé à soi-même qu'on était capable de tels oracles. Peut-être quelque volonté de puissance s'y trouve-t-elle satisfaite. Mais il suffit de quelques instants pour déchanter, et pour désirer violemment changer de peau, (...) quitter cette chambre trop sonore — et repartir dans la vie, dans le risque, dans la maladresse, dans la forêt épaisse des expressions maladroites.» (GR, M, p. 223).

Ponge, sans renoncer totalement à ses ambitions à cet égard, explicitera son opposition au style «oraculaire». Durant la même période, la vie baroque est mise, dans le *Malherbe*, en regard de la minéralité classique, comme la fleur répond aux cristaux, et la maladresse à l'oracle : pour Ponge, il n'y a pas à choisir entre l'un ou l'autre versant («le classicisme n'est que la corde la plus tendue du baroque»), même si une constante fascination de l'«œuvre adamantine» le pousse vers Rimbaud comme vers Malherbe, dont on aurait pu penser perdue la rigueur monumentale : en fait, avec l'auteur des *Illuminations*, s'incarne la possibilité d'une écriture moderne qui n'aurait rien à envier à la force proverbiale (ou énigmatique) des formulations anciennes ; dans l'économie instable, et sans cesse questionnée, de l'écriture de Ponge, Rimbaud figure comme une tentation, un pôle de structuration, un avatar paradoxal du grand ancêtre hors d'atteinte, différent de lui dans la mesure où son écriture propose un modèle opératoire, parce que débarrassé de toute «vieillerie poétique», pour une littérature de l'avenir : un classique d'avant-garde. D'où sa présence insistante au cœur de la problématique où se confrontent la fleur et la pierre, qui thématisent les virtualités de l'œuvre pongienne.

LA FLEUR SUBJECTIVE

La campagne d'écriture qu'en 1954 Ponge consacre aux fleurs s'ouvre, dans le dossier en son état actuel, par un ensemble où se proclame la détermination à défaire la fleur comme «métaphore de routine de l'esprit humain», selon une visée déjà rencontrée dans «Des cristaux naturels»[202]. C'est l'examen systématique et critique de la notion, jouant de ses possibilités sonores et associatives, qui sous-tend le texte écrit les 12 et 13 août 1954[203]. Une formule, encadrée en haut de la page manuscrite («la fleur est ce qui affleure»), met en place un jeu paronomastique à partir duquel est évalué un des sens métaphoriques de «fleur» : «la fleur, crème ou élite». Un premier constat fait état d'une dérive sémantique perçue comme abusive :

> «Pour moi, la fleur (par exemple du géranium) et la fleur (par exemple de la société) sont deux choses sans (aucune) parenté, plutôt opposées.»

---

202. Textes des 13, 12, 15 juin, et 4 août 1954, NNR, II, pp. 101-104.
203. *Cahiers critiques de la littérature*, op. cit., p. 14.

L'opposition ainsi dégagée est à son tour caractérisée par une équivalence ; « fleur » (au sens métaphorique) égale « crème », par l'intermédiaire du sème « émergence », commun aux deux termes :

> « Dans la fleur de la société, je vois ce qui affleure. Comme on dit la crème de la société : c'est-à-dire ce qui monte au-dessus du lait. »

Plus profondément, enfin, se trouve identifiée une répulsion personnelle, qui se rattache à une formule empruntée aux *Vers nouveaux* :

> « Et toute fleur (en ce sens), toute crème évoque irrésistiblement en moi l'expression de Rimbaud (l'affreuse crème — parlant de ce qui vient en surface sur les mares stagnantes, les étangs) ».

La citation de « Comédie de la soif »[204] témoigne, une fois de plus, de l'importance de l'œuvre de Rimbaud pour la sensibilité pongienne : replacée dans son contexte originaire[205] (dans lequel le moi s'oppose au chœur des amis qui l'invite à l'ivresse des vins, du bitter ou de l'absinthe), elle manifeste pour la surface (abandonnée à « l'affreuse crème ») une répulsion proche de l'éthique pongienne lorsque celle-ci, contre une société perçue comme hideuse ou chaotique, choisit la misère pour exercer correctement la poésie dans un nième « dessous », au plus près du monde muet. Par ailleurs, l'équivalence « irrésistible » perçue entre « fleur » (en un certain sens) et « crème », liée à l'intertexte rimbaldien, est peut-être une des raisons de la mise à l'écart de « l'idée de la fleur » au début des « Cristaux naturels ». Enfin, dans un ajout à son manuscrit, Ponge analyse techniquement la portée de l'expression :

> « C'est le pire ici qui monte en surface, et l'on voit le procédé littéraire, le scandale, qui consiste à afficher l'ambiguïté (le mariage sensible du pire et du meilleur). »

A l'oxymore efficace appelant le dégoût, « voire la nausée », va être mesurée la fleur « en tant que telle », à propos de laquelle est tout d'abord soulignée la distance qui la sépare de son sens figuré :

> « Tandis que la fleur de géranium, ah ! ou de toute autre plante, ou arbre, ce n'est pas l'écume qui lui monte aux lèvres (comme dans les crises épileptiformes). »

---

204. « Comédie de la soif, 3 » (« Les amis »), v. 51. (*Vers nouveaux, Œuvres*, II, p. 62). Il n'est pas impossible par ailleurs qu'un autre vers du poème de Rimbaud (« Ces fleurs d'eau pour verre », v. 34) soit à l'origine d'une veine métaphorique récurrente dans « Le verre d'eau » : « Comment qualifier cette *fleur* sans pareille ? » ; « Perfection (...) l'on te *cueille* à tous les robinets » (je souligne) ; GR, M, pp. 123, 125, et passim.

205. « Qu'est l'ivresse, Amis ?/J'aime autant, mieux, même,/Pourrir dans l'étang,/Sous l'affreuse crème,/Près des bois flottants. »

Cependant, la montée de l'écume remplaçant celle de la crème, le champ sémantique de la maladie succède à celui de la société, et permet d'opérer un tri parmi les végétaux, entre ceux dont la profusion florale (sexuelle) relève d'un épanchement physiologique, voire pathologique[206], incontrôlé et lié à l'exubérance vitale du printemps, et dont le type serait bien représenté par «Le lilas»[207], et ceux qui se caractérisent par une rareté soucieuse de ses effets (concentrés) et révélatrice d'une retenue éthiquement proche de celle de Ponge. Mais, très vite, se corrige cette première approche subjective, une fois avouée la répugnance la plus particulière qui la fonde ; à propos des fleurs les plus individualisées, Ponge écrit :

> «C'est peut-être la même chose, mais vue de plus près, en gros plan, elle perd de son ignominie».

Le grouillement indifférencié n'est perçu comme tel qu'en raison d'une accommodation du regard, qu'il suffit de modifier pour voir autre chose, selon le même procédé qui avait transformé le coquillage en monument, ou le pain en chaîne de montagnes ; une note marginale précise :

> «Comme une moisissure, vue de près, ce peuvent être de parfaits, de réjouissants cristaux... Et je n'ai pas besoin de souligner la règle morale que cette constatation permet de dégager.»

La volonté de changer d'opinion opère, dans ce contexte où Rimbaud est déjà présent, par une comparaison entre les fleurs et les cristaux, et détermine une orientation nouvelle de l'écriture :

> «... Ainsi, je le vois bien, au fur et à mesure que je précise mon analyse, il faut que je rapproche les deux notions, que je les marie, dominant ma nausée instinctive, mon préjugé.»

Apparemment, les deux notions qu'il s'agit pour Ponge de marier renvoient à deux conceptions de la fleur. Cependant, le recours aux cristaux (et la référence qu'il implique aux «Cristaux naturels») ouvre la possibilité de penser autrement les questions posées par le texte de 1946,

---

206. «Voilà qui pourrait encore aller pour les aubépines, les rosiers grimpants, les arbres fruitiers (la crise des aubépines, ai-je écrit un jour, ou l'éruption printanière des arbres fruitiers)... Mais la fleur du géranium, du dahlia, du rosier : non, ce n'est pas cela...»

207. «(...) le printemps quant à moi (...) m'apparaît comme un phénomène congestif, d'aspect plutôt répugnant, comme un visage d'apoplectique, par ce côté (au moins) violacé, gémissant, musicien qu'il comporte. Les manifestations végétales, florales, et ces trilles du rossignol qui s'y subrogent la nuit (...).Ce déballage de boutons, de varices, d'hémorroïdes me dégoûte un peu.» (GR, P, pp. 135-136).

notamment en ce qui concerne le modèle «naturel» de la perfection scripturale. La convocation amorcée se poursuit par un recours à l'épigraphe de Rimbaud déjà mise à contribution, et sollicitée cette fois pour ce qui s'y dit des fleurs :

> «Et puis, il est très juste, de toutes façons, de dire que la fleur est ce qui est au-dessus, ce qui éclot en surface, ce qui affleure. Rappelons-nous Rimbaud encore : "Les pierres précieuses qui se cachaient, les fleurs qui *regardaient* déjà". Toute la question est de savoir si c'est le meilleur (ou le pire) qui vient en surface. S'il s'agit d'une expulsion du pire ou d'une offre (ou parade) du meilleur» (souligné par Ponge).

L'évaluation de la formule pongienne («la fleur est ce qui affleure») paraît avoir lieu sous l'autorité rimbaldienne, mais en réalité celle-ci est reconstruite par une double mise en rapport (relevant de l'idiosyncrasie de Ponge) entre «fleur» au sens végétal du terme et «fleur» (au sens moral ou social, contaminé par un sens quasi nosographique) d'une part, et d'autre part entre les deux citations de Rimbaud, considérées comme métaphores de «ce qui vient en surface», grâce à l'équivalence établie précédemment entre «crème» et «fleur». Le retour obsédant de la formule qui ne cesse d'affleurer comme la fleur elle-même, les relations établies entre les fragments par la sensibilité, avant d'être justifiées et rationalisées, l'opiniâtreté de Ponge à épuiser les sens lisibles dans le texte (ici, le regard comme affleurement, après le regard comme éclat, dans «Des cristaux naturels»), tendent à arracher «Rimbaud» à l'histoire littéraire pour le considérer, le traiter comme un objet du monde muet, lui donner une parole, réactiver une efficacité oubliée sous le mythe.

Point de départ pour une première distinction entre «pierres» et «fleurs», la citation vient ici à la rescousse de la lucidité introspective, et relance l'écriture attachée à une nouvelle définition de la fleur. Alors que les textes de 1947, après avoir constaté le deuil des végétaux, eu égard à leurs prétentions successives, présentaient la fleur comme une sublime et pitoyable échappatoire, tragiquement vouée à la répétition des mêmes illusions, les textes de 1954 élaborés à la suite du feuillet des 12 et 13 août, réhabilitent la fleur dans une position éminente, intermédiaire entre les minéraux et l'humanité; pour parodier la définition du savon donnée par Ponge : «une-sorte-de-cristal-mais...», selon la proposition paradoxale énoncée par le texte du 20 août[208] :

> «Les végétaux sont des cristaux vivants, s'alimentants, respirants, souffrants, jouissants, mourants; et qui se reproduisent le plus souvent de la même manière que les animaux (...) : la fleur joue un grand rôle en cela.»

---

208. NNR, II, pp. 104-106.

Et Ponge de développer les caractères qui font participer les végétaux à la fois des qualités du vivant et de celles de l'inorganique : le «caractère parfait et abstrait (venu de la proximité avec le cristal) conféré aux qualités du vivant (à ce qui le rapproche de nous)»; approche qui permet de le considérer comme «une certaine perfection (paradoxale) du vivant» ou «à l'inverse, comme des cristaux relativement imparfaits et, par là, plus fraternels à nous»; en somme, les végétaux «constituent le passage du minéral (de l'inorganique, généralement cristallin) à l'animal (à la vie baroque).» La perfection n'a plus pour seule référence le cristal, mais tout ce qui peut la réaliser (au moins partiellement) sans pour autant se présenter hors de toute genèse, comme être incréé :

> «(...) dans la feuille, le fruit, la fleur, il s'agit de cristallisations dont on aperçoit le pédoncule, c'est-à-dire le cordon ombilical, le lien avec un être qui les "pousse", les produit.»

La citation d'«Après le Déluge», réinscrite dans le travail d'écriture quelques jours auparavant, se trouve à l'arrière-plan de telles réflexions, mais elle est cette fois interprétée dans une perspective nouvelle; alors que dans «Des cristaux naturels» l'accent se trouvait mis sur la disjonction entre pierres et fleurs, ici Ponge (mais toute possibilité métaphorique a été préalablement évacuée) joue de la juxtaposition des deux termes pour opérer entre eux une conjonction, vérifiable empiriquement, et non réductible à un transfert ou à une confusion d'ordre rhétorique. Si les fleurs, une fois explicitées les répugnances qu'elles suscitent, peuvent être dites «touchantes», c'est qu'elles sont comprises comme «signes parfaits (abstraits)» produits par des êtres vivants assumant leur condition (baroque et mortelle). Ce que l'on ne peut pas dire des

> «véritables cristaux, ceux de l'inorganique. Nous ne concevons pas l'être qui les aurait produits : rien ne saurait donc les rapprocher de nous (en ce sens).»

Une nouvelle esthétique se dessine : l'œuvre, parce qu'elle provient d'un individu vivant, ne prétendra qu'à une perfection compatible avec les possibilités du vivant; et pour la même raison, elle ne cherchera pas à mystifier son public en occultant ce qui pourrait faire douter de l'absolu auquel elle prétend : les conditions de sa production, de sa genèse, font partie d'elle-même, les symptômes de sa contingence (côté végétal et mortel), comme la manifestation de l'intemporalité vers laquelle elle s'efforce (côté minéral et — peu s'en faut — éternel). En ce sens, Ponge, tout en gardant comme modèle (relativisé) la formule proverbiale ou oraculaire dont il reconnaît la perfection dans l'œuvre de Rimbaud, se l'approprie en la repensant, pour son œuvre propre, dans son rapport avec une écriture en continuelle expansion qui la prépare et la conditionne; il fonde ainsi une pratique conforme à une conception de la poésie d'où s'est absentée toute prétention à une génération géniale et spontanée, délivrée de la temporalité humaine. Les qualités du cristal et du végétal se conjoignent dans la fleur, épanouissement textuel momentané et parfait produit d'une poussée qui est l'existence même, dans laquelle elle demeure inscrite.

UNE LEÇON DE POÉTIQUE : « LES *ILLUMINATIONS* A L'OPÉRA-COMIQUE »

Avec «Les *Illuminations* à l'Opéra-Comique»[209], écrit en 1957, sont à première vue décrits et magnifiés les nouveaux aménagements électriques dont vient de bénéficier l'Opéra-Comique; mais, dépassant la commande circonstancielle, c'est bien de Rimbaud (présent dès le titre où figure en italiques la mention de sa dernière «œuvre»), de sa place et de son apport, que traite allégoriquement le texte, à comprendre comme une mise au point concernant à la fois la poétique et l'histoire littéraire. L'écrivain Ponge y est appelé à voir un spectacle paradoxal dont il doit rendre compte à ses lecteurs : celui des coulisses et de l'installation des éclairages dans un lieu théâtral qui figure aussi l'institution littéraire. Modalités, objet et sujet de la vision sont méticuleusement mis en scène, et concourent à réévaluer de façon critique l'expérience rimbaldienne du Voyant.

L'INSOLITE BANALITÉ DE L'INITIATION

La révélation s'opère de la façon la plus banale, aux termes d'un engagement contractuel (le texte est une commande), sous la conduite de « deux messieurs » qui n'ont rien de la Sibylle ou de Virgile, et la descente aux Enfers se limite au «troisième sous-sol»; si le sujet se trouve dans un état «quasi somnambulique», c'est qu'il est mal réveillé, du fait que la promenade a lieu le matin, à contre-courant de la tradition nocturne de toutes les initiations (le matin, dans *Une saison en enfer*, par exemple, est le moment de la remontée). Ce qui est «vu» n'a pas non plus l'exubérance des paysages découverts par l'errance du «Bateau ivre» ni la précision hallucinée des délires d'«Alchimie du Verbe». Il s'agit des manifestations fulgurantes et dangereuses d'une énergie inabordable, mais dont l'origine n'a rien de surnaturel, l'Olympe qui la produit se situant, prosaïquement, dans le Massif Central ou dans les

---

209. GR, L, pp. 128-134.

Pyrénées. Quant au miracle qui métamorphose et multiplie le damné prisonnier du troisième sous-sol en «tigre du Bengale» puis en «bengalis» multicolores, il tient non à quelque pratique magique, mais à une maîtrise technique rigoureusement mise en œuvre; de plus, à l'opposé de la tradition infernale (Virgile, Dante, Rimbaud) le châtiment n'a pas pour fin une éternelle souffrance individuelle, mais la joie collective. La position de «Voyant», enfin, dans laquelle se trouve placé Ponge, n'est pas le signe d'une élection (grand maudit, suprême savant) par rapport au reste de l'humanité pour laquelle il verrait (gagnerait de nouveaux territoires à la vision) au risque d'être foudroyé, mais l'effet d'une contingence parfaitement explicable : l'écrivain, c'est son métier, décrit afin de communiquer à d'autres ce dont l'accès est réservé pour des raisons de sécurité. De ce point de vue, on peut comparer l'énonciation de Ponge («ce spectacle, vous ne le verrez pas», «ce que j'ai vu et que vous ne verrez pas») et celle de Rimbaud («Et j'ai vu quelquefois ce que l'homme a cru voir») concernant la délégation de la vision; chez Rimbaud, le «je» se sépare nettement de «l'homme», situé hors dialogue. Le poète, sujet singulier, s'oppose à la généralité de l'espèce, pour laquelle il accomplit, fût-ce par intermittences, ce qui ne relevait, jusqu'à lui, que de la croyance de l'humanité normale : la médiation poétique stabilise l'illusion en un spectacle positif. Du côté de Ponge, en revanche, le dialogue existe entre l'écrivain et le «vous» désignant ses lecteurs : ils appartiennent au même espace, et l'hyperbole rimbaldienne de l'espèce fait place, en toute platitude réaliste, au groupe aléatoire mais relativement restreint des habitués (des représentations) de l'Opéra-Comique, auxquels il s'agit de donner à voir, et à comprendre, non un ailleurs fabuleux, mais le très réel envers du décor. La distance qui sépare les deux postures n'est pas simplement le fait de Ponge; celui-ci se contente en effet de mettre en pratique le constat établi par Rimbaud lui-même à la fin de la *Saison* :

> «J'ai cru acquérir des pouvoirs surnaturels. Eh bien ! je dois enterrer mon imagination et mes souvenirs ! Une belle gloire de conteur et d'artiste emportée !/ Moi ! moi qui me suis dit mage ou ange, dispensé de toute morale, je suis rendu au sol, avec un devoir à chercher, et la réalité rugueuse à étreindre ! Paysan ! »

Le renoncement à l'écriture artiste, à la narrativité, le deuil de la voyance et des pouvoirs surnaturels, la reconnaissance de «la réalité rugueuse à étreindre», contiennent en germe l'entreprise de Ponge, qui fait allusion au texte de Rimbaud lorsqu'il se compte au nombre des «maniaques de la nouvelle étreinte»[210].

---

210. GR, M, p. 198.

LE JEU DES CITATIONS

La fonction du poète, de l'idéalisme qui sous-tendait l'activité du Voyant au réalisme d'un programme terre-à-terre, subit une déflation et un déplacement dont se fait l'écho le texte pongien lorsqu'il évoque les «voyants multicolores» signalant la quantité des points d'éclairage en service dans l'espace du théâtre. Le voyant n'est plus source, mais symptôme d'une illumination qui le dépasse, au même titre que d'autres, ce que mime le texte en égrenant, avec celles de Rimbaud, des citations de Mallarmé, tous deux étant considérés comme les signaux précurseurs d'une nouvelle civilisation où se repensent l'homme, le monde et la langue. De même, l'irruption des lumières dans l'espace théâtral, qui se produit

«de telle façon que l'état d'âme de toute la population (...) — spectateurs et acteurs — s'en trouve à chaque instant affectée, comme à volonté modifiée»,

sert de modèle à l'action poétique et donne la juste mesure du travail rimbaldien ; s'il a un avenir, comme annonce et ressource de la modernité, ce n'est pas pour avoir voulu dénaturer le sujet (Voyant) afin de (chercher à) voir autre chose, mais parce qu'il a donné à voir autrement, par l'agencement de dispositifs particuliers influant sur ce qui conditionne l'expérience humaine : la langue, comme la lumière. A l'opposé de ce que cherche à prolonger massivement la postérité de Rimbaud — l'expérience mystifiante et post-romantique de la voyance —, c'est la technique du «poète des *Illuminations*» dans laquelle se reconnaît Ponge, parce qu'elle ne débouche pas sur une simple virtuosité, mais qu'elle répond à sa propre conception :

«Ce que je conçois comme tel : une œuvre d'art. Ce qui modifie, fait varier, change-quelque-chose-à-la-langue»[211].

L'apport de Rimbaud, toute confusion écartée, peut alors se préciser dans l'histoire littéraire française. Il ouvre, avec Mallarmé, sur le futur, comme l'indique un premier couplage de citations («Million d'*oiseaux* d'or, ô *future* vigueur»/ «Calices balançant la *future* fiole», je souligne) métaphorisant les moyens d'éclairage en oiseaux/ fleurs ; la même citation du «Bateau ivre» oppose Rimbaud à d'Aubigné, et le «million d'oiseaux d'or» à l'évocation de la «multitude de corbeaux (venue) s'appuyer sur le pavillon du Louvre» huit jours après la Saint-Barthélémy : les oiseaux de malheur reviennent hanter les lieux d'un massacre justifié

---

211. Ibid., p. 13.

par la religion et annonciateur d'un avenir funeste, alors que ceux de la «future vigueur», «multitude d'aras de nuit», opèrent une sorte de massacre culturel, celui d'une «conception du théâtre» ouvrant une nouvelle ère, moins meurtrière, mais tout aussi déterminante pour l'évolution humaine par la subversion esthétique qu'elle opère. Avec Rimbaud et les écrivains de la «génération de 1870» a lieu la première tentative pour mettre fin à une littérature instrument de la lutte idéologique, et complice de ses conséquences.

RIMBAUD DANS L'HISTOIRE LITTÉRAIRE

C'est ce moment fragile de la modernité, où le nouveau n'est encore advenu, comme l'électricité à l'Opéra-Comique, qu'en coulisses, où il n'est admis que sous forme de faire-valoir destiné à revivifier l'ancien, que saisit «Les *Illuminations*...», en soulignant le risque de conférer à ce qui ne le mérite pas une importance disproportionnée :

> «Comment se peut-il (...) que tout cela ne serve qu'à éclairer un peu mieux le passé, quelques comédies à ariettes, que nous goûterions aussi bien aux chandelles?»

L'allusion vise le genre historique des comédies à ariettes, pratiqué par Favart, éponyme de la salle de l'Opéra-Comique, aussi bien que Verlaine, dont la première partie des *Romances sans paroles*, «Ariettes oubliées», se place sous l'invocation du même Favart, tout en s'écrivant en étroite relation avec les expérimentations rimbaldiennes. Verlaine, comme *Manon*, *Thaïs* ou *Lakhmé*, se situe côté scène, et offre en spectacle, comme ces œuvres lyriques, états d'âme et musicalité mélodieuse illuminés d'un éclat emprunté à une technique, condition de possibilité de cette expressivité représentative. La modernité ainsi désignée doit renoncer à produire, sur des thèmes et des intrigues rebattus, des performances spectaculaires, pour réapproprier la langue (et le monde dans la langue) à l'homme. De ce point de vue, Rimbaud appartient à la même espèce (rare) d'écrivains que Malherbe :

> «(Malherbe) fait de la poésie un véhicule, une montre (une horloge), une machine, un outil, une arme, une demeure, un appartement, un vêtement modernes sans qu'ils dépendent trop de la mode; maniables, habitables ou portables sans ridicule./ Par exemple, par rapport à lui, Verlaine, Mallarmé, Valéry, Claudel sont affublés; Apollinaire aussi./ Mais Rimbaud ne l'est guère. Il se débarrasse aussitôt de ses falbalas, avec colère. Les Latins, guère./ Comme on s'affuble par l'affectation de se désaffubler : Stendhal, Céline, etc. Les surréalistes./ Il faut snober les snobs eux-mêmes. Il faut périodiquement désaffubler la poésie.»[212]

---

212. Ibid., p. 59.

Le critère (la poésie doit venir sous la langue comme ce dont on a besoin doit venir sous la main, avec une facilité opportune) opère une discrimination entre les écrivains qui œuvrent (au sens fort), et ceux qui (se) donnent en spectacle. Avec Rimbaud, comme avec Malherbe ou les Latins, on se trouve du côté de l'action qui dénude, pour agir concrètement sur le fonctionnement, sur les coulisses. Avec les autres, qu'ils se laissent aller au «ronron» ou qu'ils posent à l'exhibition d'un désaffublement plus déclaré qu'effectif, on reste en scène, et cette page de 1952 annonce déjà le partage qui scinde «Les *Illuminations*...» (1957), en opposant le spectacle et l'action; c'est pour la même raison que, dans un écrit de décembre 1954[213], Rimbaud figure au nombre réduit de ceux qui ont constitué la particularité française dans «la caractéristique universelle» en matière de goût et de jugement. Plus précisément, le texte de 1957, en s'appuyant sur des citations des *Illuminations*, permet de formuler l'essentiel à la recherche duquel s'efforce l'incessant désaffublement rimbaldien, qui vaut à son auteur une place éminente dans le Panthéon de Ponge.

UN PROGRAMME RÉALISTE

   Une citation tirée d'«Angoisse», amenée par une tournure interro-négative («Ne se peut-il») substituée à celle, positive («Comment se peut-il»), qui l'introduisait dans son contexte d'origine, et dont la pente discursive se trouve ainsi inversée du doute pessimiste à un possible espoir, permet à Ponge de «retrouver» dans l'oracle rimbaldien (blason où il est déjà inscrit par ses initiales, F et P) sa propre thèse sur les possibilités de rétablir l'homme dans sa «franchise première», reformulée en «naturelle liberté». A toutes les tentations de restauration, utopiques et réactionnaires, il oppose, dans le sens inauguré par Rimbaud tel qu'il le revisite, la dynamique d'une instauration imposée par le réalisme («au point où nous en sommes») et soutenue par les innovations scientifiques, techniques, artistiques, dont le parti pris, radicalisé en revendication d'un «progrès nouveau et décisif dans l'artifice», vise à renouveler la «panoplie» de l'humanité dans le sens d'une amovibilité et d'une maniabilité plus grandes : une fois déposés les accessoires dont il a momentanément besoin, l'homme, ce «homard qui pourrait laisser sa carapace au vestiaire», comme le définit le «Texte sur l'électricité» de 1954, apparaîtra dans sa qualité différentielle, qui est sa nudité :

---

213. Ibid., p. 140.

« (...) le voilà comme au premier jour : aussi nu, nu comme un ver, aussi rose, aussi intégralement propre et libre que possible. Je ne connais guère, non, sinon les anges, je ne connais guère d'animal plus nu. »

La poésie désaffublée, dont Rimbaud ouvre la voie, ne sera pas nostalgique de l'âge d'or ni contemptrice de l'âge de fer ; loin de dénoncer le présent, elle le prendra à son propre jeu (tenant compte des incessants progrès) et d'un bond en avant cherchera à le franchir pour promouvoir, par ses cheminements spécifiques, l'homme à venir.

C'est à définir les règles d'action susceptibles d'atteindre un tel but que s'attache le programme en sept points auquel Ponge rapporte le succès de la transformation de l'Opéra-Comique, programme qui peut s'entendre aussi comme l'énoncé des conditions au terme desquelles l'espace de la république des lettres sera subverti par l'irruption d'une modernité irréversible, celle de Rimbaud, systématisée et prolongée par celle de Ponge :

Le « violent besoin de rénovation authentiquement ressenti », à ne pas confondre avec les soubresauts des modes littéraires, évoque la révolte (de Rimbaud ou de Ponge) devant l'état des choses, de la langue et de la littérature en particulier.

Le « budget consenti » évoque le prix à payer (déchéance, marginalité de Rimbaud, misère de Ponge) pour arriver à ses fins.

Le troisième point (« évacuation, exode ») désigne la sortie du manège et de la routine, le retrait du jeu littéraire tel qu'il se donne, la sécession silencieuse.

La « reprise fondamentale en sous-œuvre » énoncée en quarto situe l'effort de rénovation au plus près de la langue, dans la prose de la *Saison*, d'*Illuminations*, par opposition aux vers, ou dans les « brouillons acharnés » de Ponge.

La « communication établie avec le moderne Sinaï » du cinquième point affirme le recours à une nouvelle forme d'énergie (succédant à l'ancienne transcendance de l'inspiration), sans doute celle que produisent les pulsions individuelles ou l'inconscient : énergie que Rimbaud a tenté de capter, si l'on en croit la *Lettre du Voyant* ou « Alchimie du verbe », et à laquelle fait allusion Ponge quand il « ouvre la trappe » à propos des notions sur lesquelles il travaille[214].

---

214. Rimbaud (outre le célèbre « je est un autre ») : « Je m'habituai à l'hallucination simple

Le sixième point («appel à une technique d'autant plus savante qu'elle est inconsciente de sa signification seconde») renchérit sur le précédent en ce qui concerne l'effacement d'un moi pleinement maître de sa parole, tout en évitant l'épanchement incontrôlé, par l'usage d'une technique savante qui n'est pas sans rappeler la «musique savante» de Rimbaud, et qui permet par exemple de multiplier les rapports et de «boucler à double tour» les significations dans la définition de l'objeu pongien. Quant à la «signification seconde», celle qu'acquiert le texte pour les générations de lecteurs, sa richesse est à la mesure de la technique déployée : autrement dit, le texte n'est pas transcription pure et simple d'une «pensée» (ou de la subjectivité) de son auteur; celle-ci court le risque (qu'il faut prévoir) d'être dépassée («comprise» au sens pongien) par le fonctionnement de la langue dans le texte : d'où le recours à une savante machination capable de susciter la pensée du lecteur comme n'importe quel objet du monde muet, en dehors d'une quelconque référence à une figure de poète penseur à laquelle seraient rapportées et soumises toutes les significations du texte. Une telle conception justifie, secondairement, la manipulation des citations de Rimbaud, librement utilisées par le lecteur Ponge, en raison même de leur consistance objectale.

Le septième point, enfin, propose une «réintégration des lieux» transformés et désormais dépouillés de leur insignifiante gratuité antérieure par la «présence incessante du danger» qu'introduit la modernité, telle que l'entend Ponge : c'est sur l'attitude à adopter face à ce danger que se marque sa distance à l'égard d'une partie de l'expérience rimbaldienne, poursuivie et accentuée par certains de ses successeurs, et comprise en son issue (fût-elle déguisée en contestation absolue) comme renoncement ou fuite devant la force découverte : «Hae nugae seria ducent», avait prédit Horace, cité dans *Comment une figue de paroles et pourquoi*[215] : Rimbaud y est rapproché d'Empédocle, de Michaux, qui

---

(...) Je finis par trouver sacré le désordre de mon esprit (...)» (*Œuvres*, II, p. 127). Ponge : «Je travaillais en général les pieds sur la table, (...) pour me mettre dans une sorte d'état second (...) ce que j'inscris est une espèce de trace de ce qu'il y a de plus profond en moi, à propos de telle ou telle notion. (...) Je travaillais donc avec l'irrationnel venant de la profondeur de mon imprégnation (...).» (EPS, p. 72).

215. «"Je travaille à me rendre voyant" écrit l'un. "Qui ne cache son fou meurt sans voix" dit l'autre. Tics, tics et tics! Voilà bien des soucis d'histrion. Qui ne bâillonne son fou vit en pitre, leur répondrai-je. Telle n'est pas du tout mon intention. Ni de passer ma vie à disposer auprès du trou mes sandales. Je ne pousserai pas la démagogie à ce point. Honte (et pitié) à la démagogie sur ce point. D'ailleurs : Hae nugae seria ducent, leur répondrai-je en poussant du pied leurs sandales après eux dans le cratère.» (CFP, p. 100). Le passage, symptomatique du jeu de l'intertexte dans l'œuvre de Ponge, n'existe que par le tressage

n'ont pas pu, ou voulu, enfermer le «tigre dans la cave» pour l'asservir à d'autres fins que lui-même. La confrontation avec le fauve, voire son exhibition, conduisent à la folie, au mutisme, à la mort, dans l'oubli des tâches incombant à la littérature vis-à-vis de la langue, et au profit de la seule ostentation dramatisée du destin de l'écrivain : «soucis d'histrion» pour Ponge, qui ne songe à rien moins qu'à faire de sa vie une tragique œuvre d'art. Contre cette mystification, le texte des *«Illuminations...»* s'achève par une proposition de dispositif pratique mettant en scène l'énergie qui anime les illuminations de la salle Favart, comme les *Illuminations* rimbaldiennes et leur postérité.

LA LANGUE EXHIBÉE

Au lieu de servir une représentation, le défilé annuel du corps de ballet de l'Opéra n'exalte les danseurs que pour eux-mêmes; s'appuyant sur le précédent de ce «spectacle abstrait», Ponge propose que soit donné à «apercevoir» indirectement depuis la salle, grâce à quelques «éléments de miroirs» remplaçant la toile de fond, les jeux de lumière qu'il a précédemment évoqués. Le dispositif est radicalisé par la suppression des agents humains au profit des manifestations de ce qui les constitue en spectacle, mais sa description ne se réfère pas seulement aux aménagements de l'Opéra-Comique, si l'on observe ce que réfléchissent les miroirs : l'improbable image des lumières y est remplacée par des fragments tirés d'un poème d'*Illuminations* («Scènes») qui reprennent par bribes des thèmes apparus dans le texte de Ponge (éclairages oiseaux/«oiseaux comédiens»; spectateurs/«Béotiens»; conflit passé-avenir/«arête des cultures»; abolition des intrigues conventionnelles/«division de l'Opéra-Comique» par fragmentation). Comme Braque dans un texte de 1947[216], Rimbaud figure ici l'action de l'artiste qui

«n'explique pas du tout le monde, mais qui le change (...) (qui) ne représente rien, (...) puisqu'il (...) présente l'avenir.»

Cet avenir qu'annonce en actes le «prophète des *Illuminations*», dans l'interprétation et l'accomplissement qu'en donne Ponge, est à la fois destruction de l'ancienne représentation et exhibition d'une matérialité de la langue dont l'énergie se révèle par l'écriture. Là encore, Rimbaud, tel que le repense Ponge, est comparable à Malherbe, présenté comme le

---

des allusions et des citations les plus diverses : Empédocle, Horace, Lautréamont, Rimbaud, Michaux concourent (ici directement) à l'élaboration du discours.
216. AC, p. 73.

«dictionnaire en ordre de fonctionnement», ou comme le «langage absolu; quasi sans signification; ou plutôt (...) la signification même (et elle seule).» Il suffit de relier cette exigence d'autosuffisance productive de sens à celle de la transposition langagière de l'objet mondain (de l'émotion) pour arriver à la définition de l'objeu. La leçon rimbaldienne est celle de Malherbe, seulement plus proche et saisissable, et offre le modèle d'une écriture démarreur de la langue agencée en textes susceptibles de «tourner» tout seuls, comme des moteurs.

Mais dans «Les *Illuminations*...», il y a plus que la reconnaissance d'un précurseur de la modernité; le compte tenu des mots réunit Ponge et Rimbaud au point de les confondre dans le jeu spéculaire des citations «reflétant» les thèmes et/ou amenées par eux : le texte a-t-il pour auteur Ponge qui prélève des fragments et qui les travaille pour les intégrer dans un nouveau contexte où se gauchit leur sens, ou Rimbaud, cette énergie qui garde son pouvoir déclencheur en dépit des manipulations dont sont l'objet les formules qui la condensent? S'il est certain que le mythe Rimbaud, dénoncé sous sa forme biographisante, a été constamment mis à mal par Ponge, il n'en va pas de même en ce qui concerne l'écriture énigmatique : son utilisation ne fait que conforter son statut oraculaire et finalement indépassable, tout en portant le soupçon sur l'origine et l'originalité de l'écriture dans laquelle elle est convoquée.

Ponge lui-même a dénoncé le langage absolu, tout en restant fasciné par ses réalisations, et la place que finit par occuper «Rimbaud» dans son écriture risque d'être celle de l'auteur (aux initiales déjà inscrites dans les citations qu'il convoque), et du propre qu'il ne cesse de rechercher en déblayant les paroles qui lui volent la sienne. Le jeu intertextuel (citationnel et allusif), poussé à bout dans «Les *Illuminations*...», tend à abolir du même coup Rimbaud et Ponge. Contre la perte d'identité encourue, qui touche à l'originalité comme composante essentielle du concept d'auteur, se met en place la recherche d'une écriture qui ne devrait rien qu'à elle-même; on en verra l'exemple dans la genèse du «Pré»[217].

---

217. FDP, pp. 37-46. Je prends ici comme point de départ l'analyse menée dans Gleize-Veck 1984, pp. 94-143.

RIMBAUD PRIE D'ALLER SE RASSEOIR ?
LA FABRIQUE DU PRE

Sans entrer dans les problèmes complexes posés par la chronologie de l'avant-texte, on peut avancer que l'écriture du «Pré», dès sa conception, au Chambon-sur-Lignon, en août 1960, se présente comme étayée par un important recours à des écrits antérieurs de Ponge, par exemple, dès la lettre inaugurale à Sollers, datée du 11 août, au «Bois de pins» et au «Galet» :

> «J'ai revu mon bois de pins (nous sommes à cinq minutes en voiture de La Suchère) : inchangé. Par contre, celui où j'avais conçu Le galet a disparu.»

Le pré lui-même, référent et texte, sera énoncé à partir de ce qui (référentiellement et textuellement) le limite et le définit :

> «Ce que j'ai envie d'écrire, c'est Le pré : un pré entre bois (et rochers) et ruisseau (et rochers).»

Une intertextualité interne se dessine, que les brouillons du 11 octobre 1960 développeront ; on y repère ainsi la présence, plus ou moins insistante, de «La mousse», de «De l'eau», de «La terre», voire de «L'huître». Ponge semble bien vouloir éviter toute intrusion, dans son manuscrit, de textes ou de formulations qui ne seraient pas siennes : arrivé au point où tout débat avec les prédécesseurs (dont Rimbaud) a été franchi, il n'aurait plus recours qu'à son «propre», condensé dans son œuvre antérieure. Même la citation de Virgile, «sat prata biberunt», apparue elle aussi le 11 octobre, n'est qu'une auto-citation déguisée, tirée de la première phrase de «La grenouille» de *Pièces* :

> «Lorsque la pluie en courtes aiguillettes rebondit aux *prés saturés* (...)» (je souligne).

Le dernier vers de la troisième *Bucolique*, dans ces conditions, n'est pas une simple référence au poète latin, mais se présente comme déjà contenu dans l'œuvre antérieure de Ponge, et retraduit (en latin) à partir de *Pièces*; la convocation de Virgile dans *La fabrique* «révèle» en latin (selon la logique du «pré-») un texte déjà écrit en français, brouillant ainsi l'origine, cependant que «La grenouille», cet amphibie, participe à la fois de «Pluie» du *Parti pris*, dont elle cite les «aiguillettes»[218], et du

---

218. «(...) elle choit tout à coup en un filet parfaitement vertical, assez grossièrement tressé, jusqu'au sol où elle se brise et rejaillit en aiguillettes brillantes.» (TP, PPC, p. 36). La grenouille serait un avatar de la pluie sous sa forme (re)bondissante, manifestée également dans «La fin de l'automne», où apparaît aussi une première évocation du pré : «Dans cette grenouillerie, cette amphibiguïté salubre, tout reprend force, saute de pierre

«Pré», qu'elle contient sous forme d'une de ses principales amorces. Ce parti pris d'autarcie scripturale va cependant être menacé, non du fait de Ponge, par une irruption rimbaldienne, à la date du 11 octobre 1960. Elle se produit par l'intermédiaire de Sollers, qui, au cours de la conversation pendant laquelle Ponge l'informe de son travail de la journée (poursuivant en cela la relation qu'il a entreprise avec sa lettre du 11 août), cite une formule d'*Illuminations*, précisément tirée de «Soir historique» : «Le clavecin des prés»[219]. La réaction de Ponge, dans le récit qu'il fait le 12 octobre de l'événement, est immédiate :

> «je lui ai demandé aussitôt de se taire, — mais de me recopier la phrase de *ma* lettre-à-lui, concernant ce sujet.»

Le manuscrit souligne la citation de Rimbaud (de deux traits) et le possessif «ma», mettant ainsi en regard altérité et propriété, et éclairant l'injonction faite à Sollers : le travail sur l'origine qui anime *La fabrique* porte aussi bien sur le «propre», et peut être parasité par un apport extérieur sur lequel il viendrait buter; d'où la demande de silence tentant de renvoyer à l'oubli un Rimbaud si longtemps fréquenté, et l'essai de lui substituer la phrase de la lettre, reconnue d'emblée comme seule authentiquement pongienne. Cependant, la formule une fois exhibée ne peut plus être rejetée; elle obsède toujours Ponge le lendemain, au moment même où il raconte son apparition :

> «De se taire? — mais c'était trop tard. Je repense aujourd'hui à ce clavecin rimbaldien.»

Désormais, «le clavecin des prés» pourrait se présenter comme un obstacle (un «scrupule») sur le chemin de l'écriture. Mais cette fois encore, et pratiquement, Ponge va prendre *son* parti des choses telles qu'elles sont — en prenant *leur* parti pour profiter au mieux de la situation créée. Le travail de l'avant-texte permet d'observer à l'état naissant la façon dont s'incorpore l'apport allogène : Rimbaud a pu être en quelque façon «exalté» dans d'autres textes, qui prenaient pour objet son texte, sous forme d'épigraphe ou de citation. Dans *La fabrique*, il s'agit de le faire disparaître, ou plutôt de l'occulter, tout en prenant en bonne part ce surgissement non contrôlé par le sujet. L'explication de la formule, dans la suite du texte du 12 octobre 1960, détermine un certain nombre de motifs comme autant de lignes de force amplifiées par l'écriture jusqu'à la publication, en 1964, du texte définitif. Dès le début de

---

en pierre et change de pré.» (Ibid., p. 38).
219. «En quelque soir, par exemple, que se trouve le touriste naïf, retiré de nos horreurs économiques, la main d'un maître anime le clavecin des prés (...)» (*Œuvres*, III, p. 101).

sa réflexion, Ponge reconnaît la pertinence de la métaphore : « Pourquoi cela est-il juste ? »; la question présuppose la justesse, qualité qui a pu déterminer sa fascination, et qui demande à être positivement comprise : c'est à quoi s'emploie la suite du développement; le sème commun aux deux termes de la figure est d'abord identifié comme relevant du champ des sonorités :

> « Parce qu'en effet le pré sonne comme un clavecin, entre (par opposition avec) les orgues de la forêt voisine (et des roches) et la mélodie (le chant) continue, l'archet (?) du ruisseau (ou de l'eau). »

La lecture écriture opère une décontextualisation du fragment de Rimbaud (elle ne tient aucun compte de son environnement textuel primitif dans « Soir historique »), et en tire une cohérence thématique pour le paysage qui est celui du « Pré », et dont les éléments, pré, forêt, roches, ruisseau, se trouvent du coup musicalisés, par application du théorème rimbaldien : si « pré » égale « clavecin », alors « bois » égale « orgues », etc. La subjectivité la plus patente (ou ce qui est réputé tel) est amenée à fonder une logique généralisable, par décision du lecteur, en fonction de ses préoccupations ou de ses projets. Ici, la recherche, chère à Ponge, de la qualité différentielle, se coule dans la métaphore de Rimbaud, pour obtenir un énoncé de compromis dans lequel se fond la spécificité de chacune des deux approches.

Le second temps de l'explication, après cette mise en place du pré clavecin, s'attaque à l'objet clavecin lui-même, et à sa définition : « Que signifie clavecin ? »; occasion pour déterminer une stylistique du pré :

> « Cela *signifie* clavier (étendu sur plusieurs octaves) de notes *variées*, dont le timbre est plutôt *grêle*, (pincement de ou *percussion* sur des cordes minces (herbes), éclatement comme de *sonneries* petites et sans pédales, *brèves* : un peu une musique de boîte à musique : tigettes et fleurettes : champ varié (du grave à l'aigu), épanouissement (éclosion, éclatement) de fleurs petites, vives et variées sur des tiges brèves, et grêles. »

Les soulignements de Ponge insistent sur des qualificatifs qui peuvent convenir à la fois à la musique et à l'herbe : les tiges prairiales sont confondues avec les cordes du clavecin; la variété, la gracilité, la brièveté, leur appartiennent aussi bien qu'aux notes obtenues par le jeu de l'instrument lui-même, en raison de ses particularités techniques (Ponge hésite entre la percussion et le pincement des cordes, et évoque l'absence de pédales); le pré (les herbes du pré) est à la fois le clavecin et la sonorité qui résulte de ce dernier, un dispositif et une musique, « musique de boîte à musique », ainsi que le dira plus bas le texte. La métaphore porte sur un sème commun aux cordes et aux tiges (celui de la forme), et part de cette première identité pour conférer aux herbes du pré une propriété spécifique de leur comparant : la musicalité, en s'appuyant sur les qualifications, elles-mêmes métaphoriques, qui caractérisent celle-ci.

Le «pré» devra donc s'écrire selon un art poétique relevant à la fois de la vue et de l'ouïe, les mots (les lettres) dont sera composé le texte devant répondre simultanément à une double exigence, plastique et sonore : ce sera le cas par exemple pour le «é» de «pré», au long de l'avant-texte, et dans le texte final[220]. Cette technicité déduite de la nature de l'objet dans la sensibilité pongienne définit à son tour une tonalité logique et morale précise, celle du plaisir du «pré»[221]. Le «prosaïsme fastidieux» (mais varié), le «rythme de plain pied avec la voix humaine» dessinent l'art du «pré» en réaction à deux stéréotypes, des mieux reçus, qui fondent le poétique : celui de «la musique» (avant toute chose) recherchée dans le chant contre la voix parlée réputée contraire à l'art, en raison, justement, de son prosaïsme, et celui du corps (sincérité viscérale : «Ah ! frappe-toi le cœur...») comme garant des sentiments éprouvés par l'auteur, par opposition à l'intellect inauthentique. C'est une réalisation répondant à ces principes de l'art du pré que Ponge rencontre dans la séquence de clavecin solo du cinquième concerto brandebourgeois de J.-S. Bach, évoquée pour la première fois dans une note marginale du même manuscrit du 12 octobre 1960 :

> «Pré de J.-S. Bach/ Dans un des concertos brandebourgeois de J.-S. Bach une très longue et quoique très variée très insistante et fastidieuse dans le grêle séquence de clavecin solo».

La référence à Bach retourne la négativité qui pourrait se lire dans les propos de Ponge; elle convoque un répondant prestigieux à la recherche d'une autre musique qui ne serait pas simplement refus de la poésie traditionnelle, et qui se résumera dans la formule «La platitude est une

---

220. «Différence entre la gouttelette (point sur l'i) et la virgule (ou l'accent (aigu, là), virgule = vergette. Sur l'herbe mouillée il y a point (de rosée, sur l'i) de l'herbe.» (FDP, p. 40). Ou encore, dans «Le pré» : «L'oiseau qui le survole en sens inverse de l'écriture/ Nous rappelle au concret, et sa contradiction, / (...) Sonne brève et aiguë comme une déchirure (...)» (Ibid., p. 194). Pour une analyse plus large, on se reportera à Gleize-Veck 1984, loc. cit.
221. «Voix mièvres. Champ varié et le plus souvent rigoureux de voix mièvres, grêles. Plaisir raffiné, délicat, bien que quasi prosaïque (fastidieux) : moins chantant que l'orgue ou l'archet : de plain pied avec la parole, la voix humaine, précipité ou lent, de même rythme : rien de l'élan (décollant) du violon, rien du vrombissement de l'orgue : il semble que cela vienne de l'esprit et des lèvres (du bout des lèvres), non du cœur ou (ni) du corps (des viscères), non des cordes vocales (?)». (FDP, p. 46).

perfection»[222], avant d'aboutir à la partie centrale (entre deux lignes de pointillés et entre parenthèses) de la version publiée du «Pré». Il est d'autre part remarquable que Ponge désigne la partie de clavecin du cinquième concerto brandebourgeois comme le «Pré de J.-S. Bach»; le Cantor se trouve doté de préoccupations pongiennes, comme le fragment de Rimbaud «s'expliquait» en fonction de ce que *La fabrique* avait déjà mis en place. Les deux citations, la poétique et la musicale, constituent des facteurs de cohérence, permettent de fixer en quelque sorte ce que les premiers brouillons laissaient flotter au nombre des amorces possibles. Le pré comme clavecin n'est pas seulement une fulguration rimbaldienne sans lendemain; et c'est Bach lui-même, peu soupçonnable de composer en proie au délire de l'inspiration, qui accomplit (par anticipation) la figure d'*Illuminations*. Il «illustre» et justifie Rimbaud, comme celui-ci justifie Ponge : la figuration des herbes en lettres, l'aigu (point, accent) des «i» et des «é», la forme des signes et des tiges se trouvaient «déjà» condensés dans la formule rimbaldienne, qui leur ajoute une dimension sonore, prolongée par la référence à Bach, dont le manuscrit (tigettes et fleurettes dessinées par l'écriture musicale) figurera, selon le vœu de Ponge, au nombre des illustrations de *La fabrique*[223]. L'histoire de l'art, réinterprétée, vient à l'appui de l'œuvre en train de se faire. Il s'agit, plutôt que d'une soumission complète (par une lecture), d'une importation contrôlée (dans l'écriture) : c'est en effet dans la mesure où Ponge reconnaît — dans Rimbaud, qui renvoie à Bach — quelque chose, concernant l'écriture du «Pré», qui répond à sa propre attente, qu'il les «lit» et les commente pour leur emprunter des procédures à expérimenter[224]. Ainsi l'«association d'idées» sur quoi s'appuient les extrapolations énoncées dans le dernier paragraphe du folio du 12 octobre 1960 ne se réalise-t-elle pas n'importe comment :

---

222. FDP, p. 98. La musique de Bach, comme celle de Rameau, procède d'une maîtrise de l'émotion : «Peut-être avons-nous une pierre à la place du cœur? Il nous semble que, nous ouvrirait-on la poitrine, on y trouverait quelque chose comme la musique de Rameau. Qu'on s'avise pourtant de nous en plaindre, comme de je ne sais quelle affection, nous en tirerions aussitôt une formule meilleure encore : oui, c'est bien, en effet, une sorte de calcul du cœur.» (GR, M, p. 210).
223. Il n'est pas impossible que Bach, inscrivant sous forme de notes (si bémol, la, do, si bécarre) son nom dans *L'art de la fugue*, préfigure pour Ponge son propre geste confondant, à la fin de *La fabrique*, ses initiales avec celles du fenouil et de la prêle.
224. On n'est pas très loin, ici, de ce qu'Eco (*Lector in fabula*, Paris, Grasset, 1985, p. 76 sqq) appelle «utilisation» du texte, à ceci près que la lecture de Ponge, non contente d'ouvrir un espace où se produirait, par exemple, un nouveau texte de Rimbaud, élabore une œuvre qui n'est pas un «nouveau» Rimbaud, mais un nouveau texte de Ponge.

«A propos de la justesse (relative) ou habileté intuitive poétique de l'expression "Clavecin des prés", noter aussi l'association d'idées avec Josquin des Prez (musique archaïque), avec le *Pré-aux-Clercs* et *St Germain des prés* (quartier d'antiquaires) (ou d'escholiers, d'érudits) (et de disputeurs, de duellistes) (lieu de la décision)».

L'«expression», après avoir fait l'objet d'une exploration des signifiés, joue maintenant le rôle de matrice signifiante : on peut entendre l'écho de la dernière syllabe de «clavecin» dans «Josquin», dans «Saint Germain», retrouver le «pré» en composition dans les trois syntagmes soulignés, qui présentent le même type de structure (mise en relation de deux substantifs par une préposition) que la citation de Rimbaud. Ainsi, le thème de l'archè («musique archaïque», «antiquaires», «clercs», prolongeant la référence au clavecin, instrument ancien) comme celui du duel et de la «décision», dont on sait l'importance dans la genèse du «Pré», sont-ils déduits d'une définition des noms propres amenés par la matérialité sonore et la structure morpho-syntaxique de «clavecin des prés».Il n'entre pas ici dans mon propos d'étudier l'avenir de cette thématique dans la suite de *La fabrique*, et il suffira de mettre à jour la place de Rimbaud dans ce travail, parfaite illustration de ce que Ponge écrivait à son propos dans «Les *Illuminations* à l'Opéra-Comique» : l'œuvre et les formulations rimbaldiennes pouvaient être comprises comme une source d'énergie comparable à l'électricité; c'est bien ainsi, me semble-t-il, que Ponge utilise la citation dans *La fabrique du pré*; la formule est expliquée/exploitée dans toutes ses dimensions, et devient moteur contribuant à lancer l'écriture : le «tigre», enchaîné au troisième sous-sol, ne sera plus perceptible pour le lecteur de la version finale du «Pré»[225]. Seule la révélation des «coulisses» permet de le retrouver à l'origine des thèmes majeurs lisibles sur la scène du texte.

Sans doute faut-il également voir dans cette acceptation de la Parole de l'autre et de la contingence une preuve du réalisme qui, dans «Les *Illuminations*...», exigeait la prise en compte de l'état présent des choses (des sciences, comme de l'écriture) pour parvenir le plus sûrement au «propre», celui de l'homme, et celui de Francis Ponge, en amont de toutes les compromissions et de toutes les dégradations de la langue et de la littérature : la «Franchise Première», déjà inscrite dans une formule de Rimbaud, se rencontre en avant, dans l'accélération d'une modernité réputée indépassable.

---

225. Pré-originale in *Tel Quel* n° 18 (été 1964); première édition in *Nouveau recueil* (1967). Reprise in *La fabrique du pré* (1971, seconde édition 1990).

Conclusion

A suivre les traces et l'accueil de l'intertextualité dans l'écriture de Francis Ponge, c'est une offensive complexe contre l'institution esthétique qui se donne à lire, et l'une des plus conséquentes, sans doute, des nombreuses révoltes dont s'est émaillée la modernité littéraire. C'est que Ponge, lorsqu'il dénonce le ronron ou le manège poétique, ne le fait pas en théoricien; l'écriture, à laquelle il accorde, comme à l'amour, une valeur existentielle, ne se déduit pas simplement d'un programme; elle est d'abord pratique (à surveiller), qui permet de (continuer à) vivre, et non vérification d'hypothèse. Ainsi la poursuite de l'originalité, corollaire du refus initial de l'héritage, rendrait celui-ci douteux, si elle ne s'exerçait finalement dans une prise en compte active du déjà écrit, avec laquelle l'avènement du «propre», pour autant que l'on puisse encore parler en ces termes, ne se réalise plus que dans une relation à l'autre, identifiable, à la limite, au tout de la littérature, et inscrite dans l'intimité même du «créateur».

L'«orgueilleux Francis», comme le qualifiait Paulhan, apprend, au long de sa pratique d'écrivain, à négocier ce qui fait retour sous son «style», et qu'il avait d'abord pensé pouvoir congédier d'un refus motivé par son désir de table rase. Mais l'inscription de l'altérité ne s'effectue pas de façon systématique dans l'écriture de Ponge; «refaire» le platane, l'eau ou la pluie, suppose bien l'existence, en creux, de Claudel ou de Valéry, mais c'est pour opposer frontalement à l'originalité de leurs performances celle, inconfondable, de la performance pongienne. En fait, l'absolu de l'auteur va de pair avec celui du texte, dont la clôture exhibée garantit l'apparente maîtrise des significations, grâce à leur «bouclage» dans un espace surveillé. Même si se dessine très tôt, chez Ponge, une attention à ce qui ne peut trouver place dans le texte, à ce qui le précède et l'excède, c'est d'abord à des objets compacts qu'il doit sa notoriété, et dans le «genre» du poème en prose qu'on lui reconnaît une originalité. L'échappatoire au risque d'un tel enfermement dans le rôle de «poète des choses», statufiant et réducteur, sera trouvée avec la publication de textes «métatechniques», et, progressivement, des tentatives mêmes cherchant à rendre compte d'un objet, jusqu'aux brouillons, dont le polymorphisme menace du même coup l'immuabilité du texte «définitif» et la stabilité de l'instance auctoriale. La réussite reconnue géniale n'est jamais dictée, comme le voudrait la tradition la mieux reçue, depuis une profondeur chtonienne ou du haut d'un Sinaï : elle n'est que l'unique variante qu'ait conservée la décision de l'auteur (en tant qu'éditeur), du «nombre des possibles sacrifiés chaque printemps». L'unicité de l'œuvre d'art (du texte, ou du poème) est normative, et non pas organique, aboutissement, et non pas origine. Elle n'est pas non plus sortie toute armée d'un cerveau créant en parfaite autarcie, mais s'enlève sur un afflux foisonnant de souvenirs linguistiques et culturels. Et il faut toute la détermination du «vieux professionnel de la démystification à outrance» pour que se donne à voir, de façon «obscène», ce qui s'absentait auparavant du texte publié : cette hésitation qui annule le génie, et la dette de l'originalité envers l'incessant apport intertextuel, qu'il soit ignoré du scripteur (dans le cas de Proust et du «rose sacripant») ou qu'il finisse par être pris en charge ouvertement par lui (avec le «clavecin des prés» rimbaldien).

L'intervention de Ponge sur (et contre) l'idéologie littéraire dominante oscille d'une attaque précisément circonscrite selon une stratégie hypertextuelle, à un geste qui se contente de livrer («prostituer, la tête sous l'oreiller») les «notes» ou le «fatras» des avant-textes, dont l'auteur, ironiquement, assume par avance la responsabilité, abolissant par làmême ce qui fonde son statut : la frontière établie par le bon à tirer entre le livre et son «reste» génétique, jusqu'alors impubliable[226]. De la «défiguration» par «retournement» du «beau langage», prévue dès les *Douze petits écrits*, Ponge passe à la «subversion» qui «met à jour», du même ordre que celle que décrit l'«Introduction au galet» :

---

226. Sur le vacillement historique de l'auteur, lié à l'essor et aux transformations de l'imprimerie, cf. B. Cerquiglini, *Eloge de la variante*, Paris, Editions du Seuil, 1989.

« (...) une révolution ou une subversion comparable à celle qu'opère la charrue ou la pelle, lorsque, tout à coup et pour la première fois, sont mises au jour des milliers de parcelles, de paillettes, de racines, de vers et de petites bêtes jusqu'alors enfouies. »[227]

Le coup de pelle a une autre ampleur que le « coup de style ». De l'un à l'autre, la *chirurgie* esthétique, limitée et dictée par les fins à atteindre, se déplace vers le labeur acharné, jardinier ou terrassier, dont les conséquences, au-delà de la décision de révolution-révélation, demeurent imprévisibles, et risquées pour celui qui s'y adonne. Par exemple, c'est quand il accepte de livrer, à la demande d'une critique convaincue de son originalité, sa « méthode créative », scrupuleusement observée au plus près dans le souci de démystifier ce qui pourrait s'y attacher de génie transcendant, que Ponge dévoile du même coup involontairement la part de l'intertexte proustien dans ce qui est d'abord pour lui un exemplaire travail de nomination cherchant à donner du spectacle des choses, et de l'émotion qui l'accompagne, un équivalent avec les mots de la langue.

Les éléments du système esthétique sont solidaires, et le refus de l'un entraîne nécessairement celui de tous les autres, sauf à limiter la critique aux déclarations, sans aller jusqu'aux actes. Refusant d'« arranger les choses », la « raison à plus haut prix » n'a de cesse qu'elle n'ait porté la lumière (les Lumières) au cœur du « mystère dans les lettres ». En quoi consiste l'*originalité* d'un auteur, telle que la laisse percevoir le travail pongien de désaffublement ? En dernière analyse, à quelque trait idiosyncrasique ; ce que vérifie l'observation des rapports de Ponge avec l'eau : si l'on s'en tient au seul texte du *Parti pris*, qui défait l'exaltation lyrique et la remplace par une thématique politique, on ne fait que constater la violence traduisant, à l'encontre des lieux communs poétiques, l'humidité en humilité. C'est parce que Ponge ne se satisfait pas de cette « réussite » décontextualisée qu'il expose, dans *La Seine*, ce qui se tenait derrière le militantisme et la pudeur : l'importance du quotidien ignoré de la lutte politique, la bassesse vidangeuse de l'eau soigneusement évitée par les poncifs lyriques. Après pourra s'écrire « Le verre d'eau », débarrassé d'additifs idéologiques ou affectifs. Les mêmes remarques valent pour ce qui concerne la fleur, dont l'écriture se conquiert sur le dégoût qu'inspire sa valeur figurée. Le « propre », entendu (au sens de la tradition) comme le plus irréductiblement individuel, n'était en fait que cela : un état du corps, une pulsion, euphorique ou dysphorique, qui fait écrire. D'où l'application à extirper la valeur ajoutée par la littérature aux choses qu'elle asservit en les soumettant à une conception démesurée et mysti-

---

227. TP, DPE, p. 10; TP, PR, pp. 199-200.

fiée de l'homme : élans et transcendances, ailleurs mythiques, épanchements subjectifs, tout ce qui altère, qui dénature et idéalise la rencontre avec les choses et le lieu d'où provient l'écriture, est minutieusement expulsé de notions qu'il s'agit de rendre à une fraîcheur postulée, pour qu'ait chance de se produire à neuf, par l'intermédiaire de la parole, le monde muet dans l'esprit de l'homme.

Corollairement, le «système» pongien définit les obligations en fonction desquelles se trouve évaluée la responsabilité des écrivains; leur pratique les amène à changer quelque chose à la langue, et par conséquent à modifier les façons de parler/penser, mais encore faut-il, du point de vue de Ponge, qu'ils ne commettent aucune «faute» contre la présence légitime des choses dans la langue, ni contre la langue elle-même (c'est-à-dire contre le plus purement humain de l'homme), et que leur activité soit orientée par la nuit où s'invente l'avenir, et non par l'éclat passé des vieilleries (poétiques, idéologiques) qui persistent à baigner le manège de l'esprit. D'une façon plus générale, la langue (travaillée par ceux qui en sont les spécialistes) doit permettre à l'homme une sortie à la rencontre de l'altérité radicale (ce qui n'a pas la parole), et non pas le renvoyer à des spéculations dont il est l'unique objet. Et si Ponge s'en prend (pour les refaire) à des textes de prédécesseurs célèbres, c'est d'abord pour soustraire au sacré ou au lyrisme les *choses* qu'ils ont écrites, et les rendre textuellement à l'épaisseur, à la matité qui sont les leurs dans le monde extérieur, dont il n'est pas question d'ignorer l'existence au profit de valeurs (spirituelles...) réputées plus hautes. Donner à jouir à l'esprit humain, c'est lui offrir un objet dans lequel, grâce à l'espace commun du langage, il circule à l'aise, mais qui le déroute, le désoriente, par la visée proposée, bref, qui le met hors de lui. Dans le même temps, lui-même, Ponge, essaie de s'abstraire (en posant clairement, comme un moment nécessaire et circonscrit de sa démarche, la part d'idéologie et de subjectivité qu'il cherche à franchir) des sens qu'il compose à propos de chaque chose pour qu'ils s'abolissent en s'entredétruisant, renonçant à la maîtrise ultime de l'humain parleur et penseur pour ne gagner l'immortalité que de son inscription littérale dans le corps physique du texte; l'obsession du propre, qui conditionne son rapport à l'intertexte littéraire, se confond avec la recherche d'une absence de l'auteur, entendu comme instance monologique : la substitution du «nous» au «je», comme le déploiement des significations du mot, la publication des versions successives, comme l'acceptation de l'autre en tant que condition de l'écriture, tendent à relativiser ce qui se donnait comme absolu dans l'institution littéraire. Levée de crans d'arrêt indispensable à l'avènement du pluriel, au fonctionnement démultiplié de la langue (du

Verbe) dans sa volumineuse complexité, et du monde dans la langue, désiré et accueilli dans toute sa variété, celle qui doit régner au «paradis des Raisons adverses». De façon homologue, chaque rencontre avec une autre œuvre ne se réduit pas à une sentence définitive qui approuve ou dénonce, mais se dédouble en un travail de différenciation et d'appropriation : qu'il situe l'écriture de son «Platane» à l'opposé des règles observées par Valéry pour composer le sien, ou qu'il manipule les citations de Proust ou de Rimbaud qu'il s'incorpore, Ponge *utilise* les textes de ses interlocuteurs pour édifier les siens, si bien que la démarche poétique la plus consciemment émancipée des routines est aussi celle qui suppose et comporte le reste de la littérature, donné à lire à travers une pratique discriminante.

Ainsi le dialogisme pongien confère-t-il à l'œuvre un volume et un sens nouveaux, qui font d'elle un interprétant de la littérature, que celle-ci interprète en retour, selon «cette circularité continue qui est la condition normale des systèmes de signification.»[228]. Moment inscrit dans l'histoire littéraire et la comprenant pour l'accomplir momentanément[229] depuis une visée particulière où vient jouer la diversité des textes.

Il se peut qu'après le passage de Francis Ponge dans les lettres françaises, ce qui persiste à s'appeler «poésie» n'ait plus, dans ses manifestations les plus lucides, rien à voir avec le sens reçu du mot qui la désigne. Pour reprendre les termes d'un bref manifeste récent[230] :

«1 : l'art ne consiste pas à "arranger les choses" (n'est pas la sublimation-esthétisation du réel); 2 : l'art ne consiste pas à reproduire (encore moins raconter) ce que l'on croit percevoir. Il consiste à se rendre au réel, à rendre le réel, à rendre réel. 3 : cela est impossible, interminable, inachevable, nécessaire.»

Propositions tout à fait pongiennes qu'il est loisible à l'écrivain ou au lecteur de «poésie» de ne pas faire siennes, mais dont il est difficile d'ignorer l'importance subversive dans la république des lettres. J'y ajou-

---

228. U. Eco, *Sémiotique et philosophie du langage*, Paris, Presses Universitaires de France, 1988, p. 109.
229. Ici encore, il faut rappeler l'imprégnation épicurienne de Ponge, pour qui le «monumentum, ære perennius», d'Horace, relève de l'utopie dynamisante, et se trouve contredit par le réalisme qui voit, chez Lucrèce, se défaire les objets les plus durables. L'éternité de l'œuvre d'art a des limites, celles du «Louvre de lecture» décrit dans «Notes pour un coquillage» (TP, PPC, pp. 86-87), et destiné à l'élémentaire : «(...) brillant résidu, quoique sans fin brassé et trituré entre les laminoirs aériens et marins, ENFIN! *l'on* n'est plus là et ne peut rien reformer du sable, même pas du verre, et C'EST FINI!».
230. J.-M. Gleize, *Ce qui se passe est sans nom*, SLND (1991), non paginé (p. 4).

terai pour ma part, au terme de cette étude, un quatrième point destiné à dégonfler la prétendue individualité du sujet «poète», et «l'originalité» reconnue aux œuvres du génie, sous forme d'une récriture interprétant la célèbre formule de Lautréamont : «La poésie est faite par un, et, *partant*, par tous», manipulation effectuée à la lumière des pratiques intertextuelles de Francis Ponge, qui réalise le slogan ducassien en établissant le pluriel dans l'accomplissement du plus singulier. L'authenticité, la sincérité, l'originalité — le propre, en somme — n'adviennent qu'à l'issue d'un rinçage auquel ne suffirait pas un geste purement individuel; l'opération, aboli le huis-clos des subjectivités exclusives, nécessite l'avec :

> «Et il faudrait bien sûr, à ce point de notre réflexion, prendre à bras-le-corps la notion de l'avec, c'est-à-dire ce mot lui-même. Qu'est-ce donc qu'avec, sinon av-vec, apud hoc : auprès de cela, en compagnie de cela./Ne serait-ce donc pas son entrée en société, sa mise en compagnie de quelque autre (être ou chose), enfin de quelque objet, qui permettrait à quiconque de concevoir son identité personnelle, de la dégager de ce qui n'est pas elle, de la décrasser, décalaminer? De se signifier? De s'éterniser enfin, dans l'objoie./Notre paradis, en somme, ne serait-ce pas les autres?»[231]

Où varier sans cesse.

---

231. SA, pp. 127-128 : «Appendice V : Se frotter les mains. — Avec quelque chose.»

Bibliographie

LIVRES ET RECUEILS DE FRANCIS PONGE

L'atelier contemporain, Paris, Gallimard, 1977.
Comment une figue de paroles et pourquoi, Paris, Flammarion, 1977.
Jean Paulhan, Francis Ponge *Correspondance* (1923-1968), deux volumes, Paris, Gallimard, 1986.
Douze petits écrits, Paris, NRF, 1926. Repris in *Tome premier.*
L'écrit Beaubourg, Paris, Centre Georges Pompidou, 1977. Repris in *Nouveau nouveau recueil.*
Entretiens de Francis Ponge avec Philippe Sollers, Paris, Gallimard-Editions du Seuil, 1970.
La fabrique du pré, Genève, Albert Skira, 1971.
Le grand recueil, Paris, Gallimard, 1961.
Lyres (*Le grand recueil*, I), Paris, Gallimard, 1961.
Le peintre à l'étude, Paris, Gallimard, 1948. Repris in *Tome premier*, in *L'atelier contemporain.*
Méthodes (*Le grand recueil*, II), Paris, Gallimard, 1961.
Nioque de l'avant-printemps, Paris, Gallimard, 1983. Repris in *Nouveau nouveau recueil.*
Nouveau recueil, Paris, Gallimard, 1967.
Nouveau nouveau recueil (I : 1923-1942, II : 1940-1975, III : 1967-1984), Paris, Gallimard, 1992.
L'opinion changée quant aux fleurs, *L'Ephémère* n° 5, 1968 (Repris in *Nouveau nouveau recueil*), *Cahiers Critiques de la Littérature* n° 2, 1976.
Pièces (*Le grand recueil*, III), Paris, Gallimard, 1961.
Pratiques d'écriture, Paris, Hermann, 1984.
Pour un Malherbe, Paris, Gallimard, 1965.
Le parti pris des choses, Paris, Gallimard, 1942. Repris in *Tome premier.*
Proêmes, Paris, Gallimard, 1948. Repris in *Tome premier.*
Petite suite vivaraise, Montpellier, Fata Morgana, 1983. Repris in *Nouveau nouveau recueil.*
La Seine, Lausanne, la Guilde du livre, 1950. Repris in *Tome premier.*
Le savon, Paris, Gallimard, 1967.
Souvenirs interrompus, I : *NRF* n° 321, octobre 1979, II : *NRF* n° 322, novembre 1979, III : *NRF* n° 323, décembre 1979. Repris in *Nouveau nouveau recueil.*
La table, Paris, Gallimard, 1991. Repris in *Nouveau nouveau recueil.*
Tome premier, Paris, Gallimard, 1965.

TEXTES DE FRANCIS PONGE NON REPRIS EN VOLUMES

«Je rêve d'une vie...» (1915), in Thibaudeau 1967.
«Sonnet», *La Presqu'île* 2ᵉ série, n° 4, octobre 1916.
Note écrite à la bibliothèque Sainte-Geneviève (1917), in Thibaudeau 1967.
«J'entrais dans des casernes et dans des écuries...» (1919), in Sollers 1963.
Lettre à B. Grœthuysen (192?), in Sollers 1963.
«Vif et décidé» (1923), CPP, I, 18.
«Grau-du-roi» (circa 1925), *Montpellier en poésie*, Montpellier, avril 1983.
«Vertu de ma vie» (1930), NRF n° 433, février 1989.
«Chronique» (1933), CPP, I, 170.
«Les 400 coups du diable» (1933), CPP, I, 172.
«La Marseillaise de Jean Renoir» (1938), CPP, I, 200.
«Le bouquet» (1942), *Cahier de l'Herne* n° 51, 1986.
«Le poète propose la vérité au philosophe (pessimiste)» (1946), CPP, II, 17.
«Le papier» (1947), NRF n° 433, février 1989.
«Le papier» (1947?), in Collot 1991.
«Pour Annie Bosma» (1949), in Bosma, A. *Mes amies les bêtes*, La Haye, Mouton, 1949.
«Ma pierre au mur de la poésie» (1951), *Le mur de la poésie*, La Presse à bras, 1951.
«L'enfance de l'art» (1951?), *Le Disque vert*, nouvelle série, n° 3, juillet 1953.
Lettre à F. Mauriac (1963), *Cahier de l'Herne* «François Mauriac» (rééd. 1985).
«Merci, mais pardonnez-moi...» (1963), *Cahier de l'Herne* «Céline», 1963.
«Six appendices du *Savon*» (1965), *Bulletin du Bibliophile*, III, 1976.
«Mais pour qui se prennent donc maintenant ces gens-là?» (1974), tract (1974).
«J'avais dix ans en 1909...» (1984), *Caen, Terre normande* n° 1, juin 1984.
«Segalen ou l'assiduité à soi-même» (1986), *Europe* n° 696, avril 1987.

ŒUVRES DE PAUL CLAUDEL, MARCEL PROUST, ARTHUR RIMBAUD, PAUL VALERY

Claudel : *Œuvre poétique*, Paris, Gallimard, «Bibliothèque de la Pléiade», 1957. Introduction par S. Fumet. *Œuvres en prose*, Paris, Gallimard, «Bibliothèque de la Pléiade», 1965. Préface par G. Picon, textes établis et annotés par J. Petit et C. Galpérine.
Proust : *A la recherche du temps perdu*, Paris, Gallimard, «Bibliothèque de la Pléiade», I, 1987, II, 1988, III, 1988, IV, 1989. Edition publiée sous la direction de J.-Y. Tadié.
Rimbaud : *Œuvres*, I (*Poésies*), II (*Vers nouveaux, Une saison en enfer*), III (*Illuminations*), Paris, Flammarion, «GF-Flammarion», 1989. Préface, notices et notes par J.-L. Steinmetz.
Valéry : *Œuvres*, Paris, Gallimard, «Bibliothèque de la Pléiade», I, 1957, II, 1960. Edition établie et annotée par J. Hytier.

CONTRIBUTION A UNE BIBLIOGRAPHIE DES OUVRAGES ET ARTICLES CRITIQUES CONSACRES A L'ŒUVRE DE FRANCIS PONGE.

Abensour C., «Francis Ponge : "Plat de poissons frits"», *Nourritures*, Paris, Quintette, 1990.
Adam J.-M., «Une poétique générative et transformationnelle : "Le lézard"», *Ponge inventeur et classique*, Paris, UGE 10/18, 1977.
Adam J.-M., «René Char et Francis Ponge lecteurs de Littré», Paris, *Le Français Aujourd'hui*, n° 94, juin 1991.
Agosti S., «Le rêve du texte», *Europe*, n° 698-699, juin-juillet 1987.
Albiach A.-M., «Il est difficile de vous dire...», Paris, *Cahier de l'Herne*, n° 51, 1986.

Allen S., «"Le mot CERTES..." écrit Ponge», *Ponge inventeur et classique*, Paris, UGE 10/18, 1977.
Alphant M., «Francis Ponge, Mort d'un poète français», Paris, *Libération*, 9 août 1988.
Anis J., «Préparatifs d'un texte : La fabrique du pré de Francis Ponge», Paris, *Langages*, n° 69, 1983.
Armel A., «L'écrivain à l'atelier», Paris, *Magazine Littéraire*, n° 260, décembre 1988.
Aron T., *L'objet du texte et le texte-objet : "La chèvre" de Francis Ponge*, Paris, Les Editeurs Français Réunis, 1980.
Aron T., «Patrie : Notes pour un commentaire de "La famille du sage"», Paris, *Cahier de l'Herne*, n° 51, 1986.
Aron T., «La réécriture faite texte. Un moviment de Francis Ponge, La table», *Annales de l'Université de Besançon*, Paris, Les Belles-Lettres, 1987.
Assoun P.-L., «Puissance de la chose et pouvoir du mot», *Analyses et réflexions sur Ponge, Pièces*, Paris, Ellipses, 1988.
Astruc A., «Le langage et les choses», Lyon, *Confluences*, février 1945.
Audisio G., «La fidélité à soi-même» (in Thibaudeau J. *Ponge*, Paris, Gallimard, 1967, p. 16).
August M.A., «A Study of the Modern Autobiographical Fragment : Writing as Self-Affirmation in the Works of Francis Ponge, Michel Leiris and Roland Barthes», *Dissertation Abstracts International*, n° 48, 1982.
Aurégan P., «Ponge ou le parti pris des signes», *Analyses et réflexions sur Ponge, Pièces*, Paris, Ellipses, 1988.
Aury D., «Qu'est-ce que l'existentialisme?», Paris, *Les Lettres Françaises*, 12 janvier 1945.
Balachova T., «Fontes realistas de poesia francesca contemporanea», *Vertice : Revista de Cultura e Arte*, n° 40, juillet-août 1980.
Balakian A., «Du temps où Ponge côtoyait les Surréalistes», *Europe*, n° 755, mars 1992.
Bartoli-Anglard V., «Francis Ponge, un itinéraire dans l'histoire des mots», Paris, *L'Ecole des Lettres*, n° 8, 1988.
Bartoli-Anglard V., «Francis Ponge : un dictionnaire évolutif», *Analyses et réflexions sur Ponge, Pièces*, Paris, Ellipses, 1988.
Bellatorre A., «Rhétorique de "La Mounine"», *Europe*, n° 755, mars 1992.
Belleli M.L., «Francis Ponge et la "dame en rose"», *Bulletin de la Société des Amis de Marcel Proust et des Amis de Combray*, n° 31, 1981.
Bense M., «Eidos und Molluske», Stuttgart, *Aesthetica* I, 1954.
Bense M., *Rationalismus und Sensibilität*, Stuttgart, Agis-Verlag, 1956.
Bense M., «Sur La pratique et sur Le savon», *Die Realität der Literatur*, Köln, 1971.
Bense M., «Sur *Le savon*», Paris, *Cahier de l'Herne*, n° 51, 1986.
Berne-Joffroy A., «L'escargot et le caribou», Paris, *Cahier de l'Herne*, n° 51, 1986.
Bersani J., «Francis Ponge», *La littérature en France depuis 1945* (pp. 416-428), Paris, Bordas, 1970.
Berthet F., Chevrier J.-F., Thibaudeau J., «Ponge pratiques artistiques», Paris, *Digraphe*, n° 8, 1976 a.
Berthet F., Chevrier J.-F., Thibaudeau J., «Intervention à Cerisy», Paris, *Cahiers critiques de la littérature*, n° 2, 1976 b.
Berthet F., Chevrier J.-F., Thibaudeau J., «Notes collectives pour Francis Ponge», *Ponge inventeur et classique*, Paris, UGE 10/18, 1977.
Berthier P., «Pour un Ponge italien», *Mélanges à la mémoire de Franco Simone*, III, Genève, Slatkine, 1984.
Beugnot B., Mélançon R., «Fortunes de Ponge (1924-1980) : Esquisse d'un état présent», Montréal, *Etudes Françaises*, n° 17/1-2, avril 1981.
Beugnot B., «La table en chantier», Montréal, *Etudes Françaises*, n° 17/1-2, avril 1981.
Beugnot B., «La table en chantier, Introduction à *La table*», Montréal, Editions du Silence, 1982.
Beugnot B., «Francis Ponge et l'invention des formes», Heidelberg, *Cahiers d'Histoire des Littératures Romanes*, 1/2, 1986.

Beugnot B., «La mode comme système de réception : le cas Ponge», *Cahiers de l'Association Internationale des Études Françaises*, n° 38, mai 1986.
Beugnot B., «Une poésie du manifeste?», Paris, *Cahier de l'Herne*, n° 51, 1986.
Beugnot B., «*La rage de l'expression* : considérations éditoriales sur le dossier de *Francis Ponge*», *La naissance du texte : Archives européennes et production intellectuelle*, Paris, CNRS, 1987.
Beugnot B., «Dispositio et dispositifs : l'invention poétique dans La figue (sèche)», *Urgences*, n° 24, 1989 a.
Beugnot B., «Prégnance et déplacements d'une forme : Ponge fabuliste», *La littérature et ses avatars (Actes des cinquièmes journées rémoises)*, 1989 b.
Beugnot B., *Poétique de Francis Ponge*, Paris, Presses Universitaires de France, 1990 a.
Beugnot B., «Ponge-paysages : genèse de "La Mounine" (1941)», *Saggi e ricerche di letteratura francese*, vol. XXIX, Roma, Bulzoni, 1990 b.
Bigongiari P., «Il partito preso di Ponge», Firenze, *Paragone*, n° 2, 1950.
Bigongiari P., *Il senso della lirica italiana e altri studi*, Firenze, Sansoni, 1952.
Bigongiari P., «Le parti pris de Ponge», Paris, *Nouvelle Revue Française*, n° 45, septembre 1956.
Bigongiari P., «Le parti pris de Ponge», Marseille, *Les Cahiers du Sud*, n° 344, janvier 1958.
Bigongiari P., «Un autre Ponge», Paris, *Tel Quel*, n° 8, hiver 1962.
Bigongiari P., «Enfin Malherbe vint», Firenze, *Paragone*, 1965.
Bigongiari P., «Introduction à Francis Ponge», *Francis Ponge*, Vicenza, Vital del Testo, 1971.
Bigongiari P., «Ponge al clavicembalo dei prati», Norman (Oklahoma), *Books Abroad, an International Quarterly*, n° 4, Vol. 48, automne 1974.
Bigongiari P., «Enfin Ponge vint, ou la "textilité" de l'"acte"», Paris, *Cahier de l'Herne*, n° 51, 1986.
Blanchot M., «Au pays de la magie», Paris, *Journal des Débats*, 15 juillet 1942.
Blanchot M., *La part du feu* (pp. 326-336), Paris, Gallimard, 1949.
Blanchot M., *Le livre à venir* (p. 230), Paris, Gallimard, 1959.
Blossom Douthat M., «Francis Ponge's Untenable Goat», New Haven (Connecticut), *Yale French Studies*, n° 22, 1958.
Bobin C., «L'élixir du docteur Ponge», Paris, *Nouvelle Revue Française*, n° 433, février 1989.
Bogumil S., «Images of Landscape in Contemporary French Poetry : Ponge, Char and Dupin», *New Comparison : a Journal of Comparative and General Literary Studies*, n° 6, 1988.
Bois M., *Ponge au travail : élaboration de "La figue"* (thèse), 1985.
Bonnefis P., «Faisons carrément l'éloge de "L'araignée"», Lille, *Revue des Sciences Humaines*, fasc. 151, 1973.
Bonnefis P., «Le phénomène Ponge», *Ponge inventeur et classique*, Paris, UGE 10/18, 1977.
Bonnefis P., Nicolas A., «Lecture de Francis Ponge : "Le lézard"», Paris, *Le Français Aujourd'hui*, supplément au n° 24, 1974.
Bonnefoy C., «L'atelier de Ponge», Paris, *Les Nouvelles Littéraires*, 17 mars 1977.
Bonnefoy C., «L'exploitation du langage», Paris, *Les Nouvelles Littéraires*, 5 mai 1977.
Bosquet A., «Francis Ponge, poète de l'objet», Paris, *Le Monde*, 20 janvier 1962.
Bottéro J., «Le plus vieux poème biblique», Paris, *Cahier de l'Herne*, n° 51, 1986.
Bourdieu P., «Nécessiter», Paris, *Cahier de l'Herne*, n° 51, 1986.
Bousquet J., «Francis Ponge et Jean Dubuffet. Matière et mémoire», Lausanne, *La Gazette des Lettres*, janvier 1947.
Bracher N., «Pour ouvrir des abimes : les textes in-finis de Francis Ponge», *Romance Quarterly*, n° 36, 1989.
Braque G., «Partir du plus bas», Paris, *Nouvelle Revue Française*, n° 45, septembre 1956.
Bréchon R., «Panorama de la poésie contemporaine», *Tendances*, juin 1962.
Breunig L.C., «Why France?», *The Prose Poem in France : Theory and Practice*, New York, Columbia University Press, 1983.

Brombert B.A., «The Making of the Art Work», Norman (Oklahoma), *Books Abroad, an International Quarterly*, n° 4, Vol. 48, automne 1974.
Butor M., «Francis Ponge. Presentation to the Jury», Norman (Oklahoma), *Books Abroad, an International Quarterly*, n° 4, Vol. 48, automne 1974.
Butor M., «Présentation de Francis Ponge au jury», Paris, *Cahier de l'Herne*, n° 51, 1986.
Butor M., «In Memoriam Francis Ponge», Paris, *Nouvelle Revue Française*, n° 433, février 1989.
Butters G., Francis Ponge. *Theorie und Praxis einer neuen Poesie*, Erlangen-Nürnberg, Schäuble Verlag, 1976.
Cabioc'h S., «L'écriture de l'histoire ou La mise en pièces», *Analyses et réflexions sur Ponge, Pièces*, Paris, Ellipses, 1988.
Calvino I., *Leçons américaines* (pp. 123-125), Paris, Gallimard, 1989.
Camus A., «Lettre à Francis Ponge», Paris, *Nouvelle Revue Française*, n° 45, septembre 1956.
Camus A., «Lettre au sujet du *Parti pris* (27/01/1943)», *Essais* (p. 1662), Paris, Gallimard, 1981.
Cardonne-Arlyck E., «Histoire d'i ou le ravissement de la poésie chez Francis Ponge», *Romanic Review*, n° 80, 1989.
Carminade P., «Lors d'un anniversaire», Marseille, *Sud*, n° 16, 1975.
Carner J., «Francis Ponge et les choses», Paris, *Nouvelle Revue Française*, n° 45, septembre 1956.
Caro F., *La signification de l'objet littéraire chez Ponge* (thèse), Melbourne, 1972.
Carrouges M., «La rage de l'expression, "L'araignée"», Paris, *Monde Nouveau-Paru*, n° 66, pp. 99-102, 1953.
Chaillou M., «Métier : poésie», Paris, *Cahier de l'Herne*, n° 51, 1986.
Chapon F., «Six appendices au *Savon*», Paris, *Bulletin du Bibliophile*, III, 1976.
Chapon F., «Notes sur *Cinq sapates*», Paris, *Cahier de l'Herne*, n° 51, 1986.
Char R., «Carte ouverte du 19/10/1958», Paris, *Nouvelle Revue Française*, n° 73, janvier 1959.
Charmont F.-L., «Francis Ponge parle», *Analyses et réflexions sur Ponge, Pièces*, Paris, Ellipses, 1988.
Charmont F.-L., «J.-P. Sartre et Francis Ponge», *Analyses et réflexions sur Ponge, Pièces*, Paris, Ellipses, 1988.
Charmont F.-L., «La critique et *Le grand recueil*», *Analyses et réflexions sur Ponge, Pièces*, Paris, Ellipses, 1988.
Charmont F.-L., «Les quatre-vingts ans de Francis Ponge», *Analyses et réflexions sur Ponge, Pièces*, Paris, Ellipses, 1988.
Charmont F.-L., «Un numéro spécial des *Cahiers de l'Herne* consacré à Francis Ponge», *Analyses et réflexions sur Ponge, Pièces*, Paris, Ellipses, 1988.
Chenieux-Gendron J., *L'objet au défi*, Paris, Presses Universitaires de France, 1987.
Chessex J., «Proême pour *Nioque*», Paris, *Cahier de l'Herne*, n° 51, 1986.
Clancier G.-E., «*Le parti pris des choses*», *Fontaine*, n° 25, 1942.
Clancier G.-E., «Haute solitude», Paris, *Le Point*, juin 1954.
Clavel A., «Francis Ponge, juste avant le printemps», Paris, *Les Nouvelles Littéraires*, 10-16 mars 1983.
Clémens E., «Méthode de lecture», Rennes, *TXT*, n° 3-4, 1971.
Cluny C.-M., «Les roses de Redouté», Paris, *La Quinzaine littéraire*, n° 46, 1-15 mars 1968.
Collectif, «Questions à Francis Ponge», *Ponge inventeur et classique*, Paris, UGE 10/18, 1977.
Collot M., *Francis Ponge, entre mots et choses*, Seyssel, Champ Vallon, 1991.
Collot M., «"Le regard-de-telle-sorte-qu'on-le-parle"», *Europe*, n° 755, mars 1992.
Combe D., «La "nouvelle rhétorique" de Francis Ponge», Paris, *Mesure*, n° 3, Corti, 1990.
Conenna M., «La poesia delle cose come metafora della traduzione», *Il Lettore di Provincia*, n° 12, mars 1981.
Cortès J., «Des principes au plaisir du texte...», Paris, *Le Français dans le monde*, n° 192, avril 1985.

Coste S., «Le tremblement de certitude», *Europe*, n° 755, mars 1992.
Cournot M., «Francis Ponge, un ami intime des patates», Paris, *Le Monde*, n° spécial, XXXIXe Festival d'Avignon, juillet 1985.
Cournot M., «Ponge et Paulhan ont des mots», Paris, *Le Nouvel Observateur*, 5-11 septembre 1986.
Courtois J.-P., «Ponge de tact et de rage», *Europe*, n° 755, mars 1992.
Cranmer J., «Escargots and Oysters on the Half Shell : Francis Ponge à la carte», *Romanic Review*, n° 76, novembre 1985.
Curzi L., «Une sagesse sans défaillance (*L'atelier contemporain*)», Paris, L'Humanité, 17 mai 1977.
Dahlin L., *Birth Imagery in the Writing of Ponge* (thèse), University of Iowa, 1977.
Dahlin L., «Entretien avec Francis Ponge», Paris, *Cahier de l'Herne*, n° 51, 1986.
Daudet F., «Revue de la presse (sur *La pomme de terre*)», Lyon, L'Action Française, n° 96 (36e année), 23 avril 1943.
De Campos H., «Visual Texts», Norman (Oklahoma), *Books Abroad, an International Quarterly*, n° 4, Vol. 48, automne 1974.
De Campos H., «Francis Ponge : textes visuels», Paris, *Cahier de l'Herne*, n° 51, 1986.
De Nardis L., «Ungaretti traduttore di poeti francesi», *Atti del convegno internazionale su Giuseppe Ungaretti*, Urbino, Quattro Venti, 1981.
De Saint-Robert P., «Pour un Ponge», Paris, *Cahier de l'Herne*, n° 51, 1986.
De Saint-Robert P., «Les délices perverses de la correspondance littéraire», Paris, *Le Figaro Littéraire*, 15 septembre 1986.
De Solier R., «Douze petits écrits ou l'émulsion du langage», Bruxelles, *Synthèses*, n° 122, 1956.
Deguy M., «Ponge Pilate», Paris, *Critique*, n° 234, novembre 1966.
Deguy M., «Ponge ou la préférence», Paris, *Cahier de l'Herne*, n° 51, 1986.
Delvaille B., «Ponge le printanier», Paris, *Magazine Littéraire*, n° 260, décembre 1988.
Denat A., «Towards an Ontology of the Poem (from Valéry to Ponge)», Christchurch (New Zealand), *Aumla*, n° 6, mai 1957.
Denat A., «Après *Le grand recueil*, ou le Ponge de l'objeu», Bruxelles, *Synthèses*, n° 18, mai 1963.
Derrida J., «Signéponge», Paris, *Digraphe*, n° 8, mai 1976.
Derrida J., «Signéponge», *Ponge inventeur et classique*, Paris, UGE 10/18, 1977.
Derrida J., Conley T., «TITLE (to be specified)», *SubStance*, n° 31, 1981.
Derrida J., Rand R., *Signéponge/Signsponge*, Columbia, Columbia University Press, 1984.
Derrida J., «Signéponge», Paris, *Cahier de l'Herne*, n° 51, 1986.
Derrida J., *Psychè* (pp. 11-61), Paris, Galilée, 1987.
Derrida J., *Signéponge*, Paris, Editions du Seuil, 1987.
Derrida J., «Contresignatures», *Fig.*, n° 5, septembre 1991.
Di Ambra R., «Incontro con Francis Ponge : "sono persuaso del primato della scrittura"», *Uomini e Libri : Periodico Bimestriale di Critica ed Informazione Letteraria*, n° 16, septembre-octobre 1980.
Dimitru C., «Le fonctionnement du texte poétique chez Francis Ponge», *Analele Stiintifice ale Universitatii "Al. I. Cuza" din Iasi*, n° 28, 1982.
Dimitru C., «Pour une "nouvelle rhétorique"», *Analele Stiintifice ale Universitatii "Al. I. Cuza" din Iasi*, n° 30, 1984.
Drillon J., «Francis Ponge fait mousser *Le savon*», Paris, *Télérama*, 4 novembre 1981.
Du Bouchet A., «Le dénouement du silence», Paris, *Critique*, février 1951.
Du Bouchet A., «A côté de quelques mots relevés chez Francis Ponge», Paris, *Cahier de l'Herne*, n° 51, 1986.
Duault A., «La mutité inscrite», Rennes, *TXT*, n° 3-4, 1971.
Duché J., «Francis Ponge et le langage», Bruxelles, *Synthèses*, juillet 1950.
Duchêne H., Tomadakis A., *Ponge, Borges*, Montreuil, Bréal, 1988.
Dumayet P., «Francis Ponge et le langage», Paris, *Bulletin International du Surréalisme Révolutionnaire*, janvier 1948.
Dunoyer J.-M., «Francis Ponge et ses peintres», Paris, *Le Monde*, 24 févier 1977.
Dunoyer J.-M., «P. comme Ponge», Paris, *Cahier de l'Herne*, n° 51, 1986.

Dupuy G., «Les vertus d'un métier», Paris, *Libération*, 9 septembre 1988.
Edson L., «Disrupting Conventions : Verbal-Visual Objects in Francis Ponge and René Magritte», *L'Esprit Créateur*, n° 24, 1984.
Estang L., «Francis Ponge», Montréal, *Revue de la Pensée Française*, janvier 1949.
Etiemble R., «Trois exercices de style (Queneau, Gracq, Ponge)», Paris, *Les Temps Modernes*, n° 55, 1950.
Etiemble R., «Francis Ponge et le parti pris de l'homme», Paris, *Cahier de l'Herne*, n° 51, 1986.
Everman W.D., «Francis Ponge and the Infinite Text», *New Orleans Review*, n° 11, 1984.
Evrard C., *Francis Ponge*, Paris, Belfond, 1990.
Ewald D., *Die moderne französische Fabel, Struktur und Geschichte*, Münster (Westfalen), Schäuble Verlag, 1977.
Ewald D., «Die Aufhebung der Gattung Fabel in der Konsequenz avant-gardistischer Modernität», München, *Bildung und Ausbildung der Romania*, 1979.
Farasse G., «La portée de *L'abricot*», Paris, *Communications*, n° 19, 1972.
Farasse G., «Héliographie», Lille, *Revue des Sciences Humaines*, fasc. 151, 1973.
Farasse G., «Quelques phrases mises de côté pour Francis Ponge», *Ponge inventeur et classique*, Paris, UGE 10/18, 1977.
Farasse G., *Paraphrase pour Francis Ponge* (thèse), Université Paris VIII, 1984.
Farasse G., «La métaphore traversée», *Analyses et réflexions sur Ponge, Pièces*, Paris, Ellipses, 1988.
Farasse G., «Pour Francis Ponge», *Analyses et réflexions sur Ponge, Pièces*, Paris, Ellipses, 1988.
Farasse G., «Francis Ponge d'un seul bloc à peine dégrossi», Paris, *Nouvelle Revue Française*, n° 433, février 1989.
Fauvel M., «*Le parti pris des choses sous l'objectif*», *The French Review : Journal of the American Association of Teachers of French*, n° 64, décembre 1990.
Fenaux J.-P., «Anthologie et références : les mots et les choses», *Analyses et réflexions sur Ponge, Pièces*, Paris, Ellipses, 1988.
Fenaux J.-P., «Qui est Francis Ponge?», *Analyses et réflexions sur Ponge, Pièces*, Paris, Ellipses, 1988.
Fenosa N., «Avec et sans pose», *Europe*, n° 755, mars 1992.
Fieschi, «*Le parti pris des choses*», Paris, *Comœdia*, 29 août 1942.
Florenne Y., «Portrait du chercheur d'or», Paris, *Le Monde*, 9 mai 1957.
Formentelli E., «Ponge ou la pétition de principe», Lille, *Revue des Sciences Humaines*, n° 12, 1978.
Ganem A.M., «Francis Ponge Figuring Poetry : Trials and Tribulations of Poetic Inscription», *Dissertation Abstracts International*, n° 47, mai 1987.
Garampon G., «Position de Francis Ponge», Paris, *Combat*, 23 juin 1949.
Garampon G., «Francis Ponge ou La résolution humaine», in Francis Ponge : *"L'araignée"*, Paris, Aubier, 1952.
Gardaz E., «D'"Une orange exprimée" à "L'orange", Ponge et Segalen, deux poétiques en dialogue», Paris, *Europe*, n° 696, avril 1987.
Gaspar L., «Pris aux mots», Paris, *Nouvelle Revue Française*, n° 433, février 1989.
Gauville H., «L'atelier contemporain du poète», Paris, *Libération*, 9 août 1988.
Gavronsky S., «From an Interview with Francis Ponge», Norman (Oklahoma), *Books Abroad, an International Quarterly*, n° 4, Vol. 48, automne 1974.
Gavronsky S., «Francis Ponge : "The Sun placed in the abys" and other texts», New-York, *Sun*, 1977.
Gavronsky S., «Nietzsche ou l'arrière-texte pongien», *Ponge inventeur et classique*, Paris, UGE 10/18, 1977.
Gavronsky S., *Francis Ponge, the Power of Language*, Berkeley, University of California Press, 1979.
Gavronsky S., «Art Criticism as Autoportraiture», *Esprit créateur*, n° 22, 1982.
Gavronsky S., «La couleur des mots, Ponge», *Culture, écriture*, Roma, Bulzoni, 1983.
Gavronsky S., «L'œil du regard : Ponge et l'art», Paris, *Cahier de l'Herne*, n° 51, 1986.

Gavronsky S., «Ponge on Braque : The Visible Object», *Bucknell Review : A Scholary Journal of Letters, Arts & Sciences*, n° 30, 1987.
Genette G., «Le parti pris des mots», *Romanic Review*, n° 66, 1975.
Genette G., *Mimologiques*, (pp. 377 et suiv.), Paris, Editions du Seuil, 1976.
Giordan C., «Ponge et la nomination», Paris, *Poétique*, 1976.
Giordan-Schacher C., «L'alexandrin dans la mémoire», Paris, *Mezura*, n° 7, 1979.
Giordan-Schacher C., «Signifiance du mètre et du rythme», Paris, *Cahier de l'Herne*, n° 51, 1986.
Giovacchini D., Vannier G., «Explication du "Lézard"», *Analyses et réflexions sur Ponge, Pièces*, Paris, Ellipses, 1988.
Gleize J.-M., «La poésie mise en orbite», *Poésie et figuration*, Paris, Editions du Seuil, 1983.
Gleize J.-M., «Ponge, un poète contre la poésie», *Le Cerf-volant*, n° 121, 1984.
Gleize J.-M., «Francis Ponge : billets hors sac», Paris, *Cahier de l'Herne*, n° 51, 1986.
Gleize J.-M., «Les portes du sage», Paris, *Cahier de l'Herne*, n° 51, 1986.
Gleize J.-M., «Présentation», Paris, *Cahier de l'Herne*, n° 51, 1986.
Gleize J.-M., *Francis Ponge*, Paris, Editions du Seuil, 1988.
Gleize J.-M., *Lectures de Pièces de Francis Ponge*, Paris, Belin, 1988.
Gleize J.-M., «Un combattant des Lumières», Paris, *Libération*, 9 août 1988.
Gleize J.-M., «Vers des objets spécifiques», *Europe*, n° 755, mars 1992.
Gleize J.-M., Veck B., *Introduction à Francis Ponge*, Paris, Larousse, 1979.
Gleize J.-M., Veck B., *Francis Ponge : Actes ou textes*, Lille, Presses Universitaires de Lille, 1984.
Godel V., «Célébration de la figue», Paris, *Critique*, n° 395-398, 1978.
Godzich W., «Construction poétique chez Ponge et Heidegger», *Authors and Philosophers*, University of South Carolina, 1979.
Gracq J., «Une œuvre amicale», Paris, *Cahier de l'Herne*, n° 51, 1986.
Greene R.W., «Encomium for Francis Ponge», Norman (Oklahoma), *Books Abroad, an International Quarterly*, n° 4, Vol. 48, automne 1974.
Greene R.W., «Francis Ponge, métapoète», Paris, *Cahier de l'Herne*, n° 51, 1986.
Grenier J., «Présentation de Francis Ponge», Paris, *Nouvelle Revue Française*, n° 45, septembre 1956.
Groethuysen B., «Douze petits écrits», Paris, *Nouvelle Revue Française*, n° 163, avril 1927.
Gros L.-G., «Francis Ponge ou la rhétorique humanisée», Marseille, *Les Cahiers du Sud*, n° 286, 1947.
Gros L.-G., «*Le parti pris des choses*», *Poètes contemporains*, II, Marseille, *Les Cahiers du Sud*, 1951.
Guest J.-A., *Francis Ponge a Poet of things*, Florida State University, 1961.
Guglielmi J., «De la résistance (à la) critique», Paris, *Critique*, n° 254, 1968.
Guglielmi J., «Dix propositions sur Francis Ponge», Rennes, *TXT*, n° 3-4, 1971.
Guglielmi J., «Francis Ponge et la lumière critique», *Ponge inventeur et classique*, Paris, UGE 10/18, 1977.
Guillevic E., «Raconté par la crevette», Paris, *Le Monde*, 18 mai 1979.
Guillevic E., «Les menhirs», Paris, *Cahier de l'Herne*, n° 51, 1986.
Hackett C.A., «Some Remarks on Francis Ponge's Text "Pluie"», *Mélanges de littérature française moderne offerts à Garnet Rees par ses collègues et amis*, Paris, Minard, 1980.
Hélion J., «La découverte de Francis Ponge», Paris, *Cahier de l'Herne*, n° 51, 1986.
Hellens F., «La poésie libérée», Bruxelles, *La Dernière Heure*, 11 mai 1949.
Hellens F., «La nouveauté de Francis Ponge», Bruxelles, *La Revue de Culture Européenne*, n° 8, 1953.
Hellens F., *Style et caractère* (pp. 137-143), Bruxelles, Editions de la Renaissance du Livre, 1956.
Hellens F., «Méthode et intuition», Bruxelles, *Le Soir*, 1ᵉʳ avril 1965.
Henniger G., «Terrorism and Rhetoric in the Works of Francis Ponge», Norman (Oklahoma), *Books Abroad, an International Quarterly*, n° 4, Vol. 48, automne 1974.

Henniger G., «Dankrede zur Verleihung des Wieland-Preises für Uebersetzung», *Akzente : Zeitschrift für Literatur*, n° 35, 1988.
Henniger G., «*Die Wiesenfabrik : Ausgewählt, übertragen und kommentiert*», *Akzente : Zeitschrift für Literatur*, n° 35, 1988.
Herjean P., «Crépuscule des choses», *Europe*, n° 755, mars 1992.
Higgins I., *Ponge*, London, Athlone Press, 1979.
Higgins I., «Language politics and things, the weakness of Ponge's satire», *Neophilologus*, n° 63, 1979.
Higgins I., «Proverbial Ponge», *Modern Language Review*, n° 74, avril 1979.
Higgins I., «Against petrification. Ponge's "Baptême funèbre"», *The Modern Language Review*, n° 78, octobre 1983.
Higgins I., «Ponge's Resistance Poetry : "Sombre période"», *French Studies Bulletin*, n° 8, 1983.
Higgins I., «Crevette, platane et France. La poésie de Résistance de Ponge», Paris, *Cahier de l'Herne*, n° 51, 1986.
Hollier D., «L'opinion changée quant à Ponge», Paris, *Tel Quel*, n° 28, hiver 1966.
Houdebine J.-L., «Lire Francis Ponge», Paris, *Action Poétique*, n° 28-29, octobre 1965.
Houdebine J.-L., «La poésie doit-elle "déménager hors de l'histoire"?», Paris, *Action Poétique*, n° 31, octobre 1966.
Hubert R.R., «Francis Ponge and Postmodern Illustration», *Criticism : A Quarterly for Literature and the Arts*, n° 30, 1988.
Hue J.-L., «Francis Ponge», Paris, *Magazine Littéraire*, n° 260, décembre 1988.
Hytier J., «Francis Ponge», Paris, *Le Mouton Blanc*, novembre 1924.
Hytier J., «Francis Ponge, 1924», Paris, *Cahier de l'Herne*, n° 51, 1986.
Ilutiu M., «Deux regards sur le monde des choses : Ilarie Voronca et Francis Ponge», *International Journal of Rumanian Studies*, n° 4, 1984-1986.
Ivask I., «Notes Toward a "F. P. in Norman"», Norman (Oklahoma), *Books Abroad an international Quarterly*, n° 4, Vol. 48, automne 1974.
Ivask I., «Notes pour un "Francis Ponge à Norman"», Paris, *Cahier de l'Herne*, n° 51, 1986.
Jaccottet P., «"L'œillet", "La guêpe", "Le mimosa"», Lausanne, *Formes et Couleurs*, 1946.
Jaccottet P., «Approche de Ponge», Lausanne, *Cahiers pour l'Art*, 1948.
Jaccottet P., «Du nouveau sur la Seine», Lausanne, *Nouvelle Revue de Lausanne*, 12 octobre 1950.
Jaccottet P., «*La rage de l'expression*», Lausanne, *Nouvelle Revue de Lausanne*, 25 juin 1952.
Jaccottet P., «"*Le soleil*" se levant sur la littérature», Lausanne, *Gazette de Lausanne*, 19-20 mars 1955.
Jaccottet P., «Remarques sur "*Le soleil*"», Paris, *Nouvelle Revue Française*, n° 45, septembre 1956.
Jaccottet P., «Erreurs et bonheurs poétiques», Paris, *Nouvelle Revue Française*, n° 77, mai 1959.
Jaccottet P., «L'œuvre de Francis Ponge», Lausanne, *Nouvelle Revue de Lausanne*, 10 mars 1962.
Jaccottet P., «Pour une nouvelle raison», Lausanne, *Gazette de Lausanne*, 27-28 février 1965.
Jaccottet P., «A propos du *Grand recueil*», *L'entretien des Muses* (pp. 115-120), Paris, Gallimard, 1968.
Jaccottet P., «Malherbe comme modèle», *L'entretien des Muses* (pp. 121-126), Paris, Gallimard, 1968.
Jaccottet P., «Note», *L'entretien des Muses* (pp. 127-128), Paris, Gallimard, 1968.
Jaccottet P., «Comme un salut, de loin», Paris, *Cahier de l'Herne*, n° 51, 1986.
Jaccottet P., «Nîmes, 10 août 1988», Paris, *Nouvelle Revue Française*, n° 433, février 1989.
Jacomino C., «Temps et création», Nice, *Bulletin de correspondance*, printemps 1985.
Jacomino C., «Ponge-Paulhan, des lettres de parti pris», Paris, *Libération*, 22 août 1986.

Jacomino C., «Temps et création (à propos de Francis Ponge)», Paris, *Nouvelle Revue Française*, n° 407, décembre 1986.
Jacomino C., «Francis Ponge : corps et âme», Paris, *Magazine Littéraire*, n° 247, novembre 1987.
Janvier L., «Plaine-langue», Paris, *Nouvelle Revue Française*, n° 433, février 1989.
Jean R., «Ponge et le plaisir», Marseille, *Sud*, n° 16, 1975.
Jean R., «Ponge et le plaisir», *Ponge inventeur et classique*, Paris, UGE 10/18, 1977.
Jean R., «De *La fabrique du pré*», *Pratique de la littérature*, Paris, Editions du Seuil, 1978.
Jean R., «La compagnie de Ponge», Paris, *Cahier de l'Herne*, n° 51, 1986.
Juin H., «Francis Ponge et *Le parti pris des choses*», Bruxelles, *Le Journal des Poètes*, octobre 1949.
Justet L., «Explication de Ponge», Avignon, *Les Conquérants*, n° 2, 1945.
Jäger G., *Einige Aspekte der Dichtung Francis Ponges*, Turbenthal, Buchdruckerei Turbenthal AG, 1962.
K. J.-P., «Francis Ponge : "L'Anti-Aragon"», Paris, *Le Matin*, 21 avril 1983.
Kaufmann V., «Co-réalisations», *Le livre et ses adresses*, Paris, Klincksieck, 1986.
Kéchichian P., «Francis Ponge et Jean Paulhan : Une amitié épistolaire», Paris, *Le Monde*, 29 août 1986.
Kibedi Varga A., «L'objet en poésie», *Word*, n° 23, 1967.
Kibédi Varga A., «Lire *Le soleil*», Montréal, *Etudes Françaises*, n° 17/1-2, avril 1981.
Knabenhans B.W., «Le rapport de l'homme avec les choses chez Ponge», *Neophilologus*, 1974.
Kosice G., «Francis Ponge poeta honoris causa de cosas», Buenos-Aires, *La Nacion*, 1962.
Koster S., «Ponge en ses nombreux états», Paris, *Quinzaine littéraire*, n° 253, 1er avril 1977.
Koster S., «Apprendre à voir», Paris, *Le Monde*, 18 mai 1979.
Koster S., *Francis Ponge*, Paris, Henri Veyrier, 1983.
Koster S., «Le soleil ni la mort», Paris, *Cahier de l'Herne*, n° 51, 1986.
Koster S., «Autoportrait de Ponge en Malherbe», Paris, *Magazine Littéraire*, n° 260, décembre 1988.
Krysinski W., «Trois arts poétiques modernes, Ponge, W. Stevens et O. Paz», *Actes du 7e congrès de l'Association internationale de littérature comparée*, Stuttgart, Kunst & Wissen, 1979.
Krysinski W., «Ponge et les idiolectes de la poésie moderne», Montréal, *Etudes Françaises*, n° 17/1-2, 1981.
Labrusse H., «La coloquinte», Marseille, *Sud*, n° 16, 1975.
Lancaster C.G., «Francis Ponge, the Revolutionary Poet», *Dissertation Abstracts International*, n° 50, 1989.
Lavorel G., *Francis Ponge*, Lyon, La Manufacture, 1986.
Lavorel G., «Ponge et Claudel», Paris, *Cahier de l'Herne*, n° 51, 1986.
Lavorel G., «Francis Ponge nous a quittés», *Analyses et réflexions sur Ponge, Pièces*, Paris, Ellipses, 1988.
Lavorel G., «La réactivation des mots et des choses dans *Pièces*», *Analyses et réflexions sur Ponge, Pièces*, Paris, Ellipses, 1988.
Lawall G., «Ponge and the Poetry of self Knowledge», *Contemporary Literature*, n° 11, 1970.
Lazaridès A., «L'Eros qui fait écrire», Montréal, *Etudes Françaises*, n° 17/1-2, avril 1981.
Le Roux B., «Du poème "1900" aux pièces de Ponge», *Analyses et réflexions sur Ponge, Pièces*, Paris, Ellipses, 1988.
Lecomte M., «Le drame du langage, Francis Ponge», Bruxelles, *Le Journal des Poètes*, octobre 1949.
Lecomte M., «Sur *L'homme à grands traits*», Bruxelles, *Synthèses*, 1951.
Lecomte M., «Francis Ponge ou la réintégration de l'homme à soi-même par les choses», Bruxelles, *Le Journal des Poètes*, mars 1953.
Lecomte M., «Réalités secrètes», Bruxelles, *Synthèses*, juillet 1957.

Lecomte M., «Retour sur Ponge», Bruxelles, *Le Journal des Poètes*, octobre 1957.
Lecomte M., «Poètes de la *NRF*», Bruxelles, *Le Journal des Poètes*, mai 1959.
Lemichez J.-L., «Origines inscrites», Lille, *Revue des Sciences Humaines*, fasc. 151, 1973.
Léonard A., «Ponge et la naissance d'une nouvelle rhétorique», *Liberté*, n° 15, 1973.
Léonard P., «Ponge penseur?», Montréal, *Etudes Françaises*, n° 17/1-2, avril 1981.
Leonardini J.-P., «Ponge au grand air», Paris, *L'Humanité*, 8 avril 1977.
Leonardini J.-P., «Ponge décrasse l'esprit», Paris, *L'Humanité*, 9 avril 1977.
Levin H., «34 rue Lhomond», Norman (Oklahoma), *Books Abroad, an International Quarterly*, n° 4, Vol. 48, automne 1974.
Levy S., «Traduire le réel», *MLN*, n° 102, septembre 1987.
Lévy-Chol M., «"Les Hirondelles", lecture en zigzag», *Analyses et réflexions sur Ponge, Pièces*, Paris, Ellipses, 1988.
Leuwers D., «L'effroi, l'objoie», *Europe*, n° 755, mars 1992.
Little R., «Homage and Hatred : Saint-John Perse and Francis Ponge», *French Studies Bulletin : A Quarterly Supplement*, n° 37, hiver 1990-1991.
Little R., «Francis Ponge et la nostalgie cratylienne», *Europe*, n° 755, mars 1992.
Little R., «Fragments de masques honteux», *Europe*, n° 755, mars 1992.
Louette J.-F., «Sartre lecteur de Ponge», Paris, *Magazine Littéraire*, n° 260, décembre 1988.
Lovichi J., «Le parti pris de la crevette, ou la métaphysique de Ponge», *Analyses et réflexions sur Ponge, Pièces*, Paris, Ellipses, 1988.
Macé G., «Un aïeul énorme», Paris, *Cahier de l'Herne*, n° 51, 1986.
Magny C.-E., «Francis Ponge ou l'homme heureux», Paris, *Poésie 46*, juin-juillet 1946.
Magny C.-E., «Francis Ponge ou la transcendance involontaire», Lausanne, *Gazette des Lettres*, 20 septembre 1947.
Maincent P., «Entre les mots et les choses : le poète», *Analyses et réflexions sur Ponge, Pièces*, Paris, Ellipses, 1988.
Maldiney H., «Notes sur Francis Ponge», *La Flandre libérale*, 4 février, 27 mars 1953.
Maldiney H., *Le legs des choses dans l'œuvre de Francis Ponge*, Lausanne, L'Age d'Homme, 1974.
Maldiney H., «La poésie et la langue», *Ponge inventeur et classique*, Paris, UGE 10/18, 1977.
Mambrino J., «Le rose sacripant de Francis Ponge», *Etudes*, avril 1982.
Mambrino J., «Un certain rose sacripant», *Le chant profond*, Paris, Corti, 1985.
Mambrino J., «Le rose sacripant de Francis Ponge», Paris, *Cahier de l'Herne*, n° 51, 1986.
Maulpoix J.-M., «Pour un Ponge, ces nouvelles de la langue et de l'amour», *Europe*, n° 755, mars 1992.
Mauriac F., «Lectures de vacances», Paris, *Le Figaro*, n° 609, 28-29 juillet 1946.
Mauriac F., «La technique du cageot», Paris, *Le Figaro Littéraire*, 28 juillet 1956.
Mauzi R., «Le monde et les choses dans la poésie française contemporaine depuis le surréalisme», New-York, *Bulletin de la Société des professeurs français en Amérique*, 1967.
Meadows P.A., «Bursting at the Semes : Francis Ponge's Atomistic Wor(l)d», *Dissertation Abstracts International*, n° 51, 1990.
Menard-Hall M.-C., «Ponge, question de forme. Texte oral, texte écrit», *Dissertation Abstracts International*, n° 41, 1981.
Meschonnic H., *Des mots et des mondes* (p. 29), Paris, Hatier, 1991.
Metzger V., «Comment une fugue de paroles et pourquoi», *Europe*, n° 755, mars 1992.
Meyer F., «Fragment zur Untersuchung einer gegenständlichen Sprache», Zürich, *Trivium*, V, 3.
Micha R., «Temps de la poésie», Paris, *L'Arche*, n° 25.
Micha R., «D'une méthode, d'une pièce : c'est tout un», Paris, *Cahier de l'Herne*, n° 51, 1986.
Michelino T.-C., *Ponge, poète des objets ?*, Exeter, 1972.
Miller B., «Francis Ponge and the Creative Method», London, *Horizon*, n° 16 (92), septembre 1947.

Miller B., «Personne à l'horizon», Paris, *Nouvelle Revue Française*, n° 45, septembre 1956.
Mitchell R.L., «Valéry and Ponge : Rheuminations», *Studies in Romance Literature & Linguistic Presented to Anson Conant Piper by Former Students, Colleagues & Friends*, Williamstown, Williams Collection, 1987.
Morot-Sir E., «The Art of Parabole», Norman (Oklahoma), *Books Abroad, an International Quarterly*, n° 4, Vol. 48, automne 1974.
Morot-Sir E., «*Comment une figue de paroles et pourquoi*», Norman (Oklahoma), *World Literature Today*, n° 52, 1978.
Mounin G., «Trois poètes et la dialectique», Paris, *Les Lettres Françaises*, 24 novembre 1945.
Mounin G., «L'Anti-Pascal ou la poésie et les vacances. Francis Ponge», Paris, *Critique*, n° 37, juin 1949.
Mounin G., «Francis Ponge et le langage», *Sept poètes et le langage*, Paris, Gallimard, 1992.
Moussinac L., «Un poète et la circonstance», Paris, *Les Lettres Françaises*, 8 décembre 1945.
Mowitt J., «Towards a Non-Euclidean Rhetoric : Lautréamont and Ponge», *SubStance*, n° 30, 1981.
Nadal O., *Francis Ponge, une œuvre en cours* (présentation du catalogue de l'exposition), Paris, Bibliothèque littéraire Jacques Doucet, 14-25 juin 1960.
Nimier R., «Visages de la poésie en 1949», Paris, *Liberté de l'esprit*, mars 1949.
Nimier R., «Francis Ponge, une œuvre magique et mystérieuse», Paris, *Bulletin de la Nouvelle Revue Française*, janvier 1962.
Nimier R., «Visages de la poésie en 1949», *Journées de lecture*, Paris, Gallimard, 1965.
Noreiko S.F., «Ponge's "Baptême funèbre" : The Poem as Performance», *French Studies Bulletin*, n° 15, 1985.
Noulet E., «Francis Ponge ou La rage de l'expression», Paris, *Combat*, 11 décembre 1952.
Noulet E., «*La rage de l'expression*», Bruxelles, *Synthèses*, mars 1953.
Noulet E., «L'œuvre poétique de Francis Ponge», Bruxelles, *Revue de l'Université de Bruxelles*, janvier 1954.
Nunan G.-M., «The Poetic Genesis of Francis Ponge : From Fragmentation to Reconciliation», *Dissertation Abstracts International*, n° 44, 1983.
Nunan G.-M., «Ponge and Derrida : Parallels in Two Perspectives on "la différance"», *Constructions*, 1984.
Onimus J., «Art cruel», Paris, *Etudes*, juin 1953.
Oseki-Depré I., «Les plaisirs de la pluie», Paris, *Cahier de l'Herne*, n° 51, 1986.
Oster-Soussouev P., «L'école du mot», Paris, *Le Monde*, 18 mai 1979.
Oster-Soussouev P., «Le maître de la rue Lhomond», Paris, *Cahier de l'Herne*, n° 51, 1986.
Oster-Soussouev P., «Pierre de Caen», Paris, *Nouvelle Revue Française*, n° 433, février 1989.
Parain B., «Lettre à Francis Ponge», Marseille, *Les Cahiers du Sud*, n° 299, 1950.
Parrot L., «Livres difficiles», Paris, *Les Lettres Françaises*, août 1948.
Pecker J.-C., «Blason pour Francis Ponge», *Europe*, n° 755, mars 1992.
Pellet E., «La morale et la rhétorique», *Europe*, n° 755, mars 1992.
Pellet E., «Repères chronologiques», *Europe*, n° 755, mars 1992.
Perros G., «Francis Ponge», Paris, *Nouvelle Revue Française*, n° 69, septembre 1958.
Perros G., «F. P.», *Papiers collés* I (pp. 190 et suiv.), Paris, Gallimard, 1960.
Peterson M., «Du *Littré* à Francis Ponge», Montréal, *Etudes Françaises*, n° 24, 2, 1988.
Peyré Y., «Francis Ponge», *Europe*, n° 755, mars 1992.
Picon G., «Francis Ponge», *Panorama de la littérature française* (pp. 265-269), Paris, Gallimard, 1949 (1976, 1988).
Pieyre de Mandiargues A., «Le feu et la pierre», Paris, *Nouvelle Revue Française*, n° 45, septembre 1956.
Pieyre de Mandiargues A., «Les douze sur la table du libraire», Paris, *Cahier de l'Herne*, n° 51, 1986.

Plank D.G., «*Le grand recueil, Francis Ponge's optimistic materialism*», *Modern Language Quarterly*, n° 26, 1965.
Pleynet M., «*Le grand recueil*», Paris, *La Revue de Paris*, août 1962.
Pleynet M., «Sur la morale politique», Paris, *Tel Quel*, 1974.
Pouilloux J.-Y., «Ponge et la peinture», Paris, *Critique XLII*, 1986.
Preckshot J.-E., «The Fiction of Poetry. The Prose Poems of Ponge and Michaux (thèse)», *Dissertation Abstracts International*, n° 38, University of California, 1977.
Preckshot J.-E., «The Pleasure of Soap or the Tale of the Text Perverted : Francis Ponge's *Le savon*», *L'Esprit Créateur*, n° 21, 1981.
Preckshot J.-E., «A Case of Entrapment : F. Ponge's *L'araignée mise au mur*», Stanford, *Stanford French Review*, n° 7, 1983.
Prigent C., «La scène dans La Seine», Rennes, *TXT*, n° 3-4, 1971.
Prigent C., «Pour une poétique matérialiste», Paris, *Critique*, n° 301, juin 1972.
Prigent C., «Le texte et la mort», *Ponge inventeur et classique*, Paris, UGE 10/18, 1977.
Prigent C., «La "besogne" des mots chez Francis Ponge», Paris, *Littérature*, n° 29, février 1978.
Prigent C., *La poétique de Ponge* (thèse), Paris, Université Paris VIII, 1983.
Prigent C., *Ceux qui merdRent* (pp. 77-108), Paris, P.O.L, 1991.
Prost D., «La dernière extrémité», *Analyses et réflexions sur Ponge, Pièces*, Paris, Ellipses, 1988.
Radke J., «American Translation of Humor in the Poetry of Francis Ponge : Comparative Rendering of the "Comic"», *Contrastes : Revue de l'Association pour le Développement des Etudes Contrastives*, n° 16, mai 1988.
Rand N., «Ponge platine», *Cahiers Confrontation*, n° 12, 1984.
Rand N., *Le cryptage et la vie des œuvres* (pp. 115-125 : «Ponge platine»), Paris, Aubier, 1989.
Réda J., «Voulez-vous épeler?», Paris, *Libération*, 21 septembre 1981.
Réda J., «Variations sur Francis Ponge», *Premier livre des reconnaissances*, Montpellier, Fata Morgana, 1985.
Réda J., «Cinq variations sur Francis Ponge», Paris, *Cahier de l'Herne*, n° 51, 1986.
Réda J., «Une visite de l'atelier vide», Paris, *Nouvelle Revue Française*, n° 433, février 1989.
Redfern W.O., «Ponge enacting the Goat : "La chèvre"», *Romanic Review*, n° 72, novembre 1981.
Richard J.-P., «Francis Ponge», *Onze études sur la poésie moderne*, Paris, Editions du Seuil, 1964.
Richard J.-P., «Les partis pris de Ponge», Paris, *Nouvelle Revue Française*, n° 23, avril 1964.
Richard J.-P., «Fabrique de "La figue"», Paris, *Critique*, n° 397-398, juin-juillet 1980.
Richard J.-P., «La fabrique de "La figue"», *Pages Paysages, Microlectures II*, Paris, Editions du Seuil, 1984.
Riedlin-Deconinck C., «Lecture productive de Francis Ponge : "L'araignée" dans une classe de quatrième», Paris, *Le Français Aujourd'hui*, supplément au n° 24, 1974.
Rieu J., «La subjectivité dans *Le parti pris des choses*», Paris, *Cahier de l'Herne*, n° 51, 1986.
Riffaterre M., «Francis Ponge's Poetics of Humor», Norman (Oklahoma), *Books Abroad, an International Quarterly*, n° 4, Vol. 48, automne 1974.
Riffaterre M., «The poetic functions of intertextual humor», *Romanic Review*, n° 65, 1974.
Riffaterre M., «Ponge tautologique ou le fonctionnement du texte», *Ponge inventeur et classique*, Paris, UGE 10/18, 1977.
Riffaterre M., *La production du texte*, Paris, Editions du Seuil, 1979.
Riffaterre M., «Ponge intertextuel», Montréal, *Etudes Françaises*, n° 17/1-2, avril 1981.
Riffaterre M., *Sémiotique de la poésie*, Paris, Editions du Seuil, 1983.
Riffaterre M., «On the Prose Poem's Formal Features», *The Prose Poem in France : Theory and Practice*, New York, Columbia University Press, 1983.
Riffaterre M., «Lecture intertextuelle du poème», *Au bonheur des mots : Mélanges en l'honneur de G. Antoine*, Nancy, Presses Universitaires de Nancy, 1984.

Risset J., «La Gaya Scienza de Francis Ponge», Paris, *Cahier de l'Herne*, n° 51, 1986.
Rist C., «D'un abécédaire en chantier», Paris, *Nouvelle Revue Française*, n° 433, février 1989.
Ristat J., «Tordre le cou au ronron», Paris, *L'Humanité*, 9 août 1988.
Robbe-Grillet A., «Nature, humanisme, tragédie», Paris, *Nouvelle Revue Française*, n° 70, octobre 1958.
Robbe-Grillet A., *Pour un Nouveau Roman*, Paris, Les Editions de Minuit, 1963.
Robillard M., «*Pour un Malherbe ou L'autobiographie nouée*», Montréal, *Etudes Françaises*, n° 17/1-2, 1981.
Roche D., «Les tentations de Francis Ponge; théorie pour un mouvement d'images. 1970», Rennes, *TXT*, n° 3-4, 1971.
Roche D., «La fabrique d'assez près», Paris, *Cahier de l'Herne*, n° 51, 1986.
Roche D., «Désormais, le nom de Francis Ponge est en italiques», Paris, *Libération*, 9 août 1988.
Rolland de Renéville A., «Sur un livre de Francis Ponge», Paris, *La Nef*, mai 1947.
Rossi P.-L., «Variations d'orpins ou la méthode Ponge», Paris, *Cahier de l'Herne*, n° 51, 1986.
Roubaud J., *La vieillesse d'Alexandre* (p. 160), Paris, Maspéro, 1978.
Roudiez L.S., «Ponge ou l'insistance», Paris, *Cahier de l'Herne*, n° 51, 1986.
Roumette S., «L'amitié, la vertu, la postérité», *Europe*, n° 755, mars 1992.
Rousseau C., «Francis Ponge et Paul Eluard à la flamme d'une bougie : lecture à deux voix», *Studi Francesi*, n° 25, septembre-décembre 1981.
Rousseaux A., «Francis Ponge et la nature des choses», Paris, *Le Figaro littéraire*, 9 avril 1949.
Rousseaux A., «Francis Ponge et la nature des choses», *Littérature du xxe siècle*, IV, Paris, 1953.
Roy C., «*Proêmes et Le peintre à l'étude*», Paris, *Les Lettres Françaises*, 3 février 1949.
Sabatier R., «De l'épuisement du sujet dans quelques épigrammes de Claudien», Paris, *Nouvelle Revue Française*, n° 69, septembre 1958.
Sabatier R., «Son parti pris des choses», Paris, *Magazine Littéraire*, n° 260, décembre 1988.
Sacré J., «Dans les livres de Ponge comme à travers une campagne», Paris, *Cahier de l'Herne*, n° 51, 1986.
Saigal M., «*Signéponge de Jacques Derrida : jet séminal et sémiotique*», *French Forum*, n° 13, janvier 1988.
Saillet M., «Le proête Ponge», Paris, *Mercure de France*, n° 1030, juin 1949.
Sallenave D., «Les laitues de Dioclétien», Paris, *Cahier de l'Herne*, n° 51, 1986.
Sampon A., «Du rafraîchissement», Paris, *Cahier de l'Herne*, n° 51, 1986.
Sampon A., «La poétique du figural dans l'esthétique de Francis Ponge», *The French Review : Journal of the American Association of Teachers of French*, n° 60, février 1987.
Sampon A., *Francis Ponge : la poétique du figural*, Bern, Peter Lang, 1988.
Samson A.E., «L'envahissement du verbal par le pictural : "Note sur les otages, peintures de Fautrier" de Francis Ponge», *French Forum*, n° 12, septembre 1987.
Santiquet J., «Les lettres chez la concierge» (sur «La pomme de terre»), Lyon, *L'Effort*, n° 914, 8-9 mai 1943.
Sartoris G., «*Nioque de l'avant-printemps*», Paris, *Nouvelle Revue Française*, n° 364, mai 1983.
Sartoris G., «Ponge et la langue française, "Dieu sait pourquoi"», Paris, *Nouvelle Revue Française*, n° 365, juin 1983.
Sartoris G., «Un peu d'héroïsme, je vous prie», Paris, *Cahier de l'Herne*, n° 51, 1986.
Sartoris G., «Francis Ponge : Entretien familier», *Analyses et réflexions sur Ponge, Pièces*, Paris, Ellipses, 1988 a.
Sartoris G., «Ponge en deux temps trois mouvements», *Analyses et réflexions sur Ponge, Pièces*, Paris, Ellipses, 1988 b.
Sartoris G., «De la modification des choses par la parole», Paris, *Nouvelle Revue Française*, n° 433, février 1989.

Sartoris G., «*Cinq pièces faciles*» *Pour un Francis Ponge*, Cognac, Le Temps qu'il fait, 1990.
Sartre J.-P., «L'homme et les choses», Villeneuve-lès-Avignon, *Poésie 44*, n° 20-21, octobre-décembre 1944.
Sartre J.-P., «L'homme et les choses», *Situations I*, Paris, Gallimard, 1947.
Schneider P., «Introduction to the Works of Francis Ponge», *Transition Fifty*, n° 5, 1948.
Seibel C., «Francis Ponge et Jean Fautrier : traits pour un portrait jumeau», Paris, *Cahier de l'Herne*, n° 51, 1986.
Seibel C., «Mesures itinéraires», *Europe*, n° 755, mars 1992.
Shaw M.L., «Concrete and Abstract Poetry : The World as Text and the Text as World», *Visible Language : The Quarterly Concerned with All That Is Involved in Our Being Literate*, n° 23, 1989.
Sherman R., *Dialectical Tensions in the Work of Ponge* (thèse), Case Western Reserve University, 1975.
Simonis F., *Nachsurrealistische Lyrik im zeitgenossischen Frankreich*, Heidelberg, Winter, 1974.
Simonis F., «Die Lyrik Jean Follains : Dichtung des Realen und Zeitlichen», *Literatur in Wissenschaft und Unterricht*, n° 13, décembre 1980.
Sollers P., «Francis Ponge ou La raison à plus haut prix», Paris, *Mercure de France*, n° 339, juillet 1960.
Sollers P., *Francis Ponge*, Paris, Seghers, 1963.
Sollers P., «La poésie oui ou non», Paris, *Mercure de France*, n° 344, 1965.
Sollers P., «La poésie, oui ou non», *Logiques*, Paris, Editions du Seuil, 1968.
Sollers P., «Ponge caché», Rennes, *TXT*, n° 3-4, 1971.
Sollers P., «La société du génie», Paris, *Le Monde*, 9 août 1988.
Sorin R., «Passons le Ponge», Paris, *Le Matin*, 19 juillet 1985.
Sorrel M., *Francis Ponge*, Twayne, 1981.
Spada M., *Francis Ponge*, Paris, Seghers, 1974 (1979).
Spada M., «Sur les tablettes d'Eros Antéros : Ponge et Bataille», *Ponge inventeur et classique*, Paris, UGE 10/18, 1977.
Spada M., «Comment le lire?», Paris, *Le Monde*, 18 mai 1979.
Spada M., «Francis Ponge, Henri Michaux et le diariste», Paris, *Cahier de l'Herne*, n° 51, 1986.
Spada M., *Erotiques du merveilleux* (thèse), Montpellier.
Spada M., «Une parole à l'état naissant» (entretien avec Francis Ponge, 8 et 9 avril 1979), Paris, *Magazine Littéraire*, n° 260, décembre 1988.
Spada M., Jacomino C., «Chronologie», Paris, *Magazine Littéraire*, n° 260, décembre 1988.
Spire A., «Francis Ponge sur les planches», Paris, *Le Matin*, 19 juillet 1985.
Springer F., «Galets», Paris, *Cahier de l'Herne*, n° 51, 1986.
Stamelman R., «From Muteness to Speech : The drama of Expression in Francis Ponge's Poetry», Norman (Oklahoma), *Books Abroad, an International Quarterly*, n° 4, Vol. 48, automne 1974.
Stamelman R., «The object in poetry and painting : Ponge and Picasso», *Contemporary Literature*, n° 19, 1978.
Stéfan J., «Malherbe, Horace, Mallarmé...», Paris, *Cahier de l'Herne*, n° 51, 1986.
Stéfan J., «Oaristys», Paris, *Nouvelle Revue Française*, n° 433, février 1989.
Steinmetz J.-L., «La fable différentielle», Rennes, *TXT*, n° 3-4, 1971.
Steinmetz J.-L., «L'infinitif pluriel et la troisième personne du singulier», *Ponge inventeur et classique*, Paris, UGE 10/18, 1977.
Steinmetz J.-L., «Une leçon de détachement», Paris, *Cahier de l'Herne*, n° 51, 1986.
Steinmetz J.-L., «Une leçon de détachement : *Le savon*», *La poésie et ses raisons* (pp. 219-245), Paris, Corti, 1990.
Steinmetz J.-L., «L'horreur du vide», *Europe*, n° 755, mars 1992.
Stoekl A., «Ponge's Photographic Rhetoric», *SubStance : A Review of Theory and Literary Criticism*, n° 12, 1983.
Taliano F., «La gloire de Ponge», Bordeaux, *Sud-Ouest*, 31 août 1986.

Tardieu J., « Parce que c'était toi, parce que c'était moi », Paris, *Cahier de l'Herne*, n° 51, 1986.
Tardieu J., « L'homme caché dans un monde muet », Paris, *Nouvelle Revue Française*, n° 433, février 1989.
Tardieu J., « Rencontres avec Francis Ponge », *On vient chercher Monsieur Jean* (pp. 76-84), Paris, Gallimard, 1990.
Tavernier R., *« Le parti pris des choses »*, Lyon, *Confluences*, mars 1943.
Teissier P., « De l'objet à l'objeu, genèse d'une poétique », *Analyses et réflexions sur Ponge, Pièces*, Paris, Ellipses, 1988.
Théron M., « Les signes et les choses : la représentation... », *Analyses et réflexions sur Ponge, Pièces*, Paris, Ellipses, 1988.
Thèvenin P., « Moments de Francis Ponge », Paris, *Cahier de l'Herne*, n° 51, 1986.
Thibaudeau J., « Les poésies de Ponge », Paris, *Critique*, n° 21, août-septembre 1965.
Thibaudeau J., *Ponge*, Paris, Gallimard, 1967.
Thibaudeau J., « Francis Ponge, L'art des contradictions », Paris, *L'Humanité*, 15 avril 1977.
Thibaudeau J., « Supplément au journal des pirogues », Paris, *Cahier de l'Herne*, n° 51, 1986.
Tixier J.-M., « Notes sur les relations poétique/science », *Analyses et réflexions sur Ponge, Pièces*, Paris, Ellipses, 1988.
Todini U., « La res poetica de Francis Ponge », Paris, *Cahier de l'Herne*, n° 51, 1986.
Toesca M., « Deux livres illustrés par Georges Braque », Paris, *Jardin des Arts*, n° 16, février 1956.
Tortel J., *« Le parti pris des choses »*, Marseille, *Les Cahiers du Sud*, août-septembre 1944.
Tortel J., « Proême à Francis Ponge », Marseille, *Les Cahiers du Sud*, janvier-juin 1949.
Tortel J., « Francis Ponge et la formulation globale », Marseille, *Les Cahiers du Sud*, n° 37, janvier-juin 1953.
Tortel J., « Francis Ponge et la morale de l'expression », Paris, *Critique*, n° 18, juin 1962.
Tortel J., « Ponge qui n'a de cesse », *Ponge inventeur et classique*, Paris, UGE 10/18, 1977.
Tortel J., *Francis Ponge, cinq fois*, Montpellier, Fata Morgana, 1984.
Trassard J.-L., « Quel autre côté ? », Paris, *Cahier de l'Herne*, n° 51, 1986.
TXT (coll.), « Une avant-garde aux couleurs de la France ? », Rennes, *TXT*, n° 9, 1976.
Ughetto A., « L'humour de Francis Ponge dans *Pièces* », *Analyses et réflexions sur Ponge, Pièces*, Paris, Ellipses, 1988.
Valette B., « Analyse de *Les Mots et les choses* de M. Foucault », *Analyses et réflexions sur Ponge, Pièces*, Paris, Ellipses, 1988.
Valette B., « Les mots et les choses : le point de vue du linguiste », *Analyses et réflexions sur Ponge, Pièces*, Paris, Ellipses, 1988.
Vannier G., « Les mots et les choses, note sur l'approche phénoménologique », *Analyses et réflexions sur Ponge, Pièces*, Paris, Ellipses, 1988.
Veck B., « On me bâtit peu à peu », *Apollinaire* (avec D. Bordat) (pp. 287-301), Paris, Hachette, 1983.
Veck B., « Francis Ponge ou Du latin à l'œuvre », Paris, *Cahier de l'Herne*, n° 51, 1986.
Veck B., « Ponge : le petit camion de primeurs », Paris, *Le Français Aujourd'hui*, supplément au n° 77, mars 1987.
Veck B., *Oui, mais non ; pratiques intertextuelles dans l'écriture de Francis Ponge (Claudel, Proust, Rimbaud, Valéry)* (thèse), Université de Provence, 1991.
Veck B., « Flagrant délit de création », *Europe*, n° 755, mars 1992.
Vercellino J.-L., « Ponge ou le parti pris du dictionnaire », *Analyses et réflexions sur Ponge, Pièces*, Paris, Ellipses, 1988.
Verdet A., « Les lettres » (sur « La pomme de terre »), Montpellier, *L'Echo des Etudiants*, 10-17 juillet 1943.
Verdier P., « L'atelier contemporain », Montréal, *Etudes Françaises*, n° 17/1-2, avril 1981.
Villani A., « Ponge et les situations poétiques », *Analyses et réflexions sur Ponge, Pièces*, Paris, Ellipses, 1988.
Villani P., « De Rabelais à Ponge : un langage-matière ou la chair des mots », *Analyses et réflexions sur Ponge, Pièces*, Paris, Ellipses, 1988.

Voellmy J., *Aspects du silence dans la poésie moderne* (Thèse), Zürich, 1952.
Wagneur J.-D., «Ponge pour premier inventaire», Paris, *Libération*, 22 août 1986.
Wahl J., «Autres pages de journal», Paris, *Les Temps Modernes*, n° 152, octobre 1958.
Waite A., «Ponge's "Oyster" : Poetry and Reading Cues», *Nottingham French Studies*, n° 22, 1983.
Walter E., *Francis Ponge, Eine ästhetische Analyse*, Köln-Berlin, Kipenheuer & Witsch, 1965.
Walther E., «Caractéristiques sémantiques de l'œuvre de Ponge», Paris, *Tel Quel*, n° 31, automne 1967.
Walther E., «Semiotische Bemerkungen zu "Methode" und "Praxis" in der Literatur von Francis Ponge», *Semiosis : Internationale Zeitschrift für Semiotik und Aesthetik*, n° 33, 1984.
Walther E., «Remarques sémiotiques sur la "méthode" et la "pratique" (...)», Paris, *Cahier de l'Herne*, n° 51, 1986.
Warehime M., «Manifestoes and Still Life : Chardin and Ponge», *French Forum*, n° 9, janvier 1984.
Wegner H.L., «The Third Testament : Literatur in Life», *West Virginia University Philological Papers*, n° 34, 1988.
Weingarten R., «Ponge, du chinois», Paris, *Cahier de l'Herne*, n° 51, 1986.
Wider W., *La perception de Ponge* (thèse), Zürich, Juris-Verlag, 1974.
Wilbur R., «Interview par Ph. Jones», Bruxelles, *Le Journal des poètes*, février 1950.
Wilkens P.A., *The Man-made Objects of Ponge* (thèse), Birmingham, University of Birmingham, 1984.
Wowinckel I., *Ponge, Poesie und Poetik* (thèse), Freiburg, 1967.
XXX, «Le 6 août 1988» (à propos des articles de presse de J.-M. Gleize et P. Sollers), *Analyses et réflexions sur Ponge, Pièces*, Paris, Ellipses, 1988.
Zeltner-Neukomm G., «Francis Ponge, ein Dichter der Stilleben», Zürich, *Weltwoche Zürich*, mars 1949.
Zeltner-Neukomm G., «Un poète de natures mortes», Paris, *Nouvelle Revue Française*, n° 45, septembre 1956.
Zeltner-Neukomm G., «Ponge, eine Poetik des Nichtbedeutens», *Das Ich und die Dinge*, Köln, BLN, 1968.

Table des matières

Abréviations 5
Introduction 7

L'INTERTEXTE : PROUST

Peinture et métatechnique.. 22
L'obsession de la couleur inexprimable........................... 23
L'exemple d'un travail curieusement parfait................... 26
Le roman déplacé.. 29
Connotations proustiennes I : la sensualité 30
Connotations proustiennes II : l'interdit......................... 31
Proust et la peinture... 32
La couleur en littérature et la leçon d'Elstir................... 33

LA TRANSCENDANCE : CLAUDEL

Loin du verset, de l'Occident.. 40
«De la pluie»... 42
L'esthétique est une éthique 42

Une traction de la langue 44
«La pluie» 45
Religion 46
L'humble contemplateur 48
Fins du poème 49
«Pluie» 51
D'abord les choses 51
Le même dispositif, revu 52
Une pluie aux dimensions de Ponge 53
L'objet défait par l'observation 54
Unité/diversité du monde 56
Musique et transcendance 56
La métaphysique, ou le néant ? 58
Le temps, le monde, l'écriture 60
L'ailleurs court-circuité 61

LES IDÉES : VALÉRY

«De l'eau» 65
De la forme et du fond 66
Rhétoriques 68
L'eau, c'est l'autre 69
Morale 71
Leçons de l'eau 73
La Seine, du solide au liquide 77
Le marxisme et «de l'eau» dans *La Seine* 78
Dire la détestation de l'eau 79
Transport : connaissance ou vidange ? 81
«Le verre d'eau» 83
Eau tenue, tenue de l'eau 84
Circulation des transparences 85
Un verre d'eau, sans plus 87
Ponge, le platane, Valéry 89

Formes	89
Poétiques	91
Comment parler aux/des arbres	94
Système de l'arbre I : Valéry	97
Système de l'arbre II : Ponge	101
Syntagme de *Pièces*	106
Ponge, Valéry, Aragon : esthétique et politique	110
Valéry-Delille d'après Aragon-Stendhal	113
Réponses du «platane» I : Languedoc et France	115
Réponses du «platane» II : contre Perceval	115

LA FORMULE : RIMBAUD

Le travail de la formule : «des cristaux naturels»	121
Défaire les métaphores	122
Des pierres précieuses aux cristaux	124
Contexte et intertexte	125
L'objet comme émotion	126
Nouvel «objet», nouveau genre	127
Le sujet comme objet	129
Structuration de l'œuvre	130
L'opinion changée quant aux pierres	132
Art poétique I : les limites	136
Art poétique II : l'évidence	137
Le temps et l'écriture : *L'opinion changée quant aux fleurs*	141
Echapper à la forme	142
Le végétal comme écriture	143
Le compromis de la fleur	146
La fleur subjective	148
Une leçon de poétique : «Les *Illuminations* à l'Opéra-Comique»	153
L'insolite banalité de l'initiation	153
Le jeu des citations	155
Rimbaud dans l'histoire littéraire	156

Un programme réaliste 157
La langue exhibée 160
Rimbaud prié d'aller se rasseoir? *La fabrique du pré*............................ 162

Conclusion.. 169

Bibliographie.. 175

PHILOSOPHIE ET LANGAGE
Collection publiée sous la direction de Sylvain AUROUX, Claudine NORMAND, Irène ROSIER

Ouvrages déjà parus dans la même collection :

ADAM : Eléments de linguistique textuelle.
ANDLER et al. : Philosophie et cognition - Colloque de Cerisy.
ANSCOMBRE / DUCROT : L'argumentation dans la langue.
AUROUX : Histoire des idées linguistiques - Tome 1.
AUROUX : Histoire des idées linguistiques - Tome 2.
BESSIERE : Dire le littéraire.
BORILLO : Information pour les sciences de l'homme.
CASEBEER : Hermann Hesse.
COMETTI : Musil.
COUTURE : Ethique et rationalité.
DOMINICY : La naissance de la grammaire moderne.
EVERAERT-DESMEDT : Le Processus interprétatif - Introduction à la sémiotique de Ch. S. Peirce.
GELVEN : Etre et temps de Heidegger.
HAARSCHER : La raison du plus fort.
HEYNDELS : La pensée fragmentée.
HINTIKKA : Investigations sur Wittgenstein.
ISER : L'acte de lecture.
JACOB : Anthropologie du langage.
KIBEDI-VARGA : Discours, récit, image.
KREMER-MARIETTI : Les racines philosophiques de la science moderne.
LAMIZET : Les lieux de la communication.
LARUELLE : Philosophie et non-philosophie.
LATRAVERSE : La pragmatique.
LAUDAN : Dynamique de la science.
LEMPEREUR : L'argumentation - Colloque de Cerisy
MAINGUENEAU : Genèse du discours.
MARTIN : Langage et croyance.
MEYER : De la problématologie.
MOUREY : Borges, vérité et univers fictionnels.
NEUBERG : Théorie de l'action.
PARRET : Les passions.
PARRET : La communauté en paroles.
SHERIDAN : Discours, sexualité et pouvoir (Michel Foucault).
STUART MILL : Système de logique.
TRABANT : Humboldt ou le sens du langage.
VANDERVEKEN : Les actes de discours.
VECK : Francis Ponge ou le refus de l'absolu littéraire.
VERNANT : Introduction à la philosophie de la logique.

A paraître :

AUROUX : Histoire des idées linguistiques - Tome 3.
DECROSSE : L'esprit de société.
FAIVRE : Antoine Court de Gébelin.
FORMIGARI : Les théories du langage à l'époque de Kant.
GUILHAUMOU-MALDIDIER-ROBIN : Discours et archives. Expérimentation en analyse de discours.
LAURIER : Introduction à la philosophie du langage.
McCLOSKEY : La rhétorique de l'économie.
SCHLIEBEN-LANGE : Idéologie, révolution & uniformité de la langue.